CLOUD WIND
ON THE SEA

海上风云

南中国海的
海盗及其不法活动

[美] 安乐博(Robert Antony) 著

[美] 张兰馨 译

阅读历史
读懂中国

中国社会科学出版社

图书在版编目（CIP）数据

海上风云：南中国海的海盗及其不法活动 / [美]安乐博
著. —北京：中国社会科学出版社，2013.1
ISBN 978-7-5161-1806-1

Ⅰ.①海… Ⅱ.①安… Ⅲ.①海盗—研究—东南亚
Ⅳ.①D733.088

中国版本图书馆CIP数据核字(2012)第288375号

出 版 人	赵剑英	
责任编辑	武　云	
特约编辑	段　珩	
责任校对	康鲁妍	
责任印制	王　超	

出版发行	中国社会科学出版社
社　　址	北京鼓楼西大街甲158号（邮编100720）
网　　址	http://www.csspw.com.cn
	中文域名：中国社科网　010-64070619
发 行 部	010-84083685
门 市 部	010-84029450
经　　销	新华书店及其他书店
印刷装订	三河市君旺印装厂
版　　次	2013年1月第1版
印　　次	2013年1月第1次印刷
开　　本	710×1000　1/16
印　　张	15.75
插　　页	2
字　　数	254千字
定　　价	39.00元

目 录

序...... 秦宝琦1

第一章　南中国海海域的海盗及其不法活动...... 1

第一部

第二章　中国海上非法活动的全盛时期...... 21

第三章　中国近代东南沿海非法活动的发展...... 55

第四章　东南亚的海盗、勇士、商人...... 87

第二部

第五章　海盗与俘虏...... 113

第六章　海上恐怖暴力...... 147

第七章　江坪：抢劫掳掠及非法贸易的庇护所...... 175

第八章　海盗与水上人家的信仰...... 193

第九章　结论：亚洲海盗史之重要性...... 213

参考文献...... 222

附录　中英文地名对照表...... 240

后记...... 242

序 言

秦宝琦

　　澳门大学历史系安乐博教授有关中国南海海盗历史的专著《海上风云》即将付梓，我有幸作为第一个读者，十分荣幸！我同安乐博教授相识已经将近30年，20世纪80年代，他在人大做访问学者期间，经著名明清史专家韦庆远教授的介绍，我们相识了。安乐博教授以毕生的精力研究中国下层民众，尤其是研究中国秘密社会和海盗的历史，成为这一领域的国际知名学者。

　　安乐博教授曾任职于美国夏威夷大学和肯塔基大学，通晓多种语言，能够讲流利的汉语。20世纪80年代中国改革开放初期，他凭熟谙汉语的优势和美国学者的身份，得以在海峡两岸的档案馆查阅历史资料，从而为他研究中国秘密社会和海盗的历史打下了坚实的基础。

　　《海上风云》是一部探讨16—20世纪中国南海海盗及非法海上活动历史的专著。以往人们对于海盗的了解，多来自文艺作品，尤其是描述海盗的影视作品，诸如《加勒比海盗》之类。文艺作品为了吸引人们的眼球，往往虚构一些情节，对海盗的残忍、冷酷和血腥大加渲染，使人们觉得海盗就是一伙杀人不眨眼的恶魔，人们谈起海盗，无不毛骨悚然！安乐博教授的《海上风云》使读者得以了解海盗的真实历史。

究竟什么是"海盗"，作者作了历史的考察。他指出："海盗"、"海盗行为"原本都是西方的概念，是伴随着西方殖民主义而来到东南亚地区的。对西方人而言，任何人的活动，只要超出殖民贸易体系或反对该体系，就会被认为是"海盗"或"海盗行为"。近代初期，欧洲民族国家新兴之时，因与对手——欧洲国家之间激烈的商业竞争及海上冲突，产生了"海盗行为"和"海盗"的概念。"海盗行为"是指利用船只对海上船只或沿海地区的船只及村庄所实施的一种不文明的行为；这种不文明的行为包括对财货进行抢劫掠夺、对人员进行肢体伤害、羞辱、留滞，对船只进行强行破坏等。"海盗"则是指进行这些行为的人并没有得到合法政府（civilized state）的授权，而出于私利以取得个人利益（private gain）为目的的人们。欧洲人在当时并不承认亚洲政治主权的合法性及独立性，因此，东南亚各苏丹王国和部落间的海上活动，就被他们视为是"海盗行为"而加以制止。但是，同样的行为，对欧洲国家而言，由于欧洲国家是被承认的独立政治个体，因此由各欧洲政府所支持的海上劫掠活动，则被认为是合法的，被称作是"特许海上私掠"（privateering）。正如作者所指出的，这乃是衡量海盗行为和海盗的"双重标准"。

在清代，中国政府把私自出海进行贸易或劫掠者，一律称为"海盗"、"海贼"、"海寇"、"洋盗"或"洋匪"，而对于日本"海盗"，则称呼为"倭寇"。事实上，16 世纪所谓的"倭寇"大多是中国人而不是日本人。至于东南亚本地语言词汇中，直到 19 世纪前甚至没有"海盗行为"、"海上非法活动"，或是"海盗"、"从事海上非法活动的人"这样的概念出现。"海上劫掠"在当地人心目中是一种争战形式，是当地苏丹土司治理领地、取得资源的方式之一。西方人观念中的"海盗"及"海盗行为"等概念，要迟至殖民时代才出现。了解了什么是"海盗行为"和"海盗"的概念，就容易理解中国南海海盗的历史了！

在新中国成立后，历史学界为了强调劳动人民的历史作用，一度把历史上同统治阶级相对抗的活动，均誉为"农民起义"。在海上从事各种不法活动者，如清代的海盗首领蔡牵、朱濆、郑一等人的劫掠活动，便被誉为"海上渔民起义"的领袖而受到肯定。那么究竟应该如何看待历史上的"海盗"和"海上非法活动",读者可以从本书找到明确的回答。

海盗的产生是有其历史和社会根源的。

从《海上风云》可以了解到,海盗乃是一般靠海为生的普通人,多数是渔民和水手,并非天生的恶魔。他们作为渔民和水手,职业并不高尚,所以不为人尊重。虽然为生活所迫是加入非法海上劫掠的主因,但是大多数从事这种非法行当的人员,原来并不全是无所事事的无赖混混,而是普通的劳动者,只不过他们赖以为生的主业无法提供给他们足够的金钱以维持生活而铤而走险。对这些人而言,逾越社会法制和礼仪规范,乃是日常生活的一部分。海上劫掠行为,只是他们赚钱维持生活的一种手段,因为他们无法在传统社会中通过正当工作求得三餐温饱。他们加入海上抢劫集团,属于特有的无奈。生活贫困、职业卑下、不为人所看重,是靠海为生的人的社会、经济特色;再加上他们中间有些人生活和工作都在海上,也使得他们首当其冲成为海上非法劫掠的对象。他们因被劫掠而无以为生,被迫另寻他法来弥补,也就是抢劫其他船只,于是也开始了海盗的生涯。这些人在抢劫其他船只时,多是迫于生计而无奈的选择。

在中国南海,除了渔民和水手外,还有一群被清政府认为"贫不守分"而加入海盗集团的人,他们是流氓、小贩、苦力、剃头师傅、木匠、走江湖卖艺者、窃贼、赌徒等,也有一些为逃避官府追捕而加入海盗的原陆地上的土匪,甚至还有来自清陆军和水师的逃兵。还有少数原本有正当职业和地位的人,也加入海上不法集团,如经商失败的商人、为生活所迫的教书先生,因从事不法事件和行为被剥夺头衔的地方乡绅及去职官吏等。

虽然有一些海盗是因个人关系而自愿加入,有一些则是因家族世代为海盗而承袭这一职业,但是大多数的海盗集团成员却是因被俘虏、被威逼诱惑而加入的。以从事海上非法活动的概率来看,虽有些是以海上非法劫掠活动为职业的人,但是大多数只是把这种活动当成偶尔为之的"副业"。对这些人而言,海上非法活动只是个季节性工作。渔民和在船上工作的人,在非捕鱼的季节或没有正当工作的时候(通常是仲夏和初秋),会加入海上非法集团。他们在这些非法活动的船只上工作，与他们平日在渔船上或商船上的工作并无二致。所以他们视从事海上非法工作就如同转换到另外一艘船上工作那样，都是家常便饭。

鉴于上述原因，作者把本书涉及时期的海盗区分为职业海盗和非职业海盗（包括见机而作的海上抢劫和西方政府特许的海上劫掠走私活动）；海盗中既有靠抢劫和走私为生的职业海盗，也有为生活所迫的渔民和船夫、商人。所以，海盗行为不仅包括抢劫活动，也包括走私和非法贸易，作者称之为"海上非法活动"。从事海上非法活动的人来自各个不同的社会阶层，不全是流氓无赖；他们中间有普通的渔夫水手、地方乡绅商贾、土酋贵族、官吏士兵等，更是中外土洋各色人种都有。13—16 世纪活跃在中国东南沿海的倭寇并非全是日本人，而是一群各民族都有的海盗和走私集团。

作者把海盗产生的根源和社会背景以及海盗在劫掠商船、民船时所表现出来的野蛮、残酷 (第六章)，讲得十分清楚，澄清了以往人们对海盗的诸多误解。海盗虽然属于下层群众，许多还是劳动者，他们成为海盗固然有其社会原因，他们的遭遇值得同情。但是，他们的抢劫行为威胁航海和贸易的正常运行，危害人们正常的生产和生活。尤其是他们使用极其野蛮、残暴和血腥的手段处置被他们虏获的无辜者，则应该予以谴责。我们不能因为他们是下层劳动者被逼无奈而原谅他们，更不应该对他们的野蛮行径予以歌颂，把他们誉为"渔民起义"。

作者使用大量档案资料，对海盗的组织结构和人员构成做了详细分析与论述；对明清时期著名的海盗首领及其活动做了生动的描述。这些生动的事实，大大丰富了我们关于海盗的知识。书中插有大量图表、地图，会使读者对海盗、海上非法活动有更加直观的认识。

海盗问题的研究，既有学术价值，也有现实意义。进入新世纪以来，索马里海盗成为举世瞩目的焦点问题，为了亚丁湾航运的安全，各国不得不派遣海军护航，然而索马里海盗却依然猖獗如故。究其原因，乃是索马里海盗得到当地民众和官员的支持。索马里海盗为此往往拿出一部分赎金给当地的穷困渔民，或者向地方官行贿，导致国际社会对他们无可奈何。《海上风云》告诉我们：中国南海的海盗和非法贸易经济体系能够持续不衰，关键"在于得到了居住在陆地上的人的支持拥护。哪些人支持这种经济方式呢？渔民、水手、商人、士卒，甚至官吏。若无人支持，非法贸易自然销声匿迹"。以史为鉴，我们从《海上风云》可以得到这样的启示：解决索马里海盗问题，不能仅仅依靠各国海军的护航，尽管这也是必不可少的措施。要从根本上解决好海盗问题，必须从索马里本国的社会问题入手，只有解决了索马里人民的生计问题，才能彻底解决索马里海盗问题。

秦宝琦

2012 年 2 月于北京回龙观寓所

海上风云
HAI SHANG
FENG YUN

第一章 ‖南中国海海域的海盗及其不法活动‖

传统的历史学者并不看重海盗及其海上活动的影响，然而在现实世界中，海盗及其海上活动对经济交易和社会发展有极其重要的影响，也与海上安全和国土领域主权等有着密切的关系。

　　长久以来，海盗和他们的海上活动，一直是文人笔下和读者眼中的最爱。这些传说故事，无论是冒险犯难、英勇叛变，还是暴力喋血等，都吸引了一般大众的眼光和关注。人们对这些冒险事迹兴趣盎然，与海盗有关的娱乐性文章或影视等，每年也以数以百计的出版速度散布在不同的书报杂志、影视歌曲画刊娱乐等媒介中。海盗及其海上不法活动的事迹，不但具娱乐性、能引人入胜，而且真实世界中的海盗及其海上不法活动，也有值得我们探讨的实质意义。传统的历史学者并不看重海盗及其海上活动的影响，然而在现实世界中，海盗及其海上活动对经济交易和社会发展有极其重要的影响，也与海上安全和国土领域主权等有着密切的关系。今日的海盗及其海上活动问题的严重性一如往昔，它每年所牵涉的黑市贸易和非法经营交易金额数以亿计，这个数字还不包括因其而牺牲的生命和损毁的财物。从正面说，非法海上活动刺激庞大的非法贸易系统（影子经济）并促进非主流文化的兴盛。它虽然是非法的地下经济系统，却直接或间接地为成千上万的人提供了工作的机会。

　　然而直到最近，少有学者对海盗及其非法海上活动问题做深入研究，使得我们在重新架构和研究"海盗及其海上非法活动"的成因时，遭遇到几个阻碍，其中最主要的就是"没有可靠的史料及研究"。由于"海盗及其不法活动"问题的特性——非法不见容于合法；他们不愿引起公权力的注意，也不愿意冒险留下任何文书记录，以免被政府借以为凭、追溯求罪；为使他们的活动不为人知，最极端时，他们甚至会将某些可能会对他们的组织或活动不利的相关人员全数处死。因为没有太多来自他们自己的有关文字和事实的记录，即使有些有关他们的资讯是透过"口述"的方式流传下来，也因时间已久，而使得经过被湮没或以讹传讹。今日我们所知道的任何有关海盗或其海上非法活动的资料，主要都来自政府、与他们对立的一方或受害者的记录。因此这些资料并不见得客观，它们或残缺不全，或有断章取义之嫌；内容上，更是有记载脱落错误和隐晦模糊之处；而且这些资料往往牵涉到数种语言；且记录范围极为广泛，如有些资料是从贸易商业类别资料中整理出来的；所牵涉的人种有中国人、东南亚人、日本人和西方人等；因为这种种的原因，增加了使用及还原事实的困难。本书尝试从现有的中外资料，以海洋为中心，重新架构及还原自 16 世纪到 20 世纪中叶，发生在南中国海海域一带的海盗及其非法海上活动的事迹、发生原因、组织活动及影响。因本书所述时间牵涉数世纪之久（约自 1500 年至 1940 年），书中所涉及地名亦随年代而有不同中文名称，特别是东南亚一带。为阅读方便，特列"中英文地名列表"，以供查考书中内文、图、表中所出现之相关地名。此表以现代地名为主，若干特别标记处，则以相对应年代之旧称（它名）代替。

西方海盗的巅峰时期大约在 17 世纪末到 18 世纪初，我们通常称这段时期为"西方海盗的黄金时期"，并不是说除了这时期，就没有海盗了。事实上，全球海盗事件一直不断发生，从未间歇过。今日海盗猖獗的地方，数百年来一直是海盗活跃的地区。今日海盗劫掠的理由数百年来也都是一样的。从历史的角度来看，今日海盗事件发生频仍的地区与过去发生的地区息息相关。而有关"海盗"或"海盗活动"的概念，也随着时间、地点、文化背景而有不同的意义。海盗事件的发生呈周期性、可变性的特点，本书试图呈现在这些不同的含义下的以海洋为中心的海上活动。

南中国海海域自 16 世纪至 20 世纪，有数个海盗活跃的周期。第一个周期，约自 1520 年至 1575 年，中国南方沿海一带，从浙江到海南岛一直到东南亚沿海地区，都是海盗猖獗的地区。一般称这个时期的海盗为"倭寇"。[①] 倭寇是一群各民族都有的海盗和走私集团。其后，是 1620 年至 1684 年明清政权交替之际的反叛新政权（清朝）的"海寇"组织。第三个时期，是 1780 年至 1810 年，期间虽短，但影响范围很大。这个时期的海盗特色组织严密，属于大型海盗集团，他们被称为"洋盗"。南中国海海域的海盗从 1520 年到 1810 年，猖獗了 290 年之久，其中一半以上的时间，南中国海海域都处于海盗的控制之下，我们称这时期为中国海盗的黄金时期（见第二章）。西方

---

① 日本海盗（倭寇）肆虐中国沿海地区，早自 13 世纪元朝时即已有记载；但直到 16 世纪，倭寇问题才成为中国沿海大患。一般而言，元时骚扰中国沿海的海盗，主要是日本人，他们主要侵扰的地区为高丽（公元 1410 年，才改称朝鲜）。明朝时骚扰中国沿海的海盗，成员则以中国人为主，其中不仅有日本人，还有其他多国族裔，所侵扰的地区则主要为中国东南沿海地区。

海盗除了在 17 世纪末到 18 世纪初活跃外，到了 19 世纪初已然衰颓。西方海盗在全球活动最猖獗的时期，充其量也未到六千人；而在南中国海的海盗（活跃在中国和东南亚的海盗），其全盛时期则达几十万人。

1810 年后，中国海域再也没有这么大规模的海上非法活动出现。但是海上非法活动并不只局限于中国沿海一带，在亚洲海域，仍是海盗猖獗的地区。而在中国南方沿海地区，不断地有零零星星小规模的、不为清政府所允许的海上非法活动，这些海上活动的范围，沿着中国东南沿海地区向南延伸至东南亚地区。一般来说，1810 年后的南中国海地区的海上非法活动，分为三个时期：1830 年至 1865 年间、1875 年至 1895 年间、1900 年至 1937 年间（见第三章）。这些海上劫掠活动，数世纪以来，在当地都是司空见惯的活动。这些海上活动多数涉及打劫勒索一些本地小型、没有武力保护的渔船或商船。一些较大胆的海盗也会袭击西方船只。这样的海上不法劫掠一直持续增加，直到鸦片战争后。西方殖民国家以亚洲殖民地为基地，并引入蒸汽快艇来打击海盗，不法海上活动才渐受抑制。在 19 世纪 60 年代左右，来往于南中国海的船只多数已为蒸汽快船所取代，海盗们也发展出一些新的技术来应对这些变化，这个新的形式是"绑架"，他们会假扮乘客，登上船只，待船只出航后，便在海上取得船只的控制权，再抢劫船上载运货物或乘客随身携带的贵重物品，偶尔会有伤害乘客和船员性命的事件发生。20 世纪 20 年代左右，在香港、新加坡、马尼拉、巴达维亚（Batavia，1942 年改称雅加达）等地区，海盗肆意打劫绑架本地或外国船只的行为，差不多是日有所闻，周有所报，成为各地殖民政府最大的隐忧。这股威胁一直到 20 世纪 50 年代中期后才渐渐消退。但是近年来南中国海海域特别是在印度尼西亚和马六甲海峡一带，又爆发了一波海上不法活动，这波海盗行为严重地影响了国际航海安全和经济行为。

几个世纪以来，在南中国海一带所发生的海上劫掠活动，主要分为三种类型：见机而作的海上抢劫、职业性的海上劫掠，以及经各国政府特许而进行的海上劫掠。第一种和第二种海上劫掠行为通常被视为非法的，但是第三种却被视为是合法的。第一种临时起意的海上劫掠，见有机可乘、顺手打劫最为普遍。这种类型的海上劫掠多局限在地方，由一些个别的小股海上活动集团单独作业。这类抢劫事件通常较为零星，通常是因个人或少数几人有金钱上或物质上的需求而为。第二种海上劫掠行为，以海上抢劫为业的海盗（职业型）为主，是有组织、有计划的海上活动组织，它作业时所动用的船只和所牵涉的人员规模远比见机而作的海盗组织更大，通常与犯罪集团有关；牵涉其中的人员，则视海上抢劫为一种赖以生存的职业。第三种海上劫掠活动，指取得相关政府的特许而进行的海上活动，通常特指西方人在海上所进行的劫掠活动；这种海上活动，特指由一个国家或政权所支持而特许的海上劫掠活动；通常被西方国家认为是合法的。有些东南亚地区的民族，也因政治理念和习俗而有类似的海上活动，因此海上劫掠也被视为是合法的。而这三种类型的海上劫掠行为，彼此并不互相排斥。许多特许性质的海上抢劫事件，是由以海上抢劫为业的海盗来执行的。而当特许型和职业型的海上抢劫行为大为昌盛的时期，见机而作的海上劫掠仍不稍减。

"特许海上私掠"及"海盗"这两个名词对大多数亚洲人而言，常易混淆，为使读者了解这两者之间的区别，在此有略加阐述的必要。"特许海上私掠"（privateering）这个名词的定义，可以上溯自"罗马法"时代，在当时的法条中就已认可私人船只可以武力诉诸其他船只，以取得其所蒙受的海事损失。16世纪时的"特许海上私掠"已成为西方国家普遍承认的一种"合法"行为；该时对"特许海上私掠"的定义是，私人船只得到政府的海上私掠特许证（Letters of Marque），在战争期间允许其攻击劫掠敌船，被虏获的船只和财货被称为是"奖品"（prizes），就以比例方式分配给发出授权书的各国政府、出资赞助者、船长、船员等。虽然在法律定义上，"特许海上私掠"与"海盗行为/海上非法劫掠"有清楚的分野，但在实际层面上，却难以区分。这两者的船长和船员，通常都是同一组人员。战时，他们的海上劫掠行为得到政府特许后，就成为"特许海上私掠"。非战时，他们的海上劫掠活动就成为非法的"海盗行为"。不仅如此，被某国视为是合法的"特许海上私掠"，在被攻击和劫掠的国家来看，往往是属于"海盗行为、海上非法劫掠"。总而言之，所谓的"海上特许私掠"，其实就是变相的"合法"海盗行为。

当时的中国政府及东南亚政府，从未如西方国家那样，有由政府正式颁发的"海上私掠特许证"；但是却有类似的、由政府允许的海上劫掠活动，此种类型为"特许海盗行为"（sanctioned piracy）。例如，18世纪末安南的西山兄弟起事后（Tây Son Rebels），就支持由中国人和安南人所组成的海上活动集团，抢劫掳掠来往中越之间的船只（详见第二章）。在中国，19世纪中叶宁波地方官员，就曾支持一群首领被称为是"阿伯"（A'Pak）的中国海上活动集团，攻击劫掠当时在宁波附近海域活动的葡萄牙"海盗"船只（详见第三章）。在东南亚地区，无论是土司、酋长或苏丹都有自组的海上劫掠船队，攻击抢劫对手的船只及沿海村庄；对东南亚人而言，"海上劫掠"是一种战争形式，也是一种行使政治主权的方式；"海上劫掠"既不是"海盗行为"，也不是"特许海上私掠"。

本书将探讨南中国海海域一带，长达约三世纪之久，在当前国际法和当地政府眼中，被视为是"非法"的"海上活动"和"海上活动组织"的特性、散布范围和影响程度。所要讨论的海域及其周边沿海地区，包括太平洋的南海地区，北至中国沿海，南至婆罗洲（Borneo），东至中国台湾和菲律宾，西至马来西亚、泰国（旧称暹罗，1949年改称）、柬埔寨（明万历年后称）和越南（旧称安南，1803年改称）等，约四百万平方公里的地区（见地图1—1；参附录一）。在16世纪西方探险家来到这片水域以前，南中国海已是全世界最繁忙的水道之一。今日，若以载货商轮的吨数来计算（以全世界的商船为估算单位），每年约有超过一半的商船通过巽他海峡和马六甲海峡。[①]这片广大的水域，有数不尽的岛屿和港湾，它们不但为商人和水手提供赖以生存的工作机会，更为不法之徒（如海盗和走私者）提供最佳的生存空间。事实上，各类海上活动在东亚和东南亚历史上占了极其重要的分量。

---

① 参见 David Rosenberg, "The Political Economy of Piracy in the South China Sea", in *Piracy and Maritime Crime: Historical and Modern Case Studies*, ed. by Bruce Elleman, Andrew Forbes, and David Rosenberg, Newport: Naval War College Press, 2010, pp. 81-88。

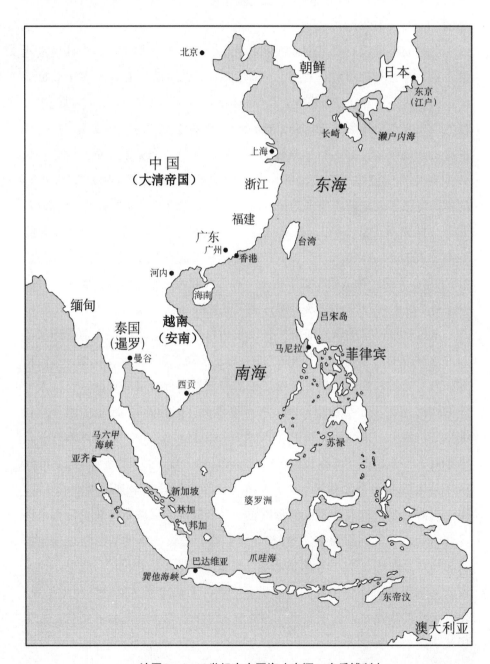

地图1—1 19世纪南中国海〔来源：安乐博制〕

目前所知的亚洲历史，只专注于陆地上的国家及其活动。相对于陆地主体之外的沿海地区及水域，往往被忽略，因此相关的资料付之阙如。根据传统的历史观念，人类社会所发生的重大事件及影响都与陆地而非海洋有关。然而本书想从一个前瞻性的角度来看中国南海一带，试图不以"陆地"为中心（terra-centered），[①]而以海洋及其周边沿海地区作为凝聚重点，脱离以往史学的角度来看待事情。为什么要以海洋为重心呢？杰瑞·班利（Jerry Bentley）解释海洋是陆地之间的缓冲。海洋是国家与国家之间竞争的过渡地区。海洋是研究以海洋及其周边被海水隔开的沿海地区，人类横过水域彼此交流互动的研究主体（units of analysis）。[②]海洋"对商业贸易和国家主权有至关重要的影响"。[③]以海洋及其周边沿海地区为研究重心，可以使我们超越地缘的界限和国家地理疆界的限制，方便我们研究包围在东亚和东南亚陆地之间的南中国海地区及其周边国家及地区的互相联系。当我们将目光放在南中国海及其周边沿海地区而非只是陆地时，让我们更易于了解这地区与中国、菲律宾、越南、泰国、马来西亚和印度尼西亚之间的复杂关系。

南中国海并不是一个主权明确、疆界确定的地区；相反，这个地区的海域界限极具争议性。它的水域广大，"疆界模糊不清、汪洋一片，没有标志作为界限"。[④]麦特·松田（Matt Matsuda）对太平洋海域的描述，也同样适用于南中国海海域："长久以来任何人，无论是本地人或外地人，都

---

① 有关的标准诠释，见 John Wills, "Maritime China from Wang Chih to Shih Lang: Themes in Peripheral History", in *From Ming to Ch'ing: Conquest, Region, and Continuity in Seventeenth-Century China*, ed. by Jonathan Spence and John Wills, New Haven: Yale University Press, 1979。不同于标准诠释的见解，见 Jacob van Leur, *Indonesian Trade and Society*, The Hague: Van Hoeve, 1967。

② Jerry Bentley, "Sea and Ocean Basins as Frameworks of Historical Analysis", *The Geographical Review*, Vol. 89.2, 1999, pp. 215-224、217.

③ Kären Wigen, "Introduction", in *Seascapes: Maritime Histories, Littoral Cultures, and Transoceanic Exchanges*, ed. by Jerry Bentley, Kären Wigen, and Renate Bridenthal, Honolulu: University of HawaiiPress, 2007, p. 15.

④ 参见 Eric Tagliacozzo, *Secret Trades, Porous Borders: Smuggling and States along a Southeast Asian Frontier, 1865-1915*, New Haven: Yale University Press, 2005; 及 Anthony Reid, "Flows and Seepages in the Long-term Chinese Interaction with Southeast Asia", *in Sojourners and Settlers: Histories of Southeast Asia and the Chinese*, ed. by Anthony Reid, Honolulu: University of Hawaii Press, 1996。

可以利用这片水域从事各类的海上活动，或通商横渡，或交流贸易等。"[1]事实上，南中国海并不仅是一块水域，它是一些被岛屿和海岸线分割成数块水域的综合海域。南中国海海域，北与东海和黄海接壤，南与苏禄海（Sulu Sea）、爪哇海（Java Sea）、西里伯斯海（Celebes Sea 又名苏拉威西海）、班达海（Banda Sea）等接邻，东连太平洋，西接印度洋。这片广阔的水域上，又由蜿蜒崎岖的沿海地区和细碎繁多的岛屿而分隔成马六甲海峡、巽他海峡、龙目海峡（Lombok Strait 或 Lombard Strait）、对马海峡（Tsushima Strait）等狭窄的水上通道。南中国海这种中间开阔但周边陆地曲折多变的水域特性，使得水上交通成为周边沿海地区往来交通的主要方式。地理大发现及航海时代的到来，也使得这片水域成为从欧洲到亚洲的捷径，而进一步成为国际往来通商的主要管道。

南中国海及其周边地区，既是个分裂纷争的地区，也是个凝聚结合的地区。它的水域崎岖、地形多变、人种复杂、语言歧异，并且深受多元文化的影响，除了有东南亚本土文化外，还有中国文化、印度文化、非洲文化、欧洲文化等。另外，它也是欧洲与亚洲各种奇珍异宝物资交流的中心，以及欧洲宗教文化等向亚洲传输流通的必经之处。如布劳岱尔（Fernand Braudel）于《菲利普二世时代的地中海和地中海世界》一书中所描述，[2]南中国海及周围国家一如地中海及其周围地区一般，是个经济贸易和文化交换中心，具有复杂的多元文化特色。这片水域借着舟楫之便，既联结了亚洲和世界上其他的国家地区，也因"水"而使这个地区与世界隔开。这种兼具多元样貌，相连而又隔阂的矛盾特性，就是这个地区的特征。

南中国海地区不但有亚洲当地的人种和风土人情，更融合了全世界各地的人种及文化特色。这片水域不但是各地的交通要道，更是许多人赖以生存的主要来源。当地有多种语言、文化和人种，在为数众多的岛屿上和沿海地区，有许多水上人家以船为家，如中国东南沿海地区的蜑

---

① Matt K. Matsuda, "The Pacific", *American Historical Review*，Vol. 3, 2006, p. 769.

② Ferdinand Braudel, *The Mediterranean and the Mediterranean World in the Age of Philip 2*, 2 vols., trans. by Sian Reynolds, New York: Harper and Row, 1972; 及 Heather Sutherland, "Southeast Asian History and the Mediterranean Analogy", *Journal of Southeast Asian Studies*，Vol. 34.1, 2003, pp. 1-20。

民，东南亚地区的奥浪人（Orang Laut）、依拉农人 (Iranun)、巴拉艮吉人 (Balangingi)、布吉士人 (Bugis) 等。这些水上人家，有一种属于靠海为生的族群所特有的生活形态和文化特色，与在陆地上生活的人大不相同。①自有文字记载以来，这片水域不断地有探险家、商人、移民、传教士、奴隶等来往穿梭，最早这些人是从中国、印度和东南半岛来的人，后来有从日本、欧洲和非洲来的人。他们与当地水上人家相互竞争、相互通婚、也相互交融。自 16 世纪后，这个地区的各个种族之间更有系统地持续融合。

船只与海运是这地区的命脉。至 16 世纪初已有无数的航线交错穿插于整个南中国海地区，联系日本、韩国、中国和菲律宾、越南、暹罗 (泰国)、婆罗洲、苏门答腊和爪哇等地。甚至早于 16 世纪初，中国商人和印度商人就已来到这片水域。自 16 世纪后，继他们之后而来的有日本和欧洲的商人及探险家。这地区持续发展，直到 18 世纪末，南中国海地区的海洋经济文化已经高度融合各地区不同特色。南中国海水域有一套层层交错的贸易网络，将地区性的港湾和偏僻渔村与一些国际性的港口和贸易转运城市互相联结；如广州、潮州、厦门、长崎、曼谷、西贡、马六甲、巴达维亚、马尼拉等国际性港口，都各有与其临近的城镇港湾渔村等所连成的地区性贸易网络。1819 年新加坡建城开埠后，也立即被纳入这个庞大的贸易网络中。这个水上交通网络不但使这些大型的港口贸易中心彼此互相连接，更使得这些亚洲港贸中心得以与欧洲及美洲连接（见地图 1—2）。这些早期商贸网络自 1870 年至 1940 年，西方各国在亚洲的殖民国家快速成长时，更是急剧膨胀。②

自 16 世纪初西方势力进入这个地区，但直到 19 世纪，这个地区仍被

① Robert J. Antony, *Like Froth Floating on the Sea: The World of Pirates and Seafarers in Late Imperial South China*, Berkeley: University of California, Institute of East Asian Studies, China Research Monograph No. 56, 2003, pp. 139-140.

② 参见 Anthony Reid, "A New Phase of Commercial Expansion in Southeast Asia, 1760-1850", in *The Last Stand of Asian Autonomies: Responses to Modernity in the Diverse States of Southeast Asia and Korea, 1750-1900*, ed. by Anthony Reid, London: Macmillan, 1997; Leonard Blussé, "Chinese Century: The Eighteenth Century in the China Sea Region", *Archipel*, Vol. 58, 1999；及 Tagliacozzo, *Secret Trades, Porous Borders*。

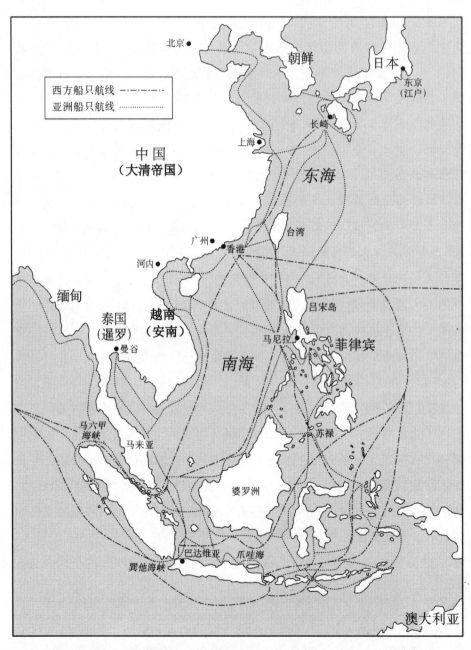

地图1—2 南中国海海上航线（1644—1800年）（来源：安乐博制）

亚洲人掌控，各海域之间贸易发达。印度人、中国人和东南亚人早在欧洲人抵达此地之前就已穿梭在这片水域上，进行短程的本地贸易或长途的远洋贸易。事实上，当欧洲人初抵此地时，南中国海地区的贸易掌控在中国人和印度古加拉特人（Gujerati）手中。16 世纪和 17 世纪初明清时期，虽然政府颁有海禁，禁止人民与海外贸易。但是中国与日本和东南亚地区，仍有极为活跃的"私下"（非法）贸易。日本在 17 世纪 30 年代，德川幕府严厉禁止海上贸易之前，日本在整个南中国海地区都有频繁密切的贸易关系。16 世纪末的台湾、澳门、马尼拉、越南、柬埔寨和暹罗等地都住有日本商人和日本武士。①

　　中国一直都是这个地区发展的动力。欧洲人来到以后，他们沿着南中国海海边建立起一系列殖民地。他们所挑选的地点都在中国船只往来东南亚贸易的路线上。包乐史（Leonard Blussé）认为，像新加坡、马尼拉与巴达维亚等与西方往来的贸易港口"之所以存在，也是因为与中国人贸易"。②1684 年清政府废除海禁，重开贸易，中国商船又再度活跃于南中国海上，1740—1840 年是其全盛时期，被称为"中国人的世纪"。在这段时间，东南亚地区不但对中国和全球的贸易增加，东南亚本地的贸易需求也持续加大。③ 这段时期，中国帆船（"Chinese junk"）的数量和吨位远超过西方。④19 世纪 60 年代后，虽然西方的蒸汽船数量剧增，但直到 20 世纪初仍有大量的中国船只和东南亚本地的船只穿梭往返于南中国海海域。这片水面

---

① 参见 Henri Bernard and S. J. Tientsin, "Les debuts des relations diplomatiques entre le Japon et les Espagnols des Iles Philippines (1571-1594)", *Monumenta Nipponica*, Vol. 1.1, 1938; Ng Wai-ming, "Overseas Chinese in the Japan-Southeast Asia Maritime Trade during the Tokugawa Period (1603-1868)", *in Maritime China in Transition, 1750-1850*, ed. by Wang Gungwu and Ng Chin-keong, Wiesbaden: Harrassowitz Verlag, 2004; 及 Igawa Kenji, "At the Crossroads: Limahon and Wakō in Sixteenth-Century Philippines", *in Elusive Pirates, Pervasive Smugglers: Violence and Clandestine Trade in the Greater China Seas*, ed. by Robert J. Antony, Hong Kong: Hong Kong University Press, 2010。

② Blussé, "Chinese Century", p. 116.

③ 参见 James Warren, The Sulu Zone, 1768-1898: *The Dynamics of External Trade, Slavery, and Ethnicity in the Transformation of a Southeast Asian Maritime State*, Singapore: Singapore University Press, 1981, 及 "A Tale of Two Centuries: The Globalisation of Maritime Raiding and Piracy in Southeast Asia at the End of the Eighteenth and Twentieth Centuries", Asia Research Institute Working Paper Series, NUS, Singapore, June 2003。

④ Reid, "A New Phase of Commercial Expansion in Southeast Asia, 1760-1850", p. 71.

上，充满各式各样装载各种奇珍异宝的来往船只。

然而在这些表面的繁荣之下，掩盖着一场引人注目的利益冲突。不单是各国政府利用南中国海的海运便利，全力发展政治势力攫取经济利益，同时也有一群游走于法律之外、不属于政府体系的非法经济活动，它们是潜藏于合法经济体系之下的影子经济（地下黑市贸易）。各国政府对在南中国海上进行这种非法活动的人，有各种极其混淆的不同称呼。中国政府将他们一律称为"海盗"、"海贼"、"海寇"、"洋盗"或"洋匪"。根据这些词汇的上下文义，它们都意指"海上叛徒、背信忘义的人、或卖国贼"。①而对于日本"海盗"，中国人和韩国人则侮蔑地称呼他们为"倭寇"；虽然，16 世纪所谓的"倭寇"多是中国人，而不是日本人。至于东南亚本地语言词汇中，直到 19 世纪前甚至于没有"海盗行为"、"海上非法活动"，②或是"海盗"、"从事海上非法活动的人"这样的名称出现。"海上劫掠"在当地人心目中是一种争战形式，是当地苏丹土司治理领地、取得资源的方式之一，西方人观念中的"海盗"及"海盗行为"等词汇和概念，要迟至殖民时代才出现。

对许多人而言，大海是个没有法纪，处于文明教化之外的领域。利葛·顾得（Eliga Gould）认为，海洋是一个人们在此可以为所欲为的区域，这里的一些行为，与陆地上的习惯大相径庭，且在陆地上往往是不被允许的。③加之，中国人习惯依凭"土地"所有，来建立人的身份地位；于是这群漂浮在海上，于土地无所依恃的族群，就被视为是一群"非我族类"的异类。史册上，将这群依海为生的族群区别为"匪"或是"盗"，是种不问青红皂白的绝对贬义，彻底否认他们生而为人的事实和生存的权利。有清一代，"海盗"是种"通敌叛逆"的重罪，被定罪的人，将被处以"枭首"④极刑（见第六章）。西方殖民政府对待海盗及其行为的态度，与中国政府

---

① 郑广南：《中国海盗史》，华南科技大学出版社 1999 年版，第 3—7 页；及 Matsuura, "The Pacific", p. 75。

② 包括海上走私等私经济行为及海上抢劫、掳掠、偷窃等犯罪行为。

③ Eliga H. Gould, "Lines of Plunder or Crucible of Modernity? The Legal Geography of the English Speaking Atlantic, 1660-1825", in *Seascapes: Maritime Histories, Littoral Cultures, and Transoceanic Exchanges*, ed. by Jerry Bentley, Kären Wigen, and Renate Bridenthal, Honolulu: University of Hawaii Press, 2007, pp. 105-106.

④ 枭首不仅是斩首，而且要把首级悬挂在木杆上"示众"。

是一致的，他们认为这种行为是野蛮的行为，会危害社会秩序及人类文明。在 19 世纪西方殖民政府眼中，殖民地经济体系之外的经济活动及反对殖民政府的人，就是"海盗行为"或"海盗"。在当时西方殖民政府心目中，"马来人"（Malay）和"依拉农人"（Iranun 或 Illanun）就是"海盗"的同义词（图 1—1 是 18 世纪欧洲人眼中的依拉农勇士）。于是镇压非法经济活动（海盗），不但带有保卫人类文明、教化野蛮的神圣使命，更是扩张殖民势力的最佳借口。①

　　然而对东南亚地区的本地政权而言，"海上抢劫"既不犯罪也不非法。有些著名的"海上抢劫"事件（西方人所认定），甚至还得到东南亚本地政权的支持。在东南亚一带，当地人将西方观念中的"海上抢劫"当成是一种受人尊敬的行为，并受到地方酋长和苏丹的大力支持。所以菲律宾南部的依拉农人和巴拉艮吉人所从事的"海上（抢劫）活动"，不但是东南亚当地政府授意，更是当地人所支持认同的一种生活方式，对当地政治经济活动和社会架构有极其重要的影响。②上述所谓的"海上活动"，东南亚人不但不会把这种行为视为犯罪行为，他们往往还视从事海上活动的人为"英雄"。同样地，明清之际，在中国东南沿海一带进行非政府组织的海上活动的人物，如郑芝龙及其子郑成功，因能为当地人创造就业的机会，使得当地人能够以帮助销售货物、提供粮食及武器补给等方式赚取生活所需，而成为当地人心目中乱世的英雄及支柱。然而在清朝官方眼中郑芝龙和郑成功都是海盗和逆贼，他们所涉及的海上活动因非政府所容许，而被目为从事海盗走私的"匪"或"盗"。但在福建人心目中，郑芝龙是个正直仁厚的人，专门济助贫苦。他的儿子郑成功，以反清复明的旗号，一直在中国东南沿海一带骚扰打击清廷，而被清廷视为明孽逆贼。郑成功在 1661 年于台湾逝世后，却在台湾被神化，被称为"国姓爷"。③

　　其实，事实往往极其幽微复杂。各国政权在界定海上活动是合法或非

---

① Robert J. Antony, *Pirates in the Age of Sail*, New York: W.W. Norton, 2007, pp. 44-45.
② James Warren, *The Sulu Zone, 1768-1898* 及 *Iranun and Balangingi: Globalization, Maritime Raiding and the Birth of Ethnicity*, Singapore: Singapore University Press, 2002.
③ 郑成功，1645 年明隆武帝赐姓"朱"，故称。

图1—1　依拉农勇士（18世纪）
（来源：Frank Marryat, *Borneo and the Indian Archipelago* , 1848）

法之间，并没有一个明确的定义。所以对于"海盗"和"海盗行为"等名词的界定，我们最好把这些海上活动想象成一条连续的直线，一端是绝对合法，另一端是绝对非法（不为政府所允许的组织和活动，为非法）。而大多数的海上活动则落在这两点之间。当政令和经济有所波动时，合法与非法海上行为随之变动。政令严苛、战争、天然灾害、经济衰疲的时期，非法行为增多。政府公权力衰弱、无力或不愿处理问题时，则非法行为增多。当然经济蓬勃发展时，非法行为也会猖獗，因为机会较多。本文对不为官方认可的海上私经济活动，在引用官方档案时，依官方惯例称呼为"海盗"或"海盗行为"，但在诠释时，则会以目前学界所见，重新定义为"海上活动分子"、"海上非法活动分子"、"海上活动"或"海上非法活动"。

　　从事海上活动的人来自各个不同社会阶层，不全是流氓无赖；他们中有普通的渔夫水手、地方乡绅商贾、土酋贵族、官吏士兵等，更是中外土洋各色人种都有。因为海洋有容纳百川的特质，大海是国与国之间互通有无的空间，使得海上事业和海上活动成为一个跨越国界、打破种族界限的合作企业（见第五章）。例如19世纪50年代，中国东南沿海一带最著名的海盗是名叫依拉·波斯（Eli Boggs）的美国人，在他所领导的海盗集团中，有中国人也有外国人。以海为生的族群，无论是海盗或一般渔民，其共同的特色是独特的水上生活方式，艰难的环境，贫困的出身。他们所身处的环境，充斥阳刚文化、奇异色彩，他们生活在以陆地文化为主的社会边缘，在他们生活的另类环境中，他们讲只有彼此才听得懂的海上生活术语，分享只有彼此才懂的插科打诨，神明和未知的迷信、敬畏及信赖，都是他们所共享的（见第八章）。本质上，他们的文化充满为求生存而与大自然和生存环境的韧性和搏斗。他们不同于陆地的生活方式、不同于陆地的谋生手段、甚至不同于陆地的行为规范，以及面对无力对抗的大海时，因体会生命脆弱而力求及时行乐的生活态度；在与陆地上的生活、律法与传统儒家所宣扬的诚实勤俭简朴自制等方面大相径庭。

　　海上活动也是物品商业化的过程之一，合法贸易增加时，非法贸易也随之增加，这两者之间关系紧密相连。虽然非法贸易的进行方式与合法贸易不同，无可否认地，非法贸易对南中国海地区的经济发展有不可忽视的贡献。自16世纪至17世纪初，由于明清两代数次严厉颁行海禁法令，禁止商民出海贸易，任何海上贸易行为都是非法的，因此无法区分到底谁是被迫下海的生意人？谁是铤而走险的走私者？谁是海上非法打劫的海盗？明代海上私人经济活动及海盗走私是最有利可图的商业行为。瑞裘·勒锐沙（Richard Leirissa）认为亚洲的海上非法活动（piracy）是一种以偷窃而非以交换为基础的经济活动。[①] 太田淳 (Ota Atsushi) 认为19世纪初发生在马六甲海峡水域的海上劫掠活动，是因商业竞争而产生的结果。那时的荷兰人、英国人和亚洲人在此纷纷抢占商业据点，寻求贩卖给中国市场的商品。[②] 海上活动集团（pirates）需要陆地上的支援，他们需要停泊在对他们友善的港口，方便他们修补船只，贩售商品及招揽新手。虽然非法贸易行为使合法贸易利润降低，它仍对整个经济体系，尤其是提高区域性经济发展的层面有其不可磨灭的正面影响。因为影子经济（非法经济或地下经济）是以非法经济行为而存在，影子经济之所以重要，是因为它能让许多贫困的人和原来被排挤在主流社会之外的底层人，得以参与更广大的商业经济行为。海上非法经济活动与走私一样，都为生活在环南中国海地区的人提供许多直接或间接的工作机会。

　　海上非法经济活动造成黑市地下交易，黑市地下交易造成新兴口岸的开发。这些新兴口岸的形成，（1）从无到有，像16世纪浙江外海的双屿和19世纪初中越边界的江坪（见第七章）。但当时政府处理这些非法港口的对策是，当这非法交易中心膨胀到无法控制时，政府以武力将它们摧毁。明朝于1548年摧毁双屿，清朝于1802年与安南合作摧毁江坪。（2）

---

① 　Richard Z. Leirissa, "Changing Maritime Trade in the Seram Sea", in *State and Trade in the Indonesian Archipelago*, ed. by G. J. Schutte, Leiden: KITLV Press, 1994, p. 112.

② 　Ota Atsushi, "The Business of Violence: Piracy around Riau, Lingga, and Singapore, 1820-1840", in *Elusive Pirates, Pervasive Smugglers: Violence and Clandestine Trade in the Greater China Seas*, ed. by Robert J. Antony, Hong Kong: Hong Kong University Press, 2010.

或者是由合法到非法，如在已经衰败的商贸地区建立非法经济活动的据点，像是 1784 年荷兰战争后经济萧条的廖内（Riau）。（3）或是由非法转成合法，如月港和厦门则成功地从非法交易市场转型成为合法口岸。如月港在 15 世纪时，只是一个位于福建漳州九龙江口的外海港口，走私贸易兴盛。明朝政府 1567 年设立县治、易名海澄后，地下交易及走私活动就向外移，多数转移到厦门。厦门在 16 世纪末和 17 世纪初，只是一个中国人和外国人及海盗聚集交易的地方；在 17 世纪，它也是郑氏家族海上霸权的重要基地。1684 年郑氏家族垮台后，清廷正式承认厦门为合法贸易口岸，而地下非法贸易又再次迁离此处。 ① 然而大多数的非法贸易港口，并不像廖内、月港或厦门般成功转型、日见昌盛，它们多半仍属非法，且不为人知。

非法贸易经济体系能成功的关键，在于得到居住在陆地上的人的支持拥护。哪些人支持这种经济方式呢？渔民、水手、商人、士卒，甚至官吏。若无人支持，非法贸易自然销声匿迹。在中国南方沿海，18 世纪和 19 世纪的情形与 16 世纪和 17 世纪的情况不同。16 世纪、17 世纪时进行海上贸易的乡绅士贾支持这种非法贸易行为，反对政府的弹压。18 世纪的福建，非法贸易则大幅减少，是因沿海地区的名门望族支持新建立的清政府政策，打击海盗。②19 世纪初，福建和广东地区，地方乡绅甚至还组织地方自卫组织（团练）来自保，并支持总督百龄打击海盗的政策。这与 1540 年至 1550 年间的情况大不相同：那时当地乡绅反对并阻挠朱纨打击海盗的政策。19 世纪后期及 20 世纪初，海盗及非法贸易行为大大减少。这个结果，不单是因为行动迅捷的蒸汽船出现和有效地摧毁了海盗巢穴及根据地，更是因为各国政府与殖民政府合作，将进行海上非法活动的人移往内陆，使得他们必须从事农耕或其他合法性营生。

本书分成两大部分。第一部分按年代发生顺序方式，描述史料中所记

---

① 参见 Ng Chin-keong, *Trade and Society: The Amoy Network on the China Coast, 1683-1735*, Singapore: Singapore University Press,1983。

② 参见 Paola Calanca, *Piraterie et contrebande au Fujian. L'administration chinoise face aux problèmes d'illégalité maritime (17e - début 19e siècle)*, Paris: Éditions des Indes savantes, 2008。

载有关海盗的史实（第二章至第四章）。第二部分主要是讨论及分析（第五章至第八章）有关海盗的组织形态、生活信仰、黑市交易等。第二章叙述自1520年至1810年中国海盗的黄金年代。第三章检视自19世纪末至20世纪初中国东南沿海一带，现代海盗活动的发展演变。第四章审视自16世纪至19世纪，东南亚地区的西方海盗、中国海盗、日本海盗和东南亚海盗与海上劫掠、战争及贸易间的关系。第五章分析纵横在南中国海海域及其邻近地区的海盗集团、组织方式和社会背景；这一章中也提到被海盗胁持的俘虏。第六章讨论海盗恐怖暴力手段的含义。第七章从社会经济层面分析江坪的黑市交易。江坪是18世纪末19世纪初位于中越边界的一个非法交易口岸。第八章讨论中国海盗及水手们的神明信仰及祭祀仪式。最后一章讨论海盗及其活动对研究亚洲史的重要性。

第二章 ‖中国海上非法活动的全盛时期‖

中国东南沿海一带的海上非法活动的全盛时期约始自16世纪初，并一直持续到19世纪初。在这段时间中，中国东南沿海及其周边地区的海上非法活动的规模，远超过世界上任何地区和任何时期。为何这段时间中国东南沿海地区会产生如此规模庞大、前所未有，又不被政府所允许的海上政治或经济活动呢？这与该地区的大规模经济成长以及政权变动有密不可分的关系。

中国东南沿海一带，有关不为政府允许的海上活动记载，史不绝书。这些被历代政权视为"非法"的海上活动，它的全盛时期约始自 16 世纪初，并一直持续到 19 世纪初。在这段时间中，中国东南沿海及其周边地区的海上非法活动的规模，远超过世界上任何地区和任何时期。为何这段时间中国东南沿海地区会产生如此规模庞大、前所未有，又不被政府所允许的海上政治或经济活动呢？这与该地区的大规模经济成长以及政权变动有密不可分的关系。这段时期，中国的海上非法活动，大约可分为三波高峰：第一波是明中叶（1520—1574 年），中国史书上称为"倭寇"的时期。这一时期，参与不为明政权所允许的海上活动的分子，有商人也有海盗。第二波是明清政权交替之际（1600—1684 年）；中国史书上称为"海寇"的时期。这是个政治动荡、经济萧条、社会不安的时期；参与这个处于紊乱、无政府状态的海上活动的人，有反清复明的志士，有商人和海盗；这些被称为"海寇"或"海贼"的人，在海上进行与商业行为有关的劫掠活动或政治反抗活动。第三波是清中叶（1780—1810 年），这时的海上非法活动是以大型联盟方式出现，清代官方称之为"洋盗"、"海盗"、"海贼"、"海匪"或"海寇"等等。这些从事海上非法活动的联盟，清政府称为"匪船联帮"。第三波是中国海上非法活动的最高峰。这一波，有成千上万的贫穷渔夫和水手，为了生存而从事清政权视为非法的海上活动。这三波的共同特色是，活跃的民间海上活动远远超过当时政府的海上势力（见地图 2—1）。

这一章，我们将探讨 16—19 世纪，中国沿海地区海上非法活动的兴衰。中国海上非法活动的第一波和第二波将中国附近海域的海上活动与全球（自加勒比海至太平洋一带）的海上活动连成一气。这两波海上活动，除了大规模的海上经济活动外，还与全球经济贸易和政治活动息息相关。这种全球性的海上政治经济活动，部分是因 16 世纪的西班牙帝国、横跨欧亚的蒙古帝国和明朝政权的衰颓倾圮所造成。在西方，海上活动与近代西方殖民政权的兴起及全球经贸竞争密切相关。当时的西方国家"特许"海上各种经济性及政治性的活动为"合法"（包括海上劫掠行为）。他们彼此间的经济政治等竞争，常以海上互相劫掠彼此船只的行为来表示"合

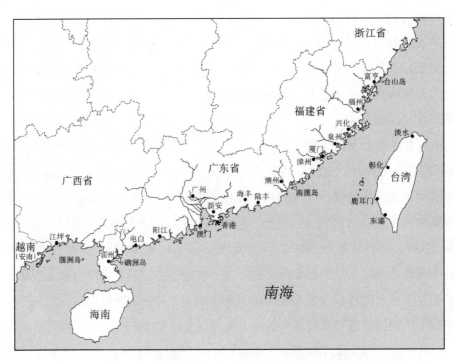

地图2—1 华南沿海地区（19世纪）来源：安乐博制

法"的宣战。在中国，海上"非法"活动则与明清的政治政策和政权交替有关；例如"海禁"，使得原本"合法"的海上经贸捕捞行为成为"非法"，使得从事海上贸易的商人或靠海为生的渔夫无以为生，只好铤而走险，从事当时政府所认定的"非法"海上活动。而明清政权的更迭，使得对政权递嬗的抗争，被模糊为"非法"的海上活动。到第三波时，西方人在全球的海上劫掠活动已多数平息。然而，以中国人为主的中国东南沿海一带及其附近海域和地区的海上非法活动，在此时却达到最高峰。这些从事海上非法活动的群体，多数是贫困的渔民和水手。

第一节　第一波高峰：明中叶的海上非法活动

中国东南沿海一带海上非法活动的黄金时期，始于明中叶嘉靖年间（1522—1566年）。嘉靖初年中国东南沿海一带海上非法活动大肆滋长，在20年之间，由无数小股的海上活动组织，发展成为有组织的大型海上活动组织，在16世纪50年代到达巅峰。此一时期，明朝海军力量衰退，北边有再度复苏的蒙古部族（俺答）叩关的强大威胁；南边有活跃的海上活动，强盛的海上势力一度曾威胁南京、苏州、杭州。这一时期的日本，正面临内战，水手们和没有家主的武士们以海上劫掠为生。明朝称这群海上不法之徒为"倭寇"。这个贬损的名称特别用来称呼来自"日本"的海盗。然而，事实上，这个名称只是用来泛指所有在中国东南沿海一带从事明朝政府不允许的海上活动的人。这群活跃在海上的族群人种复杂，有日本人、中国人、东南亚人、欧洲人甚至非洲人等。他们的活动范围极广，从中国沿海地区到马来半岛一带海域的来往船只、港岸码头、商埠贸易都受到他们活动的危害。

16世纪20年代民间海上非法活动骤然暴起的主要原因，与嘉靖皇帝执意施行更严厉的海禁有关。当时严格限制海上贸易，视一切民间的海上贸易均为非法，与海外地区的贸易只有官方允许的朝贡制度。任何人胆敢从事与海洋有关的活动或行为，如建造大型远洋船只、与外国人交易、未经允许出海或走私活动等，都会被视为"海盗"行为，并处以极刑（死刑）。严厉的海禁不但没有遏止海上的"非法"活动，反而使之更为猖獗。因为当时唯一被允许的对外贸易管道只有朝贡制度。但是这种制度下的对外贸易，不但次数不固定、时间不固定，所交易的物品（无论输入或输出）数量，也远不能满足各方的需求，于是民间的"非法"贸易应运而生。这种被明廷视为"非法"的"海盗"行为，迅速蔓延至整个沿海地区。随着需求的增加，地下贸易的膨胀，从事地下贸易的人口也日益增加。海上非法交易（海盗行为）的猖獗，清楚地显示人民对海禁政策的反对。而当时民间的海上非法交易行为，也成为那时对外贸易最主要的媒介方式。

嘉靖年间严厉的海禁政策，使得许多靠海外贸易或捕鱼为生者，上至乡绅巨贾下至渔民水手，都成为官方眼中的罪犯。当时的朝官唐枢认为，"寇与商同是人也。市通则寇转为商，市禁则商转为寇。"①这一时期民间海上活动其中之一的特色就是，所谓的著名"海寇商人"（既是商人又是海盗的商人）集团首领，如李光头、许栋、王直、徐海、洪迪珍、何亚八、吴平、林道乾、曾一本等，也都是当时的商界巨子和核心人物。这些被明朝称为"海寇"的商人，他们或以私下交易、或以强行夺取的方式，取得所需的物资以进行政府禁止的对外贸易。为发展势力，他们吸纳联合并组织志同道合的同伴，形成庞大的海上势力以与政府抗衡，并在沿岸岛屿建立根据地。这些民间海上非法活动组织，多与当地政府官员勾结；而当地乡绅市贾，也暗中出资参与赞助这些不为当时政府所允许的海上贸易活动。图2—1中列出自1540年至1580年在南中国海海域活跃的主要民间海上非法集团首领。

由于明朝的海禁，使得16世纪初的中国东南沿海一带成为黑市贸易（地下交易）的重镇。这里聚集了许多来自世界各地的商人，他们在沿海一带的邻近岛屿，如南澳、大担、浯洲屿（今称金门）、双屿等进行贸易。事实上1524—1548年的20多年，双屿这个坐落在浙江外海，靠近宁波的

---

① 郑若曾：《筹海图编》卷11上，中华书局1999年版，第673页。

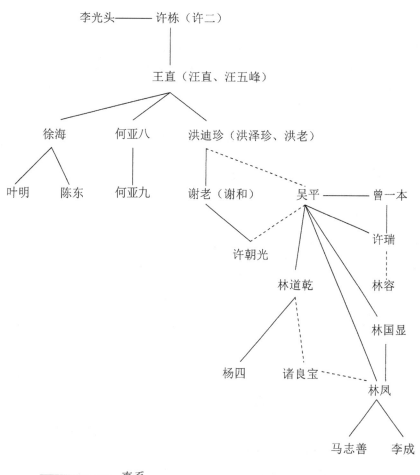

————————　直系

------------　非直系

图2—1　中国南方主要海上非法活动集团首领（1540—1580年）
（来源：安乐博制）

岛屿，是当时国际黑市交易的重镇和倭寇活动的大本营。1520 年初，双屿只是个季节性的黑市交易地点，只有中国和葡萄牙的走私者在交易季节来临时，为遮风避雨、储存货物等而临时搭建的寮房。但是到 16 世纪 30 年代后期，自从几个大海商金子老和李光头等，自东南亚引外国人来此做生意后，双屿迅速地发展成一个永久性的全年无休的贸易中心。[①]

约与此同时，许氏兄弟（许栋、许松、许楠、许梓）、葡萄牙人和其他在东南亚一带做贸易的人，都纷纷将他们做交易的地点从马来半岛迁至中国东南沿海的双屿和大茅。自迁到双屿后，许氏兄弟所领导的海商集团就开始与数个较小型的海商集团合并。到 1542 年，由许氏兄弟领导的这个海上集团，已经成为中国东南沿海一带最大的海上贸易集团。当时成为国际黑市交易中心的双屿，自 1544 年到 1548 年[②]的这段时间，是它最辉煌灿烂的一页。王直是许氏兄弟集团中的一员，双屿岛起初是因他引领日本人来此进行贸易而崛起。当时的双屿在许氏兄弟的规划下，成为整个东亚最大的贸易中心。它不但是中国东南沿岸福建、广东、南京等地贸易的大本营，更是与东亚（日本）、东南亚和欧洲（通过葡萄牙人）等地进行直接或间接贸易的重镇。双屿的全盛时期一直维持至 1548 年，才开始衰颓。[③]

许氏兄弟所领导的海商集团是由许栋（又名许二）所主持。16 世纪 40 年代，他成为中国东南沿海一带最有影响力的海商。他原先只是个普通的商人，1526 年因海禁使得海上贸易成为非法，而被明朝定罪下狱。他旋即从狱中脱逃至大泥（或北大泥，今称北大年），后来又至马六甲。在马六甲，他娶了当地妇女，继续进行明朝政府认为非法的海外贸易，并因而致富。后来他与日本人（倭寇）合作，回到中国沿海的双屿，以此为基地从事黑市贸易。16 世纪 40 年代初期，他邀集李光头等海商集团与许氏

① 郑若曾：《筹海图编》，卷 8 下，第 569 页；卷 11 上，第 671—675 页；及 James Chin, "Merchants, Smugglers, and Pirates: Multinational Clandestine Trade on the South China Coast, 1520-1550", in *Elusive Pirates, Pervasive Smugglers: Violence and Clandestine Trade in the Greater China Seas*, ed. by Robert J. Antony, Hong Kong: Hong Kong University Press, 2010, p. 47。

② 1548 年，双屿被明政府剿灭。

③ 参见 James Chin, "Merchants, Smugglers, and Pirates", pp. 47-48。

集团一起劫掠福建、浙江沿海城镇村庄，并积极与日本九州博多地区进行贸易。他如火如荼地进行走私劫掠和黑市贸易等不法活动，引得明朝政府大加侧目。1543 年明朝战舰开始进剿双屿及其他沿岸岛屿的海盗集团。这些海商集团，虽然有葡萄牙人所提供的先进武器能与明朝海军对抗，但是他们或因顾虑身在中国的家人或其他原因，1548 年，这些海商集团首领纷纷离开双屿（包括许栋）至东南亚或日本。[①]（图 2—2）

　　当许栋离开双屿后，他的手下王直（又名汪直、[②]汪五峰、[③]王五峰、[④]五峰船主[⑤]）继他而起，成为他所遗下的海上集团的首领。王直出自徽州一个盐商家庭，他也因为明朝海禁，严禁非官方的海外贸易，而成为进行官方所不允许的海外贸易的海商之一。到 16 世纪 50 年代，他以日本九州萨摩地区为基地，拥有一支数量庞大、武器精良的船队。他活跃于日本与中国间，贩贸硝黄丝棉等违禁货物，[⑥]并以武器弹药等买卖为主。[⑦]王直为人任侠，足智多谋、待人和蔼可亲，与他交往的贸易伙伴无论是中国人还是日本人，都对他极为推崇。[⑧]因为他的船队常遭受其他同样进行海上活动的中国船只的袭劫，所以他任用日本人（所谓倭寇）为侍卫。王直的船队甚至还保护其他中国、日本和葡萄牙的商人。虽然王直主要是个商人，但他遇上对手船队时，也会攻击和劫掠它们。于是有更多的船队武装自己，既保护自己又劫掠别人。这种私人武装的海上船队，就如滚雪球般越来越多，为祸海上和地方。到 1555 年，这种所谓的倭寇集团已经有一千多人和上百

---

① 《霞浦县志》，大事，第 9 页。

② 《明史》称他为汪直。

③ 《明世宗实录》卷四五三，引自松浦章、卞凤奎《明代东亚海域海盗史料汇编》，乐学书局 2009 年版，第 40 页。

④ 谢杰：《虔台倭纂》上卷，第 109 页。

⑤ 郑若曾：《筹海图编》卷九，第 619 页。

⑥ 谢杰：《虔台倭纂》下卷，第 227 页；万表：《海寇议后》，引自郑广南《中国海盗史》，华东理工大学出版社 1998 年版，第 191 页。

⑦ 参见 Maria Grazia Petrucci, "Pirates, Gunpowder, and Christianity in Late Sixteenth-Century Japan", in *Elusive Pirates, Pervasive Smugglers: Violence and Clandestine Trade in the Greater China Seas*, ed. by Robert J. Antony, Hong Kong: Hong Kong University Press, 2010, pp. 63-64.

⑧ 《明世宗实录》卷四五三，引自松浦章、卞凤奎《明代东亚海域海盗史料汇编》，第 40 页。

图2—2 明代草撇船（来源：谢杰：《虔台倭纂》，1595年版）

艘的船只，官方记载他们固定地抢劫蹂躏中国东南沿海一带。[①] 至 1558 年王直被明朝招降，当时明朝政府允他以平息倭乱，来获得朝廷的官衔及被免罪。但他投诚后，却被下入狱中，一年后被处死。

王直是当时整个海上组织的灵魂人物，他死后，许多原本他的手下各自独立，成为威震一方的海上非法活动的头目，例如徐海。徐海是徽州人，原来在杭州为僧。嘉靖辛亥（1551 年）年间徐海于烈港拜见叔父徐为学，叔父携他至日本。当时他的叔父向日本人借贷，以徐海为质，他被留置于日本九州。徐海在日本时，颇得日本人敬重，日本人称他为"中华僧"。后来徐为学在广东南澳被守备黑孟阳所杀。徐海为偿还叔父向日本人借贷的欠款，就带领日酋辛五郎来到中国东南沿海一带，于是正式下海为盗。1554—1556 年，徐海与来自日本和泉、萨摩、肥前、肥后、津州、筑后、丰后、纪伊等地的日本海商在浙江沿海一带活动。至 16 世纪 50 年代中期，在陈东、叶明（又名叶麻）、日本人辛五郎等的辅助下，其势如日中天，拥船过千艘，领众逾六万。后来明朝总督胡宗宪行反间计，使得徐海相继缚叶明和陈东，解与胡宗宪，以求内附明朝。徐海的举动引得其所领导的海上集团既疑且怒，于是他的集团势力开始削弱分裂。后来徐海于内斗及明军环伺之下，自行沉河就死。[②]

何亚八是广东东莞人，原在大泥国（今北大年）等地经商贸易。嘉靖海禁时期，因与郑宗兴等"纠合番船，前来广东外洋及沿海渔村"进行贸易，而受到明朝官兵的追捕，逃往福建。后来招收叛亡之徒数千人，与陈老、沈老、王明、王直、徐铨、方武等合作，流窜于浙江、福建、广东沿海一带。嘉靖三十三年五月，何亚八等 119 人，在广东外海三洲湾被明军生擒。后来，何亚八被斩于市。[③]

洪迪珍来自闽南的漳州，是另一个活跃在南中国海一带，被明朝视为

---

① 《明世宗实录》卷四五三，引自松浦章、卞凤奎《明代东亚海域海盗史料汇编》，第 40—41 页；郑若曾：《筹海图编》卷 9 下，第 619—625 页；及 Robert J. Antony, *Pirates in the Age of Sail*, New York: W.W. Norton, 2007, pp. 36, 108-110.

② 郑若曾：《筹海图编》卷五，第 335—339 页；及 James Chin, "Merchants, Smugglers, and Pirates", p. 51.

③ 郑若曾：《筹海图编》卷三，第 242 页。

"海盗"的商人。他与其他同时代的大海寇一样，原本只是个普通商人，只因情势逼迫而涉入政府所不允许的海上贸易活动。洪迪珍因与日本贸易致富，大约是 1558 年，因为明朝政府扣押他的船只，并威逼他的家人，他为了自保而开始蓄积武力，私下从事海外贸易，"初与王直通番，后直败，其部下残倭乃依迪珍往来南澳、浯澳……"①他以浯屿和南澳为基地，和倭寇联手劫掠沿海城镇及其他商船。1559 年，他们骚扰侵略福建的福宁、福安、三沙、厦门。明廷备受威胁，1563 年派人招降洪迪珍，他不疑有它，也向明朝投诚，结果与王直一般下场，亦被斩首处死。②

另外一位著名海商吴平，"（吴）平自阳江乌猪羊战败，奔安南……"他在 1565 年逃逸到安南③前，亦在华南沿海地区与洪迪珍一起操纵地下黑市贸易 20 多年。他号令约 400 多艘船，积极活跃在福建和广东东北沿海一带地区。④关于吴平的身世，乾隆朝的《潮州府志》说："吴平，（福建）诏安四都人，短小，狡诈。幼与群儿牧，部署号令皆如法。为人易怒……主母尝苦平，遂逃去为盗。掠得其主母，以壶水系两乳，令裸身磨米，身动壶摇，水淋漓以为乐。为盗势甚猖獗。同时许朝光、林道乾、曾一本诸贼皆推崇之。"⑤《诏安县志》"（吴）平既为盗，不肯居人下。先后巨贼如许朝光、林道乾、曾一本皆骁勇，胆力过人，然必推平。平亦偃然居群贼上"。⑥吴平与王直一般，也是海上非法组织的灵魂人物，后来因清廷对海上非法活动的追剿，逃逸远离中国东南海域。自他逃到安南后，好几个他从前的手下就借机扩张自己的势力，接收了他所遗下的旧部。⑦

吴平的手下林道乾接收他离开后四分五裂的海上船队组织，并迅速发展，远超过吴的规模。林道乾的势力范围从福建、广东东北扩充至台

① 《明世宗实录》卷五二五，引自松浦章、卞凤奎《明代东亚海域海盗史料汇编》，第 43 页。

② 《漳州府志》及《明世宗实录》卷五二五，引自松浦章、卞凤奎《明代东亚海域海盗史料汇编》，第 43 页。

③ 越南，1803 年以前称安南。

④ 《明世宗实录》卷五四九，卷五五七，引自松浦章、卞凤奎《明代东亚海域海盗史料汇编》，第 44—45 页。

⑤ 《潮州府志》卷三十八。

⑥ 《诏安县志》卷七《武备志》，引自郑广南《中国海盗史》，第 221—222 页。

⑦ 参见陈春声《16 世纪闽粤交界地域海上活动人群的特质——以吴平的研究为中心》，载李庆新主编《海洋史研究》2010 年第 1 辑，第 129—152 页。

湾、①菲律宾和暹罗（现今泰国）。1566 年他勾结倭寇抢劫诏安港,1571 年
伙同数股广东南部沿海地区海盗袭劫珠江三角洲流域。1573 年林道乾先
逃逸到吕宋,后至北大泥（大泥、北大年）,继续他的亦盗亦商生涯。曾
一本是 1564—1569 年活跃在福建和广东的海上活动组织首领之一。1567
年,他与倭寇合作袭劫潮州沿海一带,1568 年袭劫广州一带。1569 年,
清水师将他驱逐至广东西部的高州雷州地区,最后将他俘虏处斩。②

16 世纪时,在中国东南沿海一带抢劫掳掠、从事海上非法活动的人士
中,不但有中国人、日本人、东南亚人,更有西方人。这些西方人中,第
一个来到南中国海海域的是葡萄牙人。葡萄牙人既是商人又是冒险家,许
多葡萄牙人的行为野蛮,如同海盗一般。他们以在东南亚的基地,与盘踞
在双屿和其他沿海岛屿上的中国人和日本人进行贸易。这个时期的西方,
建立帝国势力与扩大贸易市场是一体两面的,而采用的方法更是无所禁
忌,他们可以用合法的贸易手段,也可以用非法的海盗活动来达成。当时
许多的西方政府,对自己船只的海上抢劫活动,采取宽容的态度,认为这
种海上抢劫行为是合法贸易中的一种重要辅助手段。

在他们的眼中,亚洲遍地是黄金,又没有政府的管束,自然吸引许多
来自西方的冒险家和投机分子。他们毫不理会明朝的海禁命令,以各式各
样的方式,透过贸易管道或是以抢劫掳掠的方法来致富。那时（16 世纪
中）葡萄牙人已在澳门建立根据地,他们不仅从事贸易互市,更涉及抢劫
掳掠华南地区的沿海村庄,贩卖妇女和幼童为奴。明朝政府档案资料上记
载,当时福建地区曾逮捕一些唯利是图的葡萄牙人,对他们加以廷讯,并
以"海盗罪"处死。在明朝有司的眼中,葡萄牙籍的探险家曼地斯·平托

---

① 明代及其以后的文献记载中,台湾亦被称为"鸡笼山"、"鸡笼"、"北港"、"鲲岛"、"东蕃"、"台员"或"大员"
等;葡萄牙人称 Ilha Formasa,后西人多沿此称,径呼台湾为 Formosa "福尔摩莎",直至现代。荷兰文献中,
台湾亦被称为 Tayouan、Tayovan、Teowan、Tayoan、Teyouan 或 Tayowan 等。明郑时期,台湾亦曾被明郑
短暂称为"东都"或"东宁"（明灭亡后,附清前）。日人称"高砂"、"高砂国"或"高山国"。清代 1684 年,
郑克塽投降后,正式纳入清朝版图,称"台湾"（明万历年间,始见台湾一称）。因当时各方对台湾称呼不一,
为方便起见,统一以今名"台湾"称之。

② 《海康县志》,第 539—540 页。

（Mendes Pinto）不过是个贪婪无耻的海盗罢了。[①]

中国东南沿海地区的海盗活动一直持续到 17 世纪初期，但是自 1574 年后，一度极为猖獗的海盗活动急剧下降，是由数个原因造成的。1567 年明嘉靖帝崩殂后，继任的皇帝小心谨慎地逐渐开放与东南亚的贸易（但不包括对日本的贸易）；[②]几个主要的海上贸易活动首领降的降，杀的杀，逃的逃（东南亚地区）；以及 16 世纪下半期，日本在德川幕府的重组下统一，有效地节制了日本人在中国东南沿海地区的劫掠活动。16 世纪末的数十年间，中国经济终于趋于稳定，合法的海上贸易管道也再度开放。海禁开放后，一度活跃的海上非法活动随即销声匿迹，海盗（非法海商）也再度成为合法的海商。

第二节 第二波高峰：明清之际的海上非法活动

自明中叶海上非法活动平息后，中国东南沿海地区大约平静了 50 年。但是自 1600 年到 1684 年，另一波大规模的海上非法活动又再度来临。官方记录，对这个时期参与不为政府所允许的海上活动（政治性或经济性）的人，径呼为"海寇"。这一波民间海上活动的产生，与当时中国的政权交替息息相关。其活动最活跃的时期，约自 17 世纪 40 年代至 17 世纪 60 年代。这一波的海上活动，由于政权动荡以及经济体制紊乱，使得我们无法清楚地划分海上活动事件：到底是纯粹的海盗非法劫掠？或是明清之际仁人志士对明王朝正统维系的抗争？或是海外贸易的商业行为？如当时的郑氏家族，在动荡的时局中，所建立起横跨整个南中国海海域及临近地区的海上活动组织（帝国）。他们利用强大的船队力量，掌控这一带的经济和政治资源。其他地区的海上活动船队和明末遗臣，也与郑氏家族联手，控制了从华南到东南亚

---

① 参见 Robert J. Antony, *Like Froth Floating on the Sea: The World of Pirates and Seafarers in Late Imperial South China*, Berkeley: University of California, Institute of East Asian Studies, China Research Monograph No. 56, 2007, p. 36；及松浦章、卞凤奎《明代东亚海域海盗史料汇编》，第 29、32 页。

② 虽然明朝政府自 1567 年后，对海上贸易的禁令已有松弛，然而在 1572 年、1592 年、1626 年、1628 年均分别重新颁布数条禁止海上合法贸易的法令。

地区的沿海城镇，进行政治经济活动。远道而来的西方人也在各自政府的支持下，趁机占据重要港口，进行当时中国政府视为非法的海上活动。

这一时期进行海上活动的人，因种种原因而形成：因明清政权交替，因经济条件变化，因生存环境改变等。17世纪初之后，平稳安定的社会产生急剧变动，当时东北有满族（女真族）时时入侵，明朝政府不得不抽调大批军队驻防于北边，使得东南沿海海防空虚。内有贪污腐败、政党倾轧、宦官弄权、国库空竭等，使得社会、经济、政治等产生动荡。于是自1626年后（除1631—1632年）明朝又再度颁布海禁，使得经济更加停滞不前，无论是内需还是外销物品都不得交流，物价日益腾贵，百业萧条，导致社会经济更加衰疲。当军事和财政的危机加深，社会愈是动荡不安，整个南方省份，处处有租人田地耕作的佃户和朝不保夕的中下阶层劳动人口的反抗，粮食暴动、盗匪猖獗，使得福建和广东两省几十年来都处在动荡不安和民不聊生之中，社会架构和经济体系被破坏殆尽。无所凭恃的平民百姓，在一波又一波的武力劫掠和海盗侵袭中渡过，惶惶不可终日。

除了上述战争人祸，自1589年以后的几十年内，福建、广东地区连年大雨洪涝，干旱不止，台风肆虐，地震连连，使得二省赤地千里，百姓流离失所。如1589年至1612年间，有超过12次地震，重创福宁、莆田、惠安、安溪、同安、诏安和泉州等地。在同一段时间内，福州、诏安和莆田同时遭遇大旱和饥荒，而在惠安和泉州地区则洪水肆虐。17世纪50年代初，福建沿海地区也发生严重饥荒，谷价腾贵，海澄一地的米价高达150两一石。在食尽一切草根树皮的情况下，绝望之余竟有父子相食的骇人惨剧，而灾民或死于疫疾、或死于饥馑，或毙命于洪水，或自缢，根据当时记载每日死者过千，尸体腐臭，数里之外仍需掩鼻。史料上如此记载：

八九两月，每石米价贵至550两，草根、木叶、鼠、雀、牛、马无不被搜索食尽，济之人肉。父子相食，不生烟火者月余，病死、饿死、投水、上吊而死，兵丁咸取抢夺被逼而死，日以千百计。尸骨山积，秽闻数里。嗟此残民靡有孑遗矣。① （图2—3）

① 参见曹树基《中国人口史》第五卷，复旦大学出版社2000年版，第36页。

图2—3 饥荒食人图（清代）
（来源：*The Famine in China*, 1878）

同时期的广东，情况也不见得好到哪里去，1602 年和 1605 年是地震，1642 年至 1665 年则年年干旱。由于粮价腾贵，人们只好铤而走险，抢劫掳掠，在广东和福建两省处处可见。由于情况日益严重，未见好转，连位于珠江三角洲的富庶地区，如新安等地区，也出现屠食死尸的惨状；或者只要一斗米，就可买个仆佣（或男或女）等情事发生。[①] 在这种天灾不断的情况下，整个中国东南沿海一带因朝廷无力管束，而使盗匪横行。

这一时期的西方国家，因新航路的发现，在全球各地展开疯狂的政治和经济竞争，他们在海上互相掠夺彼此船只，并波及亚洲。他们在南中国海海域大肆攻击掳掠对手的船只时，连亚洲籍的船只也不放过；同样地，他们在攻击掠夺对手在亚洲地区的新据点时，被他们看中的港口码头，也不能幸免被侵袭的命运。至 17 世纪初，荷兰人和英国人开始在亚洲称雄，取代原有的葡萄牙人和西班牙人的势力。这些荷兰人和英国人的行为与之前的西方人一般无二，他们以商业贸易与抢劫掳掠并重。[②] 他们当时在南中国海海域活动的主要目标，是为瓦解中国与马尼拉（当时由西班牙人操纵）之间的贸易管道。于是，荷兰人和英国人在当时各自政府的鼓励下，利用中国政治的真空时期，大举袭劫中国的贸易商船，有时甚或侵扰沿海村庄。当时的中国贸易商船多为小型帆船，防卫薄弱，极易成为西方人眼中的肥羊。1622 年荷兰人企图入侵澳门，失败而返，退而攻击澎湖，将澎湖据为己有；荷兰人入侵澎湖时，大肆抢劫焚毁沿海村庄，并掳走数百平民，贩卖为奴；1624 年占据台湾，并以台湾为贸易和抢劫的根据地；直到 1661 年，郑成功将荷兰人从台湾赶走为止，才将荷兰人的势力逐出中国东南沿海。中国政府在 1729 年以前，一直拒绝与荷兰进行贸易，但是荷兰人透过在海上抢劫所得的丝绸和陶瓷，已经足够他们来维持与日本的贸易。这些西方人（荷兰人、英国人、葡萄牙人、西班牙人等）在南中国海

---

① 参见《泉州府志》卷七十三，第 12 页；《霞浦县志》，大事，第 17 页；《汕头大事记》卷一，汕头市地方志编纂委员会 1988 年版，第 47 页；及 Peter Ng, *New Peace County: A Chinese Gazetteer of the Hong Kong Region*, Hong Kong: Hong Kong University Press, 1983, p. 103。

② 参见松浦章、卞凤奎《明代东亚海域海盗史料汇编》，第 11—12、53—57 页。

海域上的抢劫活动，一直持续到 18 世纪初。当时航行在这片海域上的船只，无论是中国船只或其他国籍的船只（日本的、东南亚的、其他西方对手的）都无一幸免。这些西方船只的劫掠行为，使得沿海地区更加动乱；他们不但拦截过往船只，更贩卖武器给其他的海上活动集团，使得海上活动集团有源源不绝的武器弹药供应而持续为乱。[1]

17 世纪前半期的事件多半是自 16 世纪延续而来。如初期的倭寇，是由一群习于海上劫掠的海盗与富商勾结，横行于南中国海海域上的集团。在 17 世纪前 30 年，中国东南沿海一带有超过 10 股大型海寇商人的船队活动。他们在进行与南澳、澎湖、台湾、澳门、日本、菲律宾之间贸易的同时，也伺机抢劫过往商船。但 17 世纪的海寇商人与倭寇最大的不同在于，海寇商人只打劫海上的过往船只，并不似倭寇般骚扰沿海地区。表 2—1 罗列了自 1622 年至 1678 年间纵横在南中国海海域的主要海寇商人首领。

表2—1 南中国海主要海盗集团首领（1622—1678年）（来源：安乐博制）

时间（年）	海盗首领	籍贯	附注
1622—1628	林七老	浙江	活动于福建、广东；与荷兰人勾结
1626—1646	郑芝龙（Nicolas Iquan）、郑芝虎	福建南安县	活动于福建、广东、台湾、日本、东南亚
1626—1630	杨禄（杨六）、杨策（杨七）	福建	活动于台湾海域、澎湖诸岛
1628	周三老		
1629	李芝奇	福建	活动于广东、东南亚；与荷兰人勾结
1629—1631	李魁奇	福建惠安县	活动于福建沿海
1630—1631	锺（钟）斌	福建	活动于福建
1632—1635	刘香（刘香老、Jan Glaew）	福建海澄县	活动于福建、广东、浙江、台湾；与荷兰人勾结
1639—1640	顾荣、陆大、廖二、张五小子		

---

[1] 参见 Antony, *Pirates in the Age of Sail*, pp. 38-39。

续表

时间（年）	海盗首领	籍贯	附注
1645—1646	周鹤芝（周崔芝）	福建福清	活动于日本、东南亚、浙江、福建
1645—1662	郑成功（Koxinga）	福建（生于日本）	活动于福建、广东、台湾、日本、东南亚
1645—1653	苏成、苏利	广东惠州（潮州）	活动于福建
1646	高镇、林芳、黄信、麦明襄、叶垣居、黎侯玺、梁帝觉	广东新会县	活动于新会县海上；攻新会县城
1647	杨航	福建	率众包围莆田、仙游
1650	黄海如、陈斌	广东潮汕	活动于福建
1650—1660	邓耀	广东	据龙门岛
1651	王吉	广东琼崖	攻万州
1656	郭子龙、黄元	福建	袭击云霄厅
1659	高陈、徐胜	福建	袭击云霄厅
1662—1681	郑经	福建	郑成功之子
1662—1664	周玉、李荣	广东番禺县	活动于广东沿海
1655—1682	杨彦迪（杨二）、杨三	广东	活动于"西海"（今北部湾）、据龙门岛，后退据安南
1669—1680	邱辉（"臭红肉"）	广东（汕头）	活动于福建
1677—1678	张七、蔡寅、王鼎、欧九	福建	活动于闽南，蔡率领"白头军"与其余三名海盗联合

　　始自 17 世纪 80 年代，郑氏家族（初为郑芝龙，后为郑成功）建立了一个称霸南中国海海域达 20 年之久的海上帝国。郑芝龙初为商人，间或以走私劫掠活跃于闽南一带。他以绝佳的组织能力，编整海上船队，并与当地重要官员交好；他曾于澳门居住一段时间，改信天主教，后至马尼拉、长崎及台湾；他花多年时间建立了一个大型海上组织，不但有他的亲友和乡人，更有许多日本和欧洲的商人和官吏。1626 年他与以台湾为根据地的荷兰人合作，抢劫来往于中国与马尼拉之间的船只。两年后，他向明

朝政府投诚。明朝政府封他为"游击将军"，并派他清剿海盗。他趁此机会合法坐大，并逐一消灭如刘香（1635 年在雷州半岛被歼灭）等对手。[①] 当时郑氏以厦门及其临近岛屿为根据地，完全掌控福建往来台湾这一条获利丰厚的海上贸易路线。从当时官方的报告中可以看得出来，没有郑氏的许可，船只不可以在这片海域上航行。郑氏向来往商船征收保护费，拒绝缴纳的船只则会被劫掠。据说当时在福建及朝廷中许多高阶官吏，都固定收到他的孝敬。[②] 到 17 世纪 30 年代末，郑氏已将所有对手逐一清除完毕。他的势力如此庞大，以至于当时有人形容他的气势为"鲸吞大海"。[③]

1644 年明朝倾覆后，郑芝龙摇摆不定，终于 1646 年向满清投降。不幸的是，郑芝龙判断错误，清政府将他移至北京，羁禁于宅中不让他自由活动，并在 1661 年将他处死。然而许多他的党羽，包括他的儿子郑成功，在他投降后，仍继续奉明为正溯，进行反清复明的活动。郑成功趁此时政权交替、社会紊乱之际，扩张在中国南方的势力。到 1651 年，他已取代郑芝龙的地位，而得以号令整个郑氏集团。自此后的 10 年，他独霸福建、广东、台湾、菲律宾和东南亚大部分的海域。郑成功以贸易手段、抢劫对手船只、收取保护费等方式，来获取利润以支应反清复明大业及其庞大的海上帝国开支。1661 年夺取南京失利后，他将荷兰人从台湾赶走，期待以台湾澎湖为根据地继续抗清。不幸的是，在取下台湾后的 6 个月，他猝然死亡，徒然留下无限遗憾。郑氏海商帝国在郑成功过世后，也开始分裂。虽然，他的后代在他过世后，仍在台湾继续经营，但是郑氏海上势力在1683 年终于因施琅（郑成功旧部）率领清兵拿下台湾后而瓦解。

明朝灭亡后，全国皆处于无政府状态，于是海上活动益发猖獗无法控制。为了巩固政权、控制东南沿海一带的反叛势力，继任的清朝政府施行了比明朝更为严苛的海禁政策。沿海各省官员奉旨将所有船只焚烧殆尽，严禁打造大型船只，不许购买任何外地建造的船只，并严禁商民出海，若

---

① 《海康县志》，第 541 页。

② 《厦门志》，台湾银行经济研究室 1961 年版，第 665—667 页；邵廷采：《东南纪事》，台湾银行经济研究室 1968 年版，第 131 页。

③ 《明清史料戊编》，第 7 页。

有违禁，则依律处死。虽然严刑峻法，但海盗依然无法遏止。于是在1661年和1662年清朝又采取焦土政策，清政府强迫沿海所有居民向陆地内迁30—50里，摧毁沿海30—50里之内的所有房舍，在这片无人居住的区域，若逮捕到任何企图逗留之人，将一律斩首。

如此严峻刑罚并没有让海上活动销声匿迹，只摧毁靠海维生的渔民或依赖海上贸易的商贾的生计。这样的政策，驱使更多的人公开反叛。广东有苏成和苏利兄弟，组织一些志同道合的船只，以从事海上活动为生，他们公开反对清廷并宣言建立新的王朝。这个海上活动集团中虽有一些离乡背井、落难到此的农民，但主要的成员多为渔民海商等靠海为生的人。苏氏兄弟的势力，连绵自惠州到潮州约几百里的沿海地区；他们的势力一直到1664年才被消灭。[①] 至于南边广州沿海一带，在1663年和1664年，则有一群由周玉、李荣所领导的势力。这是一群无以为生的蛋家渔民所从事的海上活动，他们的行为动摇了整个广东的经济命脉。在现今中越边界，则有杨二所领导的一群忠于明朝、反抗满洲统治的志士遗臣，在这片水域上从1663年至1681年所进行的海上反抗活动。[②] 其实这些发生在海面上的活动，不见得是因为对明朝的忠诚而起事，也许多半是因为在清政府的严厉海禁政策之下，无以为生，而不得不为之。而清廷的严苛海禁政策以及持续的南方战事，无不扰乱了中国东南沿海一带原本的经济体制，迫使商民离开这片紊乱的地区，而转至台湾、澳门或亚洲其他地区进行贸易。

1680—1730年间，无论是中国还是西方政府，对合法贸易和非法贸易的政策及态度都有很大的变化。1683年，清军平定郑氏在台湾的残余势力完全掌控中国后，康熙（1662—1722）于1684年终于撤销了大多数的海禁。清廷相信政权的稳固来自南方沿海诸省的安定与富庶繁荣，于是谕令重开对外贸易商埠，并允许人民远赴重洋贸易。[③] 清廷并于沿海建立或重开

---

① 郑广南：《中国海盗史》，华东理工大学出版社1999年版，第292页。

② 《海康县志》，第543—544页。

③ 然而1715年颁布新令，禁止渔船携带武器上船；1717年曾短时中止与东南亚之间的贸易（同上，第545—546页）。

一连串的海关税务司署、巡检衙门、海防驻兵等。并赋予驻在各地的有司和营汛监督贸易、不法走私及防止海盗等情事职责。到 17 世纪 20 年代，清政府甚至用一系列立法寓意保护个人财物，包括立法严禁不法海上交易活动。[①] 与此同时，这个新王朝（清廷）更刻意将自己融入汉人的海洋文化及习俗中，特意敕封海上人家最看重的神祇—妈祖—为"天后"。（详见第八章）这些新措施，果然为中国东南沿海一带重新带来安定与繁荣，海上非法活动也相对大大减少。由于大多数的海商可以在这一连串的措施中取得利益，于是倾向大力支持政府政策，他们于是开始并坚壁清野地打击海上非法活动（海盗行为）。大约与此同时的西方商人，为了正常的海上贸易活动，也开始向西方各国施压，希望由各国政府出面控制他们所许可的"特许海上私掠"的船只在全球海域的海上劫掠行为。于是西方政府开始制定反海盗法并加强海军巡弋以保护商船，在亚洲的海盗与全世界其他地区的西方海盗一样，迅速销声匿迹。[②]

第三节　第三波高峰：清中叶的海上非法活动

最后一波中国东南沿海海上非法活动的高峰，发生在 18 世纪末到 19 世纪初。这一时期活跃在亚洲的海上非法活动分子，主要是来自亚洲当地的海盗。自印度南边的马拉巴（Malabar）海岸到马来群岛到中国华南一带海域，海上非法活动再度蜂起（请详见本书第四章：东南亚的海盗、勇士、商人）。1780—1810 年，有数不尽在海上互较短长的海上非法活动集团，骚扰蹂躏这片海域。这些海上活动集团彼此互相独立，互不合作。这段海上非法活动猖獗的时期，不但有数支组织完备、被清政府称为或夷匪（或艇匪）或洋盗（或洋匪）的庞大海上非法活动集团，更有穿插其间，小股地方性的海上非法活动组织。他们抢劫来往船只，无论是本国的还是外国的船只，一视

---

① 清律中，有关"海盗"的刑罚，见《钦定大清会典事例》，1899 年版，卷七八三，第 2 页，卷七八四，第 15 页。

② Antony, *Like Froth Floating on the Sea*, p. 165.

同仁，绝不放过。他们也侵扰掳掠沿海村庄、港口、城镇和市集。中国东南沿海一带再度脱离清廷掌控，沦入海上非法活动集团手中。

中国东南沿海一带，海上非法活动此时再度告急，有诸多原因。但是最主要是因为：（1）中国人口膨胀；（2）中国与东南亚和西方的贸易增加。中国华南地区社会经济情况的变化，特别是人口膨胀以致增加对东南亚及西方物资的依赖，以及经济繁荣和财货增加，成为海上非法交易行为的催化剂；华南地区生活在贫困边缘的渔民及水手，为生活所迫，也为物资诱惑，从而进行海上非法活动。吊诡的是，这样一个富庶繁荣的年代，也是一个分配不均的年代。① 虽然经济发达，但因人口膨胀，竞争加剧，大多数的水手薪资过低，使得多数依海维生的人家因人工便宜而仅能糊口，于是他们纷纷下海。此一时期从事海上非法活动的人，多是些普通的渔民和水手，他们借由偶尔得来的不义之财，存活于一个竞争激烈的世界。这个时期，海上非法活动的兴起，并不是因为社会上普遍性的贫困，而是因为财富分配不均，使得当时中国南方一群生活在社会边缘的人，因生活压力而不得不从事海上非法活动。②

当然，社会经济因素并不是中国海盗再度猖獗的唯一原因，军备问题、生态环境、自然灾害也都是主因。那时清朝政府因安南西山兄弟起事（1771—1802年），台湾林爽文事件（1787—1788年），四川、湖北、贵州等地的苗族作乱（1795年），白莲教徒在华中起事（1795—1804年）等事件疲于奔命而致海防守备空虚，给那些生活穷困潦倒的渔夫水手们以可乘之机，或加入海上非法活动组织，或自组海上非法活动组织。18世纪末到19世纪末海盗猖獗时期与前一个海盗猖獗时期有相同情况，华南地区都有异于平日的自然灾害。这些天然灾害摧毁谷物，造成粮食严重短缺。福建和广东沿海地区，自1790年至1869年间，连年台风肆虐。又有长达29年（1775—1810年）之久的饥荒，其中灾情最惨重的年份分别是1778

---

① Philip Kuhn, *Soulstealers: The Chinese Sorcery Scare of 1768*, Cambridge: Harvard University Press, 1990, pp. 30-48.

② 有关此时中国华南沿海地区，因繁荣与贫困所衍生的问题，请详见 Antony, *Like Froth Floating on the Sea*, pp. 54-81。

年—1786—1789 年—1795—1796 年和 1809—1810 年。以 1795 年为例，
当时米价腾贵，二倍至十倍于平常的价格，也就是说一斗米就等于一位普
通水手五个月到二年的工资。自 1802 年至 1810 年，不但是海上非法活动
的高峰期，也是珠江三角洲流域粮食短缺的年代（除了 1807 年）。[①] 表 2—
2 汇总了自 1775 年至 1810 年，福建和广东地区自然灾害时的米价。

表 2—2 福建和广东沿海地区饥荒时的米价（1775—1810 年）

年份	灾区	米价 （两/斗）	报告米价的地区
1775	福州	1.6	连江
1776	福州		
1777	广州 高州		
1778	广州 高州 肇庆 惠州 台湾	4.0	东莞
1779	肇庆		
1780	福州	1.6	连江
1781	福州	1.6	连江
1784	福州	1.8	连江
1785	惠州		
1786	广州 肇庆 惠州 潮州	5.0	南海
1787	广州 肇庆 惠州	6.0	新会
1788	广州 肇庆 泉州 福州 台湾	3.5 10.0	高明 淡水
1789	广州 肇庆 琼州 漳州		
1790	漳州		
1791	漳州		
1794	广州 高州		
1795	广州 肇庆 惠州 潮州 漳州 泉州 福州 台湾	3.3 5.6 10.0	潮阳 台湾 漳浦

① 有关广东此时的自然灾害，见乔盛西、唐文雅主编《广州地区旧志气后史料汇编与研究》，广东人民
出版社 1993 年版，第 546—553、679—691 页。

续表

年份	灾区	米价 （两/斗）	报告米价的地区
1796	高州 漳州 泉州 台湾	10.0	漳浦
1797	高州		
1798	广州		
1800	广州		
1802	广州		
1803	广州		
1804	广州		
1805	广州 福州	2.0	连江
1806	广州 台湾	6.4	新会
1808	广州	4.0	新会
1809	广州 肇庆	5.8	新会
1810	广州 高州 福州	4.0	新会

（来源：Robert Antony, *Like Froth Floating on the Sea*, 2003）

　　另外还有一些促成大型海盗集团发展的原因，其中最重要的是，由安南（今越南）西山兄弟反叛军所支持而横行在中国南方海域的海上非法活动。虽然西山兄弟起事并不是促成海上非法活动发展的主因，但是安南的动乱确实让海上非法集团有了坐大的机会。海上非法势力的扩张除了外在的原因外，还有内在的因素；一些海上非法集团首领们的个人领导魅力及过人才智，吸引其他从事海上非法活动分子的向心力，也是大型海盗集团得以扩充的原因。①

　　总而言之，海洋时代本身所存在的矛盾本质，造成了冲突、暴力、掠夺等现象，使得海上非法活动成为整体海洋文化（时代）中所独有的特色，也促成近代中国经济的萌芽。自18世纪80年代至18世纪90年代，当西

① 参见丰冈康史《清代中期的海贼问题及对安南政策》，《史学杂志》第115编，2006年第4号，第44—67页。

山兄弟集团公然支持至中国海域上的抢劫掳掠活动，一些小型见机而起的海上抢劫活动，就逐渐被大型的、专业性的海上非法活动组织所取代。西山兄弟需要人力和财力来支援他们的起事，所以他们积极地招揽在中国从事海上非法活动的人。西山兄弟集团为他们提供安全的停靠港口、武器和船只并授予官衔等，所以他们可以合法地从事海上劫掠活动，西山兄弟集团借以得到起事所需要的资源。因为这些海盗是由当时在安南的西山兄弟集团所支持，虽然这些参与海上劫掠活动的人多为中国人，但是清政府仍称他们为"夷匪"。这个海上劫掠组织每年春季和夏季时，就自他们在中越边界的基地朝中国水域出发，直到秋天才满载虏获的战利品回来，并划拨一部分战利品给他们的支持者——西山兄弟集团。1799年，根据一位清廷官员的估计，这批在中越边境的海上劫掠集团，大约有一万人左右，船只大约有两百多艘。而当时整个清廷水师的船只和人力，连这个海上集团的一半都不到。[①]

虽然这个海上劫掠集团在中国水域获利颇丰，但是到1801年时，西山兄弟集团的势力已在逐渐消退。当西山起事即将败亡时，许多海上劫掠集团成员纷纷向清廷投降以求免罪。安南军队也逮捕了大批的海上劫掠集团分子，并将他们交还给清廷惩处。到1802年，支持原安南国王的军队收复河内，逮捕西山兄弟，并将剩余的海上活动集团党羽一举逮捕，送交清廷。[②]经此打击后的海上活动集团，起初一团杂乱、彼此内讧，直到两年后，一些具有才干的首领（特别是蔡牵、朱濆、郑一），重新整顿组织散漫的海上活动集团，而形成数股大型的"洋匪"集团。图2—4所列为1795年至1810年，在广东和福建的海上非法活动的首领。

1800—1804年，蔡牵以福建为基地逐渐控制整个台湾和浙江附近的水域。蔡牵于1751年生于福建同安县，在当时的通都大邑厦门的附近，家贫，少时即为孤儿。据说他娴于武艺，而武艺在那样一个龙蛇混杂、弱肉

---

① 《宫中档》（第780号）嘉庆一年六月十六日；（第1763号）嘉庆一年十二月二十九日；及（第3397号）嘉庆二年十一月十二日。

② 《宫中档》（第5618号）嘉庆六年七月十九日；（第8517号）嘉庆七年七月十四日；及（第8978号）嘉庆七年十月十一日。

强食的水边小镇，无疑是生存所必需的一项技能。年轻时，他游走在福建省不同的港口间，靠打零工为生，有时为人搬运货物，有时做弹棉花的小工，有时为渔户修补渔网等。18 世纪 90 年代初期，当时他 40 多岁，他终于下海从事海上非法活动。到 1800 年时，他已经是一队大约有 100 艘船的船队首领。他的妻子以"蔡牵妈"闻名，也是位著名的海上非法活动首领。她对他成为海上非法活动首领有极大帮助。据说她曾在码头靠卖淫为生，后来被一位剃头师傅赎出，跟随过日，后为蔡牵所见心喜，蔡牵乃付给剃头师傅一大笔钱，此后，她即跟随蔡牵。在船上，她聪明能干、智计百出，也娴于打斗。根据记载，她甚至还号令一艘全是女性成员的船只。她大约于 1804 年与清水师于台湾外海作战中身亡。[1]

　　当蔡牵的势力逐渐扩大时，他的野心和活动范围也愈加扩大。他所带领的海上非法活动组织与在陆地上的秘密帮会挂钩后，在这个帮会的帮助下，势力愈发强盛，组织也更加扩大。1805—1806 年，是他的全盛时期，统领约有五千人的组织。他曾数次攻打台湾，想以台湾为活动的根据地，蔡牵向彰化、鹿耳门、东港等处进攻，后来由于得到岛上（台湾）匪民的支持，自命为"镇海威武王"，准备另立朝代。然而 1806 年后，他的船舰在遭遇清廷水师和地方团练时，连番败北，使得他不得不放弃在台湾的数千名同伙，而逃匿至福建。在他重新招兵买马、购置武器后，接下来的数年内，他连番入侵台湾、浙江一带，不断骚扰清廷水师。此后数年福建和浙江实行"封港"，以切断蔡牵来自陆地的支援。绝望之余，他逃到越南（自 1802 年后，安南改称越南）以休养生息。后来又重返中国水域，1809年 10 月，死于与清水师交战中。自失去蔡牵的领导后，他所余下残破不堪的部众也迅速瓦解。[2]

　　朱渍是另一个著名的福建海盗。他偶尔与蔡牵合作，但偶尔也与蔡牵为敌。朱渍是漳州人，根据官方记载他的家庭虽堪称富裕，他却宁愿与一些市井无赖、流氓混混等称兄道弟、恃强凌弱，并与数个海上活动头目交

---

[1] 《马巷厅志》附录上，第 55—57 页；及《厦门志》，第 675 页。

[2] 《宫中档》（第 1944 号），嘉庆十三年闰五月十二日；（第 10867 号），嘉庆十三年五月二十五日；（第11730 号），嘉庆十三年八月七日；及《明清史料戊编》，第 498、515—517、527—531 页。

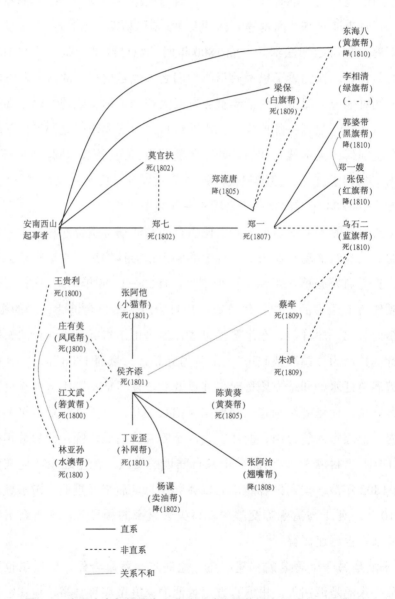

图2—4 中国广东与福建海上非法活动集团首领（1795—1810年）
（来源：Robert Antony, *Like Froth Floating on the Sea*, 2003）

好。他被乡人告官，为了避免被捉，朱渍同妻子和家人逃到海上，成为一个海上非法集团的首领。1800 年他号令一队约有数十艘船的集团，并自号"南海王"。[①] 1804 年与蔡牵分道扬镳后，朱渍劫掠金门和厦门。次年，他与乌石二合作，伙同洗劫诏安县和云霄厅附近的船只。1805—1808 年，朱渍活跃于福建、台湾、广东东部的海域。他的船队偶尔会侵扰浙江海域。在他的全盛时期，他大约有四千名左右跟随者以及超过 100 艘的船只。1809 年初，他与清水师交战，重创而死。他死后不久，其残部大多即向清廷投降。[②]

与此同时的广东南部，自 1802 年安南西山兄弟起事被平复后，另一位海上活动首领（郑一）开始崭露头角。他重新组织各个不同的海上势力，将这些分散的海上势力联合成一股庞大的海上非法活动联盟。郑一出自一个广东的海上非法活动世家，1805 年，他率领七位当时最有势力的海上非法活动首领（包括乌石二和东海霸），签署一项合约，以规范这一群难以驾驭的海上非法活动分子。这群被再度鼓舞激励、雄心大振的海上活动分子们，沿着广东沿海及附近岛屿建立起新的根据地，并迅速将其势力伸入捕捞渔业及沿海贸易，通过贿赂、勒索、高压、恐吓等非法手段，将当地所有船只纳入他们所谓的组织保护内，进一步达到控制村庄、市、墟的目的。他们势力强大，甚至连领有政府"盐引"许可的盐业贸易也无法幸免。当时每一艘运盐船要交 200 元的"许可费"（safe-conduct pass），才能确保航行安全。勒赎和贩卖人质的所得，也是海上非法活动组织的一项主要财源。他们不但在广州、澳门这一类政治经济枢纽附近建立根据地，更大胆地在这些枢纽中心设立"税务局"以收取保护费和赎金。海上非法贸易集团的壮大，使得他们愈发胆大妄为，不断地侵扰西洋人的船只。1806 年，他们洗劫了一艘渡船并绑架了在渡轮上的乘客约翰·透纳（John Turner）。他是一艘英国商船 Tay 上的大副，被海盗拘留了 5 个月，后来付了 6000

① 《厦门志》，第 675—676 页。
② 《宫中档》（第 14382 号），嘉庆十四年五月二十八日；及《明清史料戊编》，第 492、525、538、540、578 页。

图2—5 张保仔图
（来源：《张保仔投降新书》插图，载《田野与文献》第46期，2007年版）

元赎金才被释放回来。①

1807 年，郑一死于海上风暴，继任他的人是他的遗孀郑一嫂和他年轻又有才干的义子张保。在郑一嫂和张保的共同领导下，广东海盗的势力达到了前所未有的巅峰。郑一嫂曾是一名广东花船上的流莺，她于 1801 年嫁给郑一。她帮助郑一发展刚萌芽的海上活动联盟，有极其重要的贡献。郑一猝死后，在张保的协助下，她成功地掌握了郑一留下的势力，取得了掌握权。21 岁的张保是郑一的义子，后来成为她的入幕之宾。张保先是被郑一的集团俘虏，后来于 15 岁时加入海盗组织。少年张保迅速地得到郑一的赏识和注意，当郑一鸡奸张保后，郑就认他为义子（鸡奸，在当时海盗间是一种极为普遍手段，是一种男性之间用以加强彼此间关系的行为，也是一种让某人加入某一帮派集团时常用的象征性手段）。在很短的时间内，张保就有了一艘听自己号令的船只，让他能充分展现丰富的海上技能。郑一死后数周，张保已登堂入室，与郑一嫂双宿双飞，并一同掌握郑一所留下的势力。②（图 2—5）在那时，这个海盗联盟已是一个有六股稳定势力的联盟，人数约在 40000 至 60000 之间。这六股势力各自独立，但彼此互相合作，各有颜色不同的号帜（白旗帮、黄旗帮、绿旗帮、黑旗帮、红旗帮、蓝旗帮）。

1809 年广东海上非法活动势力达到鼎盛时期，但这股势力在一年内急剧消散。当时这股海上非法活动联盟控制了整个广东沿海地区和大多数的城镇和村庄。清水师远远不是它的对手，屡被击溃。那一年夏天，由于一连串重大的天然灾害为广东地区带来严重饥荒，大批海盗深入珠江三角洲流域，在离广州只有数英里之远的地方，抢劫掳掠、寻找食物；一些西洋船只也遭受海盗侵扰。例如 1809 年 9 月，一艘东印度公司的船只和高级长官李察·加拉斯普 (Richard Glasspoole) 和其他六名在东印度商船

---

① 参见 John Turner, *Captivity and Sufferings of John Turner, First Officer of the Ship John Jay of Bombay, among the Ladrones or Pirates, in the Coast of China, Showing the Manners and Customs of the Natives –Their Mode of Warfare, Treatment of Prisoners, and Discipline, with the Difference between the Pirate and the Chinese, in the Year 1807*, New York: Published by G. & R. Waite, Booksellers, 1814.

② 参见 Antony, *Like Froth Floating on the Sea*, pp. 48-51.

Marquis of Ely号上的船员，一起被海盗俘虏；海盗拘留他们的目的是为取得赎金。① 由于武力上无法平定海盗，皇帝只好以招安赦罪、给予财帛等来招降海盗。于是，海盗纷纷来降。1810年4月张保和郑一嫂领17000多人前来归降（见表2—3）。清廷迅即敕封张保官位，并命他领兵平定广东西部的海盗，特别是乌石二和东海霸所领的强大海盗势力。当这两股强大海盗势力被消灭后，再有的一些零星抵抗也被迅速地瓦解。② 因此，此时就现实而言，虽然此一地区的海盗活动从未完全消失过，但是中国海盗的黄金年代已经告终。③

表 2—3　广东地区1810年1—4月间投降海盗首领

投降日期 （1810年）	海盗首领	大帮 （旗）	投降人数	投降地点
1月	朱阳发	黑旗	79	阳江
1月	陈胜	黄旗	400	
1月13日	郭婆带 冯超群	黑旗 黄旗	6378	归善
1月14日	冯用发 张日高 郭就善	黑旗 黑旗 黑旗	529	阳江、归善、电白、新安
1月18日	詹亚四 高亚华	红旗 红旗	31	海康、遂溪、、香山
1月20日		黑旗	28	新宁
2月1日	林阿目 谭亚瑞 梁光茂	红旗 红旗 红旗	286	永安、海丰、归善
2月6日	曾阿聪 陈阿有	蓝旗 蓝旗	723	澄海
2月13日	沈忠 陈栗	黄旗	63	澄海

① Richard Glasspoole, "A Brief Narrative of my Captivity and Treatment amongst the Ladrones", in *History of the Pirates*, trans. by Charles Neumann, London: Oriental Translation Fund, 1831, pp. 97-128.

② 《海康县志》，第550页。

③ 参见安东尼·罗伯特（Robert Antony）《国家、社区与广东省镇压海盗的行动（1809—1810）》，《清史译丛》第十辑，齐鲁书社2011年版，第141—180页。

续表

投降日期 （1810年）	海盗首领	大帮 （旗）	投降人数	投降地点
3月	吴廉 许亚三 黄亚成	红旗	98	新安、 香山
4月	陈阿蟾		164	阳江
4月	沈忠 陈要	黄旗 黄旗	1200	
4月20日	郑一嫂 张保	红旗 红旗	17318	香山

（来源：Robert Antony, *Like Froth Floating on the Sea*, 2003）

自 1809 年至 1810 年，向当时的两广总督百龄投降的三万多名海盗及其家人，投降后的下场如何呢？百龄首先安以衣食、再妥为安置他们，以确保他们不会因生活所迫而重操旧业。虽然大多数的海盗首领仍留在军中，为数众多的跟随者则被散置在远离海滨各个不同的地方，被海盗绑架或拐带的妇女或小孩，则允许他们各自回家。一旦这些投降的海盗被安置好后，就责成各村庄的耆老和地保监视看管他们，负责其言行，并协助他们找到老实营生。但并不是每一位投降者都可得到宽免。跟随张保投降的海盗中，有 245 名最为声名狼藉，他们在被庭训审议过后，有 95 名被斩首，79 名被流放他省，71 名被罚以徒刑。[①]

第四节　结论

在这段漫长的中国海上非法活动的黄金年代，它的本质到底是什么？我们若将中国海上非法活动与西方海上活动（合法与非法）相比较，大约比较容易回答这个问题。16 世纪和 17 世纪，海上活动（合法与非法）在全球各地展开，成为西方各国海外政策及萌芽中的全球经贸中重要的一

---

① 《朱批奏折·农民运动类》（ 第1120 号），嘉庆十五年（无详细日期）；及《月折档》（第40号），嘉庆十五年二月十五日。

环。那时的欧洲国家，特别是英国、法国、荷兰等国，极为重视海上活动的所得，它是重要的国家经济来源，对主权的确立至关重要。因此，西方合法的海上活动得以全球化。

反观中国，海上活动从来就不被政府支持和鼓励。更甚者，在明末和清初，甚至还采取严厉的海禁政策，以惩处那些私下进行海外贸易的商人，从而迫使当时的中国海商铤而走险违抗朝廷，从事各种被政府视为"非法"的海上活动。虽然无论是在东方还是西方，合法的海上商业行为与非法的海上活动都因不同的理由而难以确切区分，何者为合法？何者为非法？然而"商人"无论在东方或西方的海上非法活动中，都扮演着举足轻重的角色。在这段时期间，无论在东方还是西方，大型的海上活动集团，主要都是因经济活动而形成。

到18世纪初，无论是在欧洲还是亚洲，海上活动的本质产生了截然不同的变化。此时，由于中国和欧洲在政治经济层面的稳定，由于从事合法贸易的利润持续成长，使得商人逐渐远离非法的海上活动，并转而大力支持政府对海上非法活动的打压制裁。于是西方的海上劫掠行为（政治性或经济性），在1730年后就急剧下降。但是中国的海上非法活动，则又持续了一百年之久，并在1780—1810年到达巅峰。中国华南地区的海上非法活动，之所以比西方的海上非法活动持续更久，是由于当时华南地区的人口压力和经济变迁，使得成千上万生活在社会边缘的水手渔夫不得不铤而走险，以海上非法活动维生。对大多数被生活所迫而从事这种不法活动的人而言，海上非法行为只不过是个季节性的、偶尔为之的行当，不过是维持生活的一种方法罢了。

第三章 ‖ **中国近代东南沿海非法活动的发展** ‖

1810年中国海上非法活动的黄金时代终于结束。中国在东南沿海地区再也没有看到如此大规模的海上非法组织与活动，但这并不表明海上非法活动就此消失。事实上自1810年后，虽然当时海盗投降时，清廷曾有一些相应措施，但是东南沿海一带，仍有许多见机而作的海上非法抢劫案件发生，出现了海上非法活动发展的三个高峰期。

　　1810 年中国海上非法活动的黄金时代终于结束。中国在东南沿海地区再也没有看到如此大规模的海上非法组织与活动，但这并不表明海上非法活动就此消失。事实上自 1810 年后，虽然当时海盗投降时，清廷曾有一些相应措施，但是东南沿海一带，仍有许多见机而作的海上非法抢劫案件发生。1811 年因为情况未见改善，新任的两广总督松筠请求嘉庆帝立法处置这些仍在珠江三角洲流域作业的前海盗。① 明显地，许多前海盗并未能如政府所愿平顺地重返社会；相反，他们仍继续旧日的营生。一位西方作家在 1834 年描述："数万可怜的穷人，就此解散了（比如，1810 年投降的海盗），但他们并未因此而彻底消失或减弱，清政府也未对他们的未来有任何计划或保障……"所以虽然自 1810 年后，再也没有如此大规模的海上非法活动集团出现，但是"海盗"事件仍时有耳闻，而频仍的天灾人祸，更增加偶发性的海上非法活动事件的发生。同年，道光指责大臣：海盗事件仍持续发生，清水师无力防范。②

　　这个时期海上非法活动也面临新的转机和挑战。由于新的航线不断开辟，对内贸易和对外贸易也持续扩大，各式各样的船只和货物络绎不绝，到 19 世纪 60 年代，南中国海海面舟楫往返热闹异常，这些航行在水面上的船只有旧式的帆船，也有新型的蒸汽船。由于蒸汽船的体积较大，速度也快，并且操作灵活，使得海盗无法下手。因为此时的海上非法活动方式仍与旧日的方式相同，主要是由少数几只船联手，以海上过往的小型船只为抢劫目标或以保护之名向当地的船家和商家索取费用等。但是，这时也有一些具有生意头脑的人，偶尔与帮派分子合作，发展出新的抢劫手段，来因应新式船只对他们的海上非法活动所带来的挑战。比如劫船，就是海盗新发展出的一种手法，特别用在蒸汽船上（我们将在后面详述这种手法）。

　　这一章将讨论自 19 世纪中叶至 20 世纪初，中国近代海上非法活动的发展及演变。1810 年后，中国海上非法活动发展的高峰期有三个：一，1830 年至 1860 年。此时有鸦片战争（1839—1842 年）和太平天国运动

① 《外纪档》嘉庆十六年 四月 十八日。

② *Chinese Repository*，Vol. 3, June 1834, pp. 62、82.

（1850—1865 年），海上非法肆意抢劫事件遍布东南沿海地区及新成立的英殖民地香港。二，19 世纪的最后 25 年，列强入侵、清廷腐败，南中国海一带海上非法活动愈发猖獗。之后海盗活动暂缓。三，自辛亥革命至第二次世界大战（1911—1937 年）这段动荡混乱的年代，新一波的海上非法活动再度兴起。（地图 3—1）

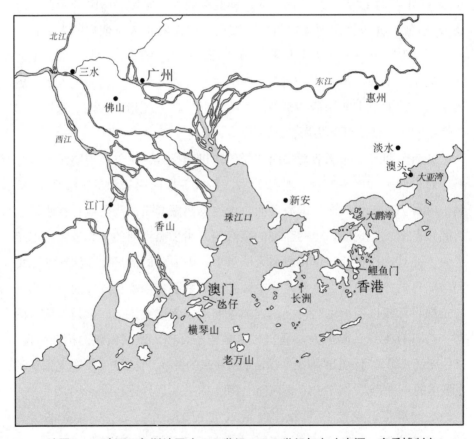

地图3—1 珠江三角洲地区（19世纪—20世纪初）（来源：安乐博制）

第一节　19 世纪中叶海上非法活动

1810 年张保投降后，中国东南沿海地区仍持续有海盗侵扰。19 世纪 30 年代至 19 世纪 60 年代海上非法抢劫显著增加，使得当时一位西方船长慨叹，这是个海盗的"恐怖统治"时期。[①] 鸦片战争所带来的政治压力和颓势、太平天国作乱等各种内忧外患，令清廷疲于奔命，使得海上非法活动乘虚而入。这个时期的海上非法活动组织中，与从前一般，多数是渔民和水手；然而，它与前期最大的不同，在于它还有许多被遣散的士卒游勇。士兵们参加的原因，是自 1840 年鸦片战争后，许多应该解甲归田的士兵，困于生计只好加入海上非法活动以谋生活。而水上人家，则是因自 1841 年后，贸易急降，许多船民无以为生，就纷纷加入海上抢劫的行列。这时的广东地区，除了经济衰退失业率高外，在 1847—1850 年这四年中，还有一连串的洪涝蝗灾等自然灾害，使得当地谷物歉收，米价腾贵，饥馑遍野，盗匪也日益猖獗。[②] 西方国家甚至以"海上抢劫泛滥"为借口，在 19 世纪 50 年代开启第二次鸦片战争。而且由于连年硝烟，战事不断，时传暴力事件，地方为求自保，纷纷组织团练义勇，武器大量流入，人人拥枪自重，使得无论在陆地上或海面上，社会法律及秩序为之荡然。

第一次鸦片战争时，清政府征召民间船只抵抗英军进犯，许多民间船只加入烧杀掳掠英籍船只的行列。战争结束后，许多人就名正言顺地继续海上劫掠的生涯。事实上，香港成为英国殖民地的最初数年，由于新成立的殖民政府贪污腐败，办事不力，再加上本地及外国船运的世界各国货物蜂至，使得走私、海盗等海上非法活动事件显著增加。由于航贸发达，开启了更多海上打劫机会，使得东南沿海一带海上非法事件成为家常便饭。

---

① 参见 Ralph Reid, "Piracy in the China Sea: Some Aspects of Its Influence upon the History of the Far East", M.A. thesis, University of Hawaii, 1938, p. 244.

② 参见《惠州府志》卷十八，第 21 页；《新宁县志》卷十四，第 18 页；及《广东府志》卷一六三，第 35 页。

许多组织精良的海上非法活动集团，会以一种叫"快蟹"和"潜龙"的船只，来对付一些选定的目标。[①] 海盗集团之所以装备精良，是因他们可以用钱买到他们想要的一切。许多报告中都指出海盗集团可以轻易地自香港、澳门、新加坡买到他们想要的任何武器及补给所需。[②]

许多装备精良的中国船只，固定航行于中国东南沿海及东南亚一带，见有机可乘就会打劫路过的本地船只或外国船只。表3—1所示为1855年香港一带海域被海盗洗劫的船只统计表。其中最易成为打劫目标的是渔船，其次是小型货船，再次是渡轮。大多数海盗打劫案件，情节都不太严重。如1846年6月20日晚，几个海盗登上一艘开往澳门的快船，抢了两个葡萄牙人。[③]

表3—1 香港警局海盗案件统计（1855年）

月份	海盗案件		海盗人数**					海盗船数***					案发点与香港的距离（英里）			被海盗劫掠船只（数量/%）					
	案件数量	%	最少	最多	总数	案件数量	平均人数	最少	最多	总数	案件数量	平均船数	最短	最长	平均	渔船	客船	商船	货船	英国老闸船	其他船只
一	17	13.08	30	90	310	6	~52	1	12	59	17	~4	3	80	13.08	10	1	5	-	1	2
二	13	10.00	8	500	893	8	~112	1	8	42	12	~4	3	30	10.00	6	2	3	1	-	1
三	36	27.69	10	300	1270	15	~85	1	50	183	34	~5	3	55	27.69	24	4	4	4	1	5
四	33	25.38	14	120	1174	19	~62	1	9	87	31	~3	3	55	25.38	27	2	2	1	-	2
五*	31	23.85	6	300	1875	21	~89	1	20	114	21	~5	4	90	23.85	21	5	-	5	1	4
总数	130				5522	69				485	115					88 62%	14 10%	14 10%	10 7%	3 2%	14 10%

*仅提供5月1—23日数据。** 有海盗人数及船数之海盗案件。*** 仅有海盗船数之海盗案件。

资料来源：CO129/50/154—161（1855年6月7日）（安乐博制）。

虽说海盗很少打劫西方船只，但在1854年10月发生了一起著名的案件，开往加州的智利籍双桅帆船Caldera号被胁劫，船上所有人均被俘虏，

---

① *Friends of China*, 20 July 1844.

② 参见*China Mail*, January 1847; October 1852; December 1852; John Tronson, *Personal Narrative of a Voyage to Japan, Kamtschatka, Siberia, Tartary, and Various Parts of Coast of China in H.M.S. Barracuda*, London: Smith, Elder & Co., 1859, p. 56; 及Nicholas Tarling, *Piracy and Politics in the Malay World: A Study of British Imperialism in Nineteenth-Century South-East Asia*, Melbourne: F.W. Cheshire, 1963, pp. 80-81。

③ CO 129/18/599; 及 *Friend of China*, 20 June 1846.

包括英国籍船长、美国籍货舱管理员、2 名乘客、17 名国籍各异的水手。乘客中有一名法国女性，名叫芬妮·拉薇亚（Fanny Loviot）将这段经验写成一本著名的探险故事（*A Lady's Captivity among Chinese Pirates*，暂译《被中国海盗俘虏的西方女性》）。最初用法文在巴黎出版，后来译成英文在伦敦出版。这艘船自澳门起航，不久就遇上强烈台风而抛锚。当天晚上，一伙大约有一百多人的海盗，先丢上来臭气弹（恶臭弹）(stink pots)，再攀爬上甲板，威胁地挥动手中的枪支和刀剑。制伏船员和乘客后，就开始肆意洗劫。第二天，一群人数更多的海盗出现了，他们把第一群海盗赶走，继续洗劫船上剩下的东西。他们还狮子大开口地向人质要求高额的赎金。这群人质被留置在船上 12 天之久，据芬妮·拉薇亚女士所言，他们"被海盗不人道地对待，几乎饿死"。终于芬妮·拉薇亚女士和其他人质被一艘自香港开出的蒸汽船援救而回。①

　　自第一次鸦片战争后，鸦片交易随之扩张，海上非法打劫走私鸦片船只的事件也日益增加。鸦片与海上抢劫有极其密切的关系。中国市场对鸦片需求量不断增加，使得鸦片交易获利颇丰。于是装载运送鸦片的船只就成为最诱人下手的肥羊。1845 年一群海盗抢了 Privateer 船上的 72 箱鸦片。1847 年一群海盗袭击停泊在厦门和福州之间的两艘鸦片船，Omega 号和 Caroline 号，抢了约值 160000 元的鸦片和银元。②（图 3—1）1853 年，一群大约 20—30 人的海盗集团持着毛瑟枪和臭气弹进入埔杆埔（Soo-cum-poo）（靠近香港）村抢了一家鸦片馆。③ 有些时候海盗会与走私的人合作，如 1848 年十五仔和阿娇的案件。十五仔在珠江河口一个叫金星门的鸦片船停泊处用抢来的财物与阿娇交换鸦片（烟土）和其他所需（阿娇的姘头是绰号叫安得卡特船长（Captain Endacott）的阴险狡诈的美国籍鸦片走私

① Fanny Loviot, *A Lady's Captivity among Chinese Pirates in the Chinese Seas*, trans. by Amelia Edwards, London: Geo. Routledge and Co., 1856. p. 63; 及 CO 129/47/205-212.

② CO 129/18/597-599; 及 John Fairbank, *Trade and Diplomacy on the China Coast: The Opening of the Treaty Ports, 1842-1854*, Cambridge: Harvard University Press, 1953, pp. 243-245.

③ *Hong Kong Register*, 13 June 1853.

贩子）。[①] 海盗们不仅偷窃、抢劫鸦片以用于买卖交易，他们通常也爱吸食鸦片，因为自身的需要与有利可图的诱惑，使得他们更热衷于以非法手段取得鸦片。

19 世纪 40 年代，张十五仔和徐亚保这两个声名狼藉以海上非法抢劫和交易为业的海盗，彼此常互相合作。张十五仔带领的海盗集团，有超过 60 艘船和约 3000 人。徐亚保集团，则有约 20 艘船及 1800 人。十五仔以前是一艘"老闸船"（lorcha，又称"鸭屁股"）[②] 的船长（图 3—2），住在香港和澳门。他的同伙徐亚保（Chu-apoo）是个理发师，偶尔会卖些情报给香港政府。十五仔有多年船长经验（欧式帆船），徐亚保则有香港政府的许可，可以制造枪支弹药。由于十五仔和徐亚保的经历，使得他们都熟悉西式武器。十五仔的巢穴在广东西部雷州半岛附近的数个小岛上，徐亚保的根据地则在香港附近的大亚湾。[③]

第二次鸦片战争后，十五仔和徐亚保固定打劫福建至越南的沿海村庄和船只。他们强迫当地渔船和货轮固定缴纳保护费以免遭遇海盗洗劫。1848 年他们甚至在海南岛附近海面打败清水师，并袭击当时重要的盐埠电白。在电白，他们虏获 40 艘船只，并向在当地的运盐船每艘勒索 120 元的"保护费"。1849 年 2 月，徐亚保所率领的海上非法活动集团，因为杀了两名英国军官而引起英军的注意。同年夏天，张所领导的集团抢劫了一艘注册为英国籍的船只。于是，英国皇家海军在这一年（1849 年）开始出动打击海盗船。经过两次战斗，英海军将这两伙海盗集团几乎全数歼灭，徐亚保被捕（后在狱中自杀），十五仔逃走。这次扫荡海盗活动英皇家海军大获全胜，约近 5000 名海盗被杀。然而英军的成功，并未遏止中国东南沿海海面依然猖獗的非法抢劫活动。海上非法活动事件仍时有所闻，新

---

① Beresford Scott, *An Account of the Destruction of the Fleets of the Celebrated Pirate Chieftains Chui-Apoo and Shap-ng Tsai, on the Coast of China, in September and October, 1849*, London: Savill and Edwards, 1851, pp. 234-239; 及 John C. Dalrymple Hay, *The Suppression of Piracy in the China Sea, 1849*, London: Edward Stanford, 1889, pp. 13-14.

② Lorcha（老闸船）是一种帆船，以西方船只的船身为船身，挂上中国帆船的帆。它于 16 世纪时建于澳门。由于它使用改良后的西方式船身，使得它比传统的中国帆船的速度快。

③ Hay, *The Suppression of Piracy in the China Sea*, pp. 27-28; 及 *China Mail*, 1 November 1849.

图3—1　Omega鸦片船
（来源：Basil Lubbock, *The Opium Clippers*, 1933）

图3—2　老闸船 (lorcha)
（来源：www.ancruzeiros.pt）

的海盗集团也迅速兴起，取代被歼灭的海盗集团。①

嘞啊啡（Le A-Fei）是另一个恶名远扬的海盗。他自 1844 年至 1855 年间，在香港和澳门一带海面活动。根据 19 世纪 50 年代香港警察总监丹尼尔·科德维尔（Daniel Caldwell）的报告，嘞啊啡来自香山，他的根据地在澳门附近的一个小岛上。他所领导的海上非法活动集团势力强大。他将商业行为带到珠江三角洲西面经济落后停滞的地区。1845 年一支派出清剿他们的清军水师，在澳门附近水域与他们遭遇，他们轻而易举地将水师击败。据说嘞啊啡甚至还大胆地向清水师总兵下挑战书，两人正式决斗，但遭拒绝。1855 年，嘞啊啡集团终于遭到重创，但不是被清水师摧毁，而是因一场台风所致。这个海上非法活动集团在严重受创后，终于被英军在高栏附近歼灭。②

除了中国人在中国沿海地区肆虐外，外国人也加入劫掠。19 世纪后半期，一些被称为"马尼拉人"（Manilla-men）③的海上不法活动分子，和一群来自美国和欧洲的不法之徒、从奴隶船上逃出的黑奴和中国人，因彼此需要而聚在一起，在此地区进行海上非法抢劫及黑市交易。④ 1830 年后，有越来越多的英国人、美国人、法国人和其他国籍的外国人与中国商人联手，在澳门、香港和其他对外开放通商的港口商埠，进行非法贸易活动。如 1845 年 6 月被判终身放逐的亨利·辛克莱（Henry Sinclair），他是香港第一位被判海盗罪的欧洲人。虽被判处终身放逐，但两年后由于生病和生活艰难而被赦回。⑤ 19 世纪 50 年代，美国人依拉·波格斯（Eli Boggs）是中国东南沿海一带最恶名昭著的海盗。香港政府甚至悬赏港币 1000 元，以求将他逮捕归案。依拉·波格斯最后被一个名叫布利·希斯（Bully Hayes）的美国船长抓到。其实布利·希斯本身也从事非法活动，他不但走私武器和鸦片，还涉及

---

① Scott, *An Account of the Destruction of the Fleets of the Celebrated Pirate Chieftains Chui-Apoo and Shap-ng Tsai*, pp. 139-141、173；及《琼山县志》卷十一，第 13 页。

② ADM 125/4/218-219 (2 May 1859).

③ "马尼拉人"是一种泛称，包括那时活跃在南中国海一带的马来人、菲律宾人、南太平洋岛民等海上人家。

④ 参见张润胜案件，刘芳辑、章文钦合校：《清代澳门中文档案汇编》卷一，澳门基金会 1999 年版，第 344 页。

⑤ CO 129/20/18-22.

带人非法偷渡。^①一直到19世纪60年代中国东南沿海一带，仍有许多外国人，或在海盗船上工作，或是在海盗船上发号施令。（图3—3）

有另外一群葡萄牙人，则与在澳门的商人合作，美其名为沿海航行的船只提供护航服务，实则行勒索之实，每年他们的保护费收入高达50000至200000元。由于无论是清廷水师还是英皇家海军，都无法完全消灭海上非法活动，自19世纪40年代开始，许多中国商人干脆自澳门雇用装备精良的老闸船来护送货物。很快地，这些装备完善的护送船队就被一些有心人士利用，成为海上打劫的利器。于是更多的船只无辜遭劫；这些护送船只还公开抢劫，并任意杀害不愿接受他们保护的人。乔治·库克（George Cooke）是当时驻在中国的记者，根据他的报道，这群在这些所谓的"护送"船只上的船员，其实是一群"无法无天的暴徒"。他们烧杀掳掠无所不为，"他们比海盗还要海盗，而他们还是被雇去平息海上非法活动的人"。^②

为了消除这些外国海盗的威胁，于是就有"以盗治盗"的例子，一位在宁波的中国官员，就雇了"阿伯"（A'Pak）所领导的海上非法活动集团，来对付这群美其名曰为"保护"的外国船只和船上的葡萄牙歹徒。阿伯是广东人，他在1856年被正式任命为低级军官，委以摧毁这支葡萄牙"海盗"船队的任务。他利用官方身份的掩护，得以建立起自己的非法事业，勒索保护费。^③于是许多原先向葡萄牙保护船队缴付保护费的船只，纷纷转而向阿伯的组织缴付费用寻求保护。阿伯集团中，还有一些由美国、法国和英国逃兵所组成的外籍兵团。到1857年，这个外籍兵团已有多达500人左右，经过一场艰苦的海战，葡萄牙人的船队终于被阿伯集团彻底摧毁。接下来数年之久，中国东南沿海都是阿伯集团的天下。直到第二次鸦片战争，英法联军才击溃阿伯的海上船队。1861年，清政府终于正式废止

---

① George W. Cooke, *China, being "The Times" Special Correspondence from China in the Years 1857—1858*, London: G. Routledge & Co., 1858, p. 68.

② Cooke, *China, being "The Times" Special Correspondence*, p. 130.

③ Ibid., p.131.

图3—3 海盗布利·希斯传
（来源：Louis Becke, *Bully Hayes：Buccaneer*, 1913）

"船只保护"制度。①

其时，由于香港已变成英国在中国地区活动的中心，英国皇家海军在这一片海域逐渐增多，英国军舰也开始担负起保持海域航行安全的积极角色，于是海上非法活动平息了一段时间。1858年《天津条约》后，允许英国军舰进入中国内河流域追逐海盗船只，这对纵横在中国东南沿海一带的海上非法活动是一大打击。那时，蒸汽发动的军舰是打击海盗船只的利器。因为以风力推动的中国帆船，在行进速度上完全比不上行动灵活迅速、以蒸汽为动力的英军船只。② 所以，在1855年，香港附近海域仍有约130件海盗案件；到1866年，混乱动荡的太平天国作乱时，却只有26件海盗事件；到1876年，则更降到只有五件海上非法事件发生。③ 这时，许多海上非法活动分子或逃逸到更深的内陆河流流域，或是远扬至东南亚一带。

第二节　19世纪末的海上非法活动

新一阶段的海上非法活动，也因19世纪中引进中国水域的蒸汽快船而兴起。到19世纪60年代，在中国沿海一带航行的外国船只大都是蒸汽快船，而使用蒸汽快船的中国人也越来越多。于是新型的海上非法活动方式出现了。19世纪70年代前的数十年，很少有蒸汽快船被打劫的事件，但是从70年代开始，海盗集团已迅速发展出对付蒸汽船的战略——劫船。这种方法是由海盗假扮为乘客，登上蒸汽快船，之后再混入船舱，控制整艘船只，待船只被控制后，再洗劫乘客和船员；海盗有时甚至会扣留船上乘客和船只，以求赎金。虽然早在1862年已有使用挟持方式绑架蒸汽

① George W. Cooke, *China, being" The Times" Special Correspondence from China in the Years 1857—1858*, London: G. Routledge & Co., 1858, P.131—132; 及 Grace Fox, *British Admirals and Chinese Pirates, 1832-1869*, Westport: Hyperion Press, 1973, p. 128.

② 参见 Tronson, *Personal Narrative of a Voyage to Japan, Kamtschatka, Siberia, Tartary, and Various Parts of Coast of China*, pp. 224—225, 238-239。

③ CO 129/50/154-161; 及 HKSP, 9 January 1886.

船 Iron Prince 号的记录，但是这种新式打劫手法在当时并不流行。当时用这种新型方式打劫，第一宗著名的大案是在 1874 年发生的。那时，海盗挟持了一艘自广东航向澳门的蒸汽船 Spark 号。根据华特·孟第（Walter Mundy）的记载，这艘船上的船长是美国人乔治·白第（George Brady），当时船上约有 20 名左右的船员（有中国人和中葡混血儿），乘客多是中国人，华特·孟第是唯一的西方人。这些海盗伪装成乘客混到船上，当船驶离港口后，就开始动手。他们杀了船长和数名船员，华特·孟第也身受重伤；当他们控制整艘船后，就将其余乘客关到船舱中，开始洗劫。华特·孟第描述：这强盗的头头"腰配左轮和短剑，戴着我的帽子，耀武扬威地不断挥动手中长剑。在那儿大摇大摆地走来走去，一再威胁要割断我的脖子。而他的党羽在一旁看得乐不可支"。当自乘客身上洗劫来的财物和船上值钱东西都被搬到一旁等候的船上后，这群土匪就驾船扬长而去。①（图3—4）这起事件在香港造成轰动，香港政府悬赏 1000 元追捕这群盗匪。几个月后，在广东省逮捕了 14 名嫌犯；其中三名被确认有罪，就立即被斩首。②

　　根据一名英国殖民地官员的记录，到 19 世纪 80 年代中，劫船已经是"（中国匪徒）常用的一种老把戏"。1885 年 10 月，一群 30 人的匪徒，在离香港约 70 里外的海面挟持了一艘英国籍汽船 Greyhound。他们所用的手法，就是装作乘客混入 120 名乘客当中，等船只来到外海，他们就开始行动，控制船只。这群身带短刀和左轮的歹徒，杀害船长威廉·塞得（William Syder）并将他的尸身丢到海中，来警告船上其余的人不可轻举妄动。震慑住船上的人后，他们就开始洗劫船上贵重的财货。他们将所搜得的战利品搬到一旁等候的三艘船上，离开前，还破坏汽船的引擎，并在船上放了一把火，之后才驾船而去。这群匪徒中的一些人大概与广州和澳门有所关系，因为数月后，10 名因此案件而被捕的匪徒就是在这两个地方

---

① Walter W. Mundy, *Canton and the Bogue, the Narrative of an Eventful Six Months in China*, London: Samuel Tinsley, 1875, pp. 185-189.

② HKGG, 29 August 1874，及 14 November 1874。

图3—4　蒸汽船Spark号
（来源：Charles Wirgman绘，1860）

被寻获逮捕的。[①]

再下一起引起大众愤怒的海盗案件发生在 1890 年 12 月，匪徒劫持英籍汽船 Namoa 号事件。这艘汽船自香港驶往汕头，船上有头等舱的 5 名欧洲乘客和 250 名中国籍乘客，船离开香港没几个小时，约有 40 名左右的匪徒鸣枪自甲板上的乘客中现身，他们迅速地控制了船桥和引擎室，并将在沙龙中与船长波卡（Pocock）共进午餐的欧洲乘客全部集中。在接着发生的枪战中，匪徒重伤船长及一名丹麦籍乘客。然后，匪徒强迫中国籍驾驶员将船驶进大亚湾 (香港)，那里有 6 艘小船在等候，当匪徒们将价值约 55000 元的财物搬上小船后，就留下他们，驾船逃逸。等匪徒离去，船员和乘客又得以再度掌控 Namoa 号后，他们就将船驶回香港。广东当局立即调兵，直捣大亚湾，逮捕了 10 名嫌犯，迅速审问定罪后就立刻处斩。后来又逮捕了 23 名嫌犯，其中 13 名被认定为犯下海盗罪。在 1891 年 4 月 17 日，这 13 名海盗及 6 名其他罪犯当着一群西方目击者的面，在九龙的海滩上被斩首。[②]（图 3—5）这种严厉惩处，至少收到部分效果，此后在香港附近水域的海上抢劫案件大幅减少。[③]

虽然有一些海盗以汽船为打劫目标，但是大多数的海上抢劫活动，还是以当地渔船和定期往返广东福建沿海的船只为目标。表 3—2 是 1874—1894 年中国东南沿海所发生海盗案件的统计。其中 7 件是打劫西方船只的事件（包括 4 件劫船事件），然而却有 16 件劫掠中国船只的事件。例如 1881 年 11 月，在大屿山外海，一群 6 个人的海盗集团抢劫了一艘由寡妇黎叉兴（Lai Tsat Sing）驾驶的小型渡船。这个 6 人小组的海盗集团，首领是王阿福（Wong Afuk），他有一艘在香港注册的渔船。[④] 1882 年，根据中国政府记录，福建沿岸海盗事件增加。[⑤] 1885 年，路环岛上的麻风病院

---

① HKGG, 14 November 1885; HKSP, 9 January 1886; 及 *New York Times*, 7 December 1885。

② HKSP, 29 January 1891; 也见 John Kleinen, "De Kaping van de Namoa", *Amsterdams SociologischTijdschrift* Vol. 25, 1998, pp. 99-103。

③ HKSP, 15 February 1896.

④ Gillian Bickley, ed., *A Magistrate's Court: Nineteenth Century Hong Kong,* Hong Kong: Proverse Press, 2005, pp. 380-385.

⑤ 《宫中档光绪朝奏折》卷十，第 5676 页 (光绪八年八月十七日)。

图3—5　抢劫Namoa的海盗在九龙海滩上被斩首（1891年）
（来源：19世纪末明信片）

也一再被人非法侵入打劫；这些闯入的匪徒，偷了些表、钱、女人衣物和 160 斤米等。[①]1891 年另一件案例，一群由何发多带领的匪徒，他们以万山洲，也就是习称的"海盗岛屿"为基地，不断地抢劫在澳门一带进出的渔船。[②]较北边沿海地区也有许多海盗事件发生，根据同年（1891 年）《纽约时报》报道，有一群海盗在靠近厦门的海域洗劫一艘大型货船，并血腥杀害所有的船员。[③]

在这段时间，许多海上非法组织的大本营都设在香港和澳门附近。自 19 世纪 60 年代末—70 年代之间，深水湾是个著名的海盗出没地区，位于广州到香港的繁忙航线上，西往澳门的方向。在高栏和北水的小岛上，有一些简陋的茅棚，这就是海盗及其家人居住的地方。他们在此贩售赃物，也从这两个小岛出发到沿海村落抢劫，或打劫海上船只。由于这些海上打劫愈演愈烈，1866 年英国和清廷水师几次出师扫荡住在这个地区的海盗。但是，一旦等到水师离去后，这些海盗又会再度回来。所以，这些岛屿几十年来都有海盗之患。[④]路环岛和横琴岛在这期间也是著名的海盗出没的地区。1872 年清政府派兵至此，攻打驱逐海盗，并焚烧几个村庄；当时有 5 名被清政府认为是"海盗"的人被擒，清政府不顾当地人的反对，在路环岛将他们就地正法。没多久，葡萄牙在路环岛建了一座军事堡垒，美其名曰保护当地人免受海盗侵扰。[⑤]

下面是香港政府 1876—1895 年的警方记录。我们可以清楚地看到 1891 年海盗案件急剧减少：

1876—1880 年　　40 件

1881—1885 年　　51 件

1886—1890 年　　38 件

1891—1895 年　　 9 件

---

① Manuel Teixeira, *Taipa e Coloane*, Macau: Direcção dos Serviços de Educação e Cultura, 1981, pp. 121-122.

② 《澳门宪报》，第 187 页（光绪十七年一月二十一日）。

③ *New York Times*, 11 November 1891.

④ CO 129/113/202.

⑤ Teixeira, *Taipa e Coloane*, p. 45.

表 3—2　香港与澳门附近海域海盗案件统计（1874—1894年）

时间（日/月/年）	案发地点	海盗及其行为	受害者	细节
22/08/74	广州与澳门之间海域	海盗假扮乘客	蒸汽船Spark号	劫持；船长和部分官员被害
26/08/75		陈阿康及其他10名海盗	香港帆船Yau-li号	
23/09/75	马祖群岛附近	中国船员叛变	德国帆船Anna号	外国船长及船员被害
24/03/76	越南通往香港航线上	海盗假扮乘客	蒸汽船Pelican号	劫持，10人被害
29/04/76	香港德忌笠角附近		中国渔船	9名士兵被害
07/03/79	澳门港		中国渔船	船长被害
30/03/79	距离香港40英里		英国三桅帆船Elizabeth Childs号	
27/11/81	香港		大潭村	锡克警员被害
28/11/81	大屿山岛附近	王阿福及其他5名海盗	中国客船	
28/11/81	路环岛附近	5名海盗	中国载牛船只	
28/11/81	平洲岛附近	3名武装海盗	中国载石船只	
28/03/82	香港港		船只	
--/--/84	赤柱沿海		军方护舰船队	海盗袭击了一支军方护舰船队
18/07/84	桂山海岸		中国帆船及沿海村庄	一百余海盗被清军俘获；此案还牵涉秘密帮会
17/10/85	香港附近海域	大约30个海盗假扮乘客	英国蒸汽船Greyhound号	劫持
06/01/86	广东海岸		中国船只及沿海村庄	
05/08/88	横琴岛附近海域		中国船只及沿海村庄	
06/11/89	近澳门广东海岸	海寇首领为黄仲		
19/04/90	广东海岸		中国帆船	船长被害

续表

时间（日/月/年）	案发地点	海盗及其行为	受害者	细节
08/07/90	澳门附近海域		中国船只	
11/12/90	平海湾	40—50 个海盗假扮乘客	蒸汽船Namoa号	劫持；船长被害
12/03/91	近澳门广东海岸	海盗首领何发多	蒸汽船	
--/11/91	厦门附近海域		中国帆船	船只被劫，船员被害
29/03/93	澳门附近海域		中国船只	
115/11/93	横琴岛附近海域		中国船只	
24/10/94	福建海岸		中国商船及沿海村庄	数人被害

来源：《清实录广东史料》(6),《澳 澳门专档》(1), 及 Events in Hong Kong 1885。（安乐博制）

其实自 1893 年至 1895 年这三年，香港政府没有任何海盗事件发生的记录。[1]看起来海上非法抢劫事件的确在减少，但是这种情形并没有维持太久。

第三节　20 世纪初的海上非法活动事件

20 世纪初是一个动荡的年代，1900 年义和团事件、1911 年辛亥革命、1920 年至 20 世纪 30 年代国民党和共产党的内战，都为东南沿海地区的海上非法活动提供了机会。因为政府无暇顾及，法律及社会秩序荡然无存，于是海上非法活动又再度激增。除了渔民和水手加入海上非法活动外，还有许多因战争或天灾而流离失所的老百姓、遣散的士兵、土霸军阀等，都加入海上非法活动的行列。于是职业性的与见机而作的海盗行为，在此情况下都大为激增。[2]

虽然社会如此动荡不安，香港、上海和中国其他港口的贸易和航运仍

---

① HKSP, 9 January 1886, 29 January 1891, 及 15 February 1896.

② CO 129/417/264.

相当发达。每一艘行进的船只都是诱饵。自 1913 年至 1933 年之间，根据
香港警方记录，在香港附近水域所发生的"抢劫船只"案件就超过 250 起
之多。[①]（表 3—3）由于海上非法抢劫案件急剧增加，港英当局在 1914 年颁
布一条新的《海盗防治法》（Piracy Prevention Ordinance），将殖民地的海
上防卫范围扩充至离香港 120 里外的海面，并称这个区域为"危险区域"。[②]

表 3—3　南中国海海域海盗案件统计（1913—1933年）

时间 （日/月/年）	案发地点	海盗	受害者	细节
04/04/13	广州附近海域	约50名海盗 假扮乘客	内河轮船 Tai On号	劫持
22/04/13	香港和澳门之间		香港帆船	
06/05/13	伶仃岛附近		香港帆船	
26/10/13		海盗假扮乘客	轮船 American号	劫持
30/11/13	平海湾	约20名海盗	香港蒸汽船 Hoi Ning号	价值$19750财物被劫，无人 受伤或被害
08/12/13	梅州西江	约60名海盗	香港商船	价值$250衣物和武器被劫，2名 水手被绑架并要求$25000赎金
09/12/13			轮船 Kwang Chau Wan号	海盗于临近澳门的基地进行活动
03/02/14	吉澳沿海		香港帆船	
16/03/14	大亚湾	海盗假扮 乘客	挪威蒸汽船 Childar号	劫持
24/03/14	澳门内港	14名海盗	外国商船	价值$6000的现金于买办的 船舱被劫
24/03/14			轮船 Chung Wa号	海盗于临近澳门的基地进行活动
31/03/14	伶仃岛附近	17名海盗 假扮乘客	轮船 Shing Tai号	劫持；价值$30000财物被劫获
27/04/14	澳门附近	海盗假扮 乘客	江轮 Tai On号	劫持

① HKAP, 1914-1929.

② HKGG, 18 September 1914.

时间 （日/月/年）	案发地点	海盗	受害者	细节
19/11/19	香港与澳门之间	约50名海盗	中国帆船	两名水手被害，其他乘客受伤
22/01/21		海盗假扮乘客	蒸汽船 Kung Hong号	劫持；价值$22000财物被劫，蒸汽船被劫往大亚湾
13/12/21	厦门附近	35名海盗假扮乘客	轮船 Kwong Lee号	劫持；价值$120000财物被劫
18/12/21	汕尾附近	10武装的海盗	蒸汽船 Wah Sun号	劫持；价值$21000财物被劫，蒸汽船被劫往大亚湾
22/05/22	平海湾	海盗假扮乘客	蒸汽船 Wah Sun号	劫持；价值$5000财物被劫
04/10/22		9名海盗假扮乘客	蒸汽船 San On号	劫持
19/11/22	距离澳门约10英里	50—60名海盗假扮乘客	轮船 Sui An号	劫持；船长和乘客均受伤，两名印度卫兵被害；价值$34000财物被劫获；船只被劫往大亚湾
23/10/23	临近香港	约35名海盗假扮乘客	轮船 Sunning号	劫持；价值$20000财物被劫获；船只被劫往大亚湾
27/12/23	大亚湾附近	约45名海盗假扮乘客	轮船 Hydrangea号	劫持；价值约$34000财物被劫获；船只被劫往大亚湾
21/01/24	距离香港40英里	海盗假扮乘客	英国客船 Tai Lee号	劫持；船长和两名印度卫兵被害；价值20000英镑财物被劫获；19名中国乘客被胁以赎金
03/10/24	上海以外	34名海盗假扮乘客	轮船Ning Shin号	劫持；97000两银条被劫获；1名舵手被害，1名水手受伤；船只被劫往大亚湾
13/01/25	来往香港航线上	约30名海盗假扮乘客	新加坡船只 Hong Hwa号	劫持；价值$53360财物被劫获；船只被劫往大亚湾
19/12/25		海盗假扮乘客	轮船 Tung Chow号	劫持；船长重伤，82000两银条及其他价值$10000物品被劫；船只被劫往大亚湾
08/02/26	来往香港航线上	7名海盗假扮乘客	轮船 Jade号	劫持；82900两银条被劫；船只被劫往大亚湾
06/03/26		6名海盗假扮乘客	蒸汽船 Tai Yau号	劫持；汽船被劫往大亚湾
25/03/26	汕头附近	海盗假扮乘客	轮船 Hsin Kong号	劫持；船只被劫往大亚湾
13/07/26	香港附近	海盗假扮乘客	轮船 Kwong Lee号	劫持

时间 （日/月/年）	案发地点	海盗	受害者	细节
21/08/26	香港附近	约40名海盗 假扮乘客	挪威蒸汽船 Sandviken号	劫持；船只被劫往大亚湾
23/08/26	大亚湾附近	约30名海盗 假扮乘客	中国蒸汽船 Hoinam号	劫持；船只被劫往大亚湾
12/09/26	香港附近	海盗假扮 乘客	蒸汽船 Sai Kung号	劫持
01/10/26	上海附近	海盗假扮 乘客	轮船 Hsin-fung号	劫持；船只被劫往大亚湾
15/11/26	来往香港航线上	海盗假扮 乘客	轮船 Sunning号	劫持；船只失火，且被劫往大亚湾
22/12/26			轮船 Heng An号	
02/01/27			轮船 Yuan An号	
27/01/27			祥美轮船 Seang Bee号	
23/03/27		海盗假扮 乘客	合生轮船 Hop Sang号	劫持；船被劫往大亚湾
19/07/27		海盗假扮 乘客	挪威蒸汽船 Solviken号	劫持；船长被害，8名中国人被绑架；20400 两金条及价值$22900 货物被劫
21/10/27		海盗假扮 乘客	轮船 Irene号	劫持
26/09/28	新加坡和香港 之间	海盗假扮 乘客	中国蒸汽船 Anking号	劫持；数名富有的中国乘客被绑架索要赎；价值10000英镑财物被劫
12/12/28			轮船 Wong She Kung号	价值$5000财物被劫
20/09/29		海盗假扮 乘客	日本蒸汽船 Deli Maru号	劫持；数名印度卫兵受伤
08/12/29		海盗假扮 乘客	轮船 Haiching号	劫持；船只失火并被抢劫；11人被害，包括两名中国女性；数名孩童溺亡，此外还有超过20人受伤
23/05/33	香港来往西贡 航线上	海盗假扮 乘客	挪威蒸汽船 Prominent号	劫持；海盗重新粉刷了船只并将其驶往大鹏湾

资料来源：CO129，1914—1934 年。（安乐博制）

　　由于局势变化，中国政府无力顾及沿海边疆，海上非法活动集团就趁机在偏僻的港湾或近海小岛上，建立起抢劫陆地上的村庄和海上船只的根据地。这些逃逸到无人岛屿上的非法之徒，在此建立起自己的势力范围，就像是一个个小的独立王国。取代清朝而起的中国政府，势力尚未巩固，无力对付海上非法活动，外国政府也因中国主权的敏感问题而不愿介入。

　　例如，1910 年路环岛海盗事件，中国主权问题是个主要的因素。路环岛海盗事件在当时是件国际大事，因为这一事件，葡萄牙人得以名正言顺地将路环岛纳入葡澳。路环岛和其他环绕在澳门半岛附近的岛屿向来就是海盗走私的大本营。20 世纪初的路环岛更是一个争议不断的话题，无论是中国还是葡萄牙都认为路环岛是自己的辖区。在中葡势力互相牵制之下，使得路环岛成为一个三不管地带。宽松几近无政府的状态，使得它成为海盗、走私者和不满现状者的天堂。①

　　1910 年春夏之交，一群歹徒绑架了约 20 名新宁县西江流域的学童。这些歹徒大约是路环岛渔民，所以将学童藏在岛上并要求 35000 元赎金。这些学童的家境大都不错，也有人说学童中有一些是基督徒；于是，有学童的家长向葡澳政府请求援助。② 在 1910 年 7 月，葡澳政府派海军及炮艇攻打路环岛，经历了一场凶猛战争和数场小规模的战斗，几星期后，葡澳宣布胜利，学童（至少某些学童）被救。一些歹徒及村民在这场战事中被杀，也有几个歹徒被捉。然而，许多歹徒由于气候关系（台风）而得以逃逸，比如后来被香港政府捉到的海盗头目梁英铲（Leong In Chan），就是当时趁风逃走的一员。③

　　自此事件后，葡澳政府的势力在路环岛更为稳固。其时，清政府亦有炮船来到路环岛，但似乎并没有积极介入军事活动。于是，葡澳政府不理清政府的抗议，径自以路环岛及其附近水域需要葡澳驻军以免被海盗侵扰

---

① 《明清时期澳门问题档案文献汇编》卷四，1999 年版，第 113、286、569、592 页；及 Manuel Teixeira, *Os piratas em Coloane em 1910*, Macau: Centro de Informação e Turismo, 1977, p. 5。

② *A Verdade*, 21 July 1910.

③ 《申报》28 July 1910；*A Verdade*, 14 July 1910；*Vida Nova*, 17 July 1910；也见 Teixeira, *Os piratas em Coloane em 1910*, 第 6—22 页。

为理由，而将路环岛划入葡澳势力范围。今天我们仍可看到岛上圣方济各前地（St. Francis Xavier Square），葡澳政府为纪念这次事件而树立的纪念石碑，但是上面只有简单的葡文"Combates de Coloane, 12 e 13 de julho de 1910"及其中文翻译"攻战于路湾，柒月拾贰及拾叁（日），壹仟玖佰壹拾年"而已（见图3—6）。今日，根据岛民的说法，葡澳政府当时的进攻为当地带来一场浩劫。不单是匪徒，也有无辜的村民和渔夫在那次事件中丧生。

图3—6　澳门路环岛上葡澳政府纪念碑（来源：张兰馨摄）

在第一次和第二次世界大战之间，则有 55 件在海边和内河流域上抢劫行船的记录。1926 年最为严重，共有 10 起劫船事件，其中被劫船只多为外国船只。有些船只甚至被打劫了好几次，如 Wah Sun 号在 1921 年 12 月 18 日和 1922 年 5 月 22 日分别被劫；Sunning 号在 1923 年 10 月 23 日和 1926 年 11 月 15 日分别被劫；Tai Lee 号在 1924 年 1 月 21 日和 1924 年 11 月 4 日分别被劫。20 世纪 20 年代，一位美国记者甚至称一些从事海上非法活动的集团为"航海世家"；它代表的是家族世代为海盗，[①] 以海上非法活动为生（见第五章）。

大多数 20 世纪初的海盗被称为"大亚湾海盗"，这是因为大多数的海盗集团以大亚湾为活动基地。大亚湾，在香港东面水域，这里有许多零星岛屿及浅水港湾，英皇家海军的军舰因过于庞大而无法进入。1926 年，一封由港督金文泰（Cecil Clementi）递送至英国伦敦的密件中指出："大亚湾就像个'三不管地带'，中国政府鞭长莫及，那儿的岛屿被一群海盗和土匪占据。那些海盗和土匪住在大亚湾东北角粉罗岗（Fong Lo Kong）村中。"[②] 信中金文泰建议英国政府采取惩罚性的行动，摧毁盘踞在大亚湾的海盗基地及村庄。中英两国政府之间，如何讨论平息大亚湾海盗，我们并不知道，然而 9 个月之后，在仍无中国方面回音的情况之下，"英国终于失去耐心，不再等中国方面的行动，径行攻击大亚湾，驱逐盘踞在那儿的居民"。[③] 事后证明英军这场行动乃属徒劳，因为几个月后，海盗又再度回到大亚湾。

大亚湾的海盗集团有什么特别值得注意的呢？他们是一群组织良好，以海上非法活动为职业的集团。他们精于使用劫船方式来进行非法活动。"劫船"手法，如前所述是种新型的犯罪行为，以因应蒸汽快船等现代船只而衍生的犯罪手法。此地区的海上非法活动方式，还包括联络陆地上的不法组织，以商业联合的方式进行海上非法活动，他们常以数星期之久进行观察，充分了解目标（蒸汽船只）后才下手。在观察期间，他们来来回

---

① Aleko E. Lilius, *I Sailed with Chinese Pirates*, London: Mellifont, 1930, p. 27.

② CO 129/496/367.

③ Lilius, *I Sailed with Chinese Pirates*, p. 10.

回地乘坐选定的目标，乘坐期间他们不但仔细勘察作案环境，更偷运武器到船上。通常行动的首领（海盗集团）会做西式打扮，"看起来很令人尊敬"，他会坐在头等舱中，有些海盗甚至可以讲一些英文和葡萄牙文。[①] 当一切都准备好，时机来临可以动手时，首领会发出一个讯号。一组人的目标是船桥区域好掌控船只，一组人的目标是引擎室，另一组人则控制乘客；通常富有的乘客（无论是西方人还是中国人），会被带到大亚湾留置，等候缴纳赎金。

1924 年 10 月，被海盗胁持的汽船 Ning Shin 号事件，就是大亚湾海盗非法劫船的最好例子。Ning Shin 是在 1924 年 10 月离开上海，驶向福州，船上大约有 250 名中国籍乘客，以及 30 箱要运送到福州美国东方银行（American Oriental Bank）的银条。这些银条价值 97000 两。根据警方线民所述，这次事件的首领林材修（Lam Tsoi Sau）是个声名狼藉的海盗，他来自大亚湾长排村。这次海上非法活动，事前在香港的鸿安宾馆（Hung On Boarding House）被全盘仔细推演；当准备就绪后，18 位歹徒就乘坐自香港开往上海的蒸汽船（属 B and S 船公司）。抵达上海后，他们又召集了一些人手，当他们在上海登上 Ning Shin 号时，已有 34 人。这 34 人以乘客身份，身怀左轮（枪）上船。当船只航行在海上的某一天，他们突然发难，短暂的冲突后，他们很快就控制了船只，在冲突中他们击毙一名舵手及一名水手，并将船只驶到大亚湾。他们在大亚湾卸下银条、船货和其他贵重财物到一旁等待的舢板小船上。当 Ning Shin 号被劫的消息传出后，驻守在惠州的军队指挥官立即派军到大亚湾，逮捕嫌犯。布斯（L.H.V. Booth）在一份加密报告中指出："事后，根据可靠消息来源，那名中国军官率人逮捕了大多数涉案的歹徒和找出失窃的银条；但是那群涉案的歹徒，在付出了一大笔赎金后，就被释放；所有的银条和赎金都被那群中国官兵给瓜分了。"[②]

---

① 参见 CO 129/410/419, 411/199; 411/263; 496/368; 及 *New York Times*, 7 December 1885; 又见 Bok, *Vampires of the China Coast*, London: Herbert Jenkins, 1932。

② CO 139/496/368-369.

图3—7 被捕海盗（来源：Bok, *Vampires of the China Coast*, 1932）

前述发生在大亚湾的海上非法劫船事件，是一种计划周详的专业打劫事件，大多数是由专业犯罪集团来具体执行，而这些集团通常与在澳门和香港的大型商业行号挂钩。"海上非法活动"，只不过是这种犯罪集团所进行的多种非法营业手段中的一种。通常这种犯罪集团还经营色情、赌博、洗钱、地下钱庄、黑市武器交易、走私贩毒等交易。这些总部设在澳门和香港的犯罪集团，都有"合法事业"来掩护他们的非法生意。一些外文的报刊杂志，或许出于煽情的需要，夸大其词地在文章中宣称，好几个这种挂羊头卖狗肉的不法集团，当家的都是迷人的女性。[①]

当时，"大亚湾的海盗"在西方世界中声名大噪，以至于不但报章杂志喜欢报道他们，连小说和电影也喜欢以他们为题材，如雪莉登·琼斯（M. Sheridan Jones）1935 年的小说《上海百合》（*The 'Shanghai Lily': A Story of Chinese Pirates in the Notorious Regions of Bias Bay*）及 1935 年的美国影片《中国海》（*China Sea*）等，都是为迎合西方观众的口味而将中国的海盗美化。另一本小说，甚至还包括被捕获的海盗相片，被他们打劫的船只及船员的相片等，在文中还称海盗们为"吸血鬼"，这位自称为"巴克"（Bok）的作者，宣称小说中的各色人物及耸人情节等，都取材自真实故事，只有人名是虚构的。[②]

在这段时间，记录中只有少数外国船只被劫。但毋庸置疑地，被海盗打劫的中国船只，一定远比外国船只高多了，不过具体数字不知罢了。在同一个时期，除了前述的新式劫船手法外，依然有以传统手法所进行的海上非法活动。这些传统手法有抢劫、绑架、勒索。例如 1913 年 12 月 8 日，杨长（Yeung Cheung）向香港警方报案；他是一位在香港注册的商船船长，当他的船只朝香港航行时，一群 60 人的海盗集团在他的船只旁开火，后来有 7 艘船靠向他的船侧，"他们喝令我们不许动"，登船之后海盗洗劫了全船，拿走 250 元、一些衣物、两门大炮、三把来复枪、

---

① A.D. Blue, "Piracy on the China Coast", *Journal of the Hong Kong Branch of the Royal Asiatic Society* Vol. 5, 1965, p. 77.

② Bok, *Vampires of the China Coast*.

武器弹药等。他们将所有洗劫得来的赃物，放在 7 艘小船上后，就划向岸边。这群海盗还绑架两名水手，并要求他们在 15 天之内付 25000 元赎金，否则将会将两人枪杀。[①]（著者按：所找到的资料中并没有显示后来这两名船员的下场。）

美国记者阿列高·里勒斯 (Aleko Lilius) 生动地描述，他遭遇海盗的亲身经历。其中最令人难忘的是有关他与一位女海盗"来财山"（Lai Choi San）[②] 的碰面经过。来财山被称为是"澳门海盗女王"（Queen of Macao Pirates）。她自父亲处继承船只及海上非法事业，她的父亲是位躲到澳门寻求庇护的海盗，他以保护澳门庞大的捕鱼事业为回报。当她父亲去世时，这个集团有七艘重装船只，来财山接手后，又加了五艘船，她很快就完全控制了澳门地区的渔获交易。根据阿列高·里勒斯的描述，她极其富有，为人机智狡猾、冷酷无情，说话颇为权威、不容反驳。她在澳门有栋房子，与澳门权贵阶层关系颇好。为保护地盘，她以谋杀、绑架和勒索等方法，来对付抢她地盘的对手。[③]

来财山有澳门政府官员的正式委任，她被委以"督察"（Inspector）头衔。这个头衔使得她的活动得以合法化；就某方面而言，她既受到澳门政府委任，也一定得以某种好处作为回馈，以免除法律责任或葡澳政府追诉。[④]这意味着来财山可以向澳门地区渔船收取保护费（tribute），而不会遭到警方的干扰。缴交保护费给她的船只，就受到保护而不被其他海上非法集团的骚扰。那些拒绝缴交保护费的人，则或被杀，或被绑架以等待家人等，以巨额赎金来赎换。"收取保护费"这种勒索方法，是海上非法组织收入的主要来源。为避免被海上非法集团袭劫，许多的商船和渔船等，情愿付大笔钱财给海上非法集团，只为换取一纸通行证，以保障航行安全。

20 世纪 30 年代，中国东南沿海海上不法活动明显下降，部分是因为国民政府和西方政府通力合作加强警力及海军巡防，部分是因船上安全设

---

① CO 129/409/36-37.

② "来财山"这个名字，不是她的真名，只是英文报道中她名字的广东话音译。

③ Lilius, *I Sailed with Chinese Pirates*, pp. 37-57.

④ CO 129/409/36-37.

施增加之故，如以铁栅栏保护的引擎室，配备现代武器的警卫等。1937 年
中日战争爆发后，中国海域的海盗事件更加减少，或者说报案减少。但是
在 1945 年至 1949 年，国共内战期间、国民党撤退到台湾后（1949 年）的
头几年和 20 世纪 90 年代等，中国东南沿海海盗案件仍有抬头趋势。例如
1998 年，发生在台湾海峡的长胜 (Cheung Son) 号被劫事件。

海上风云
HAI SHANG
FENG YUN

第四章 ‖ **东南亚的海盗、勇士、商人*** ‖

  大约在18世纪早期，当欧洲国家开始在全世界展开镇压"海盗行为"时，西方人的海上劫掠行为随即在南洋地区消失。来自中国的、日本的海上劫掠活动在这段时间中（1520—1860年）间或出现。唯有东南亚的本土海上劫掠活动持续活跃，并在18世纪和19世纪初期，扩大到整个东南亚地区。

---

* 改自安乐博《南洋风云：活跃在海上的海盗、英雄、商人》，李庆新主编：《海洋史研究》2010 年第 1 辑。

1579 年夏末，一艘满载沿路抢劫而来的财货的船只"金鹿号"（Golden Hind），缓慢地航行在他们并不熟悉的太平洋海域，朝西向英国驶去，船长德雷克（Francis Drake）终于在海面上航行两个月后，见到了陆地。他们当时所停泊的这个岛屿，岛上的居民在他们的眼中看来并不友善，因为岛民企图抢劫金鹿号。德雷克光火之下，干脆把这个地方命名为"盗贼之岛"（Island of Thieves）。然而航行在这片西太平洋和马来群岛之间的广大海域上，遭遇到当地人（土人）的抢劫偷窃，德雷克和他的船员并不是仅有的欧洲人。在当时的欧洲探险家和商人眼中，东南亚这片海域上，有大批嗜血的海盗和猎人头的野蛮人出没。然而，从本地人的角度来看，事实却恰恰相反，他们认为这些（远道而来的）西方人是一群外来的小偷和强盗，西方人不但巧取豪夺当地人的财宝、土地、物资，还摧残当地的文化。

南洋地区的海盗问题并不新鲜，它与当地的航海历史一样悠久。不过该地区有记录的海盗事件，最早只可追溯到公元 5 世纪。在公元 1750 年到公元 1860 年间，当全世界其他地区的海盗遭到镇压而日趋式微之际，南洋地区的海盗活动却达到巅峰。这个地区是海盗作案的理想地带，航道众多且交通繁忙，又缺乏强国及强大的海军力量，迷宫般的岛屿、纵横交错的狭窄水域，使得打击海盗活动变得异常艰难；但是这种地理状况再加上沿岸密集的红树林、沼泽地，却对海盗的逃窜极为有利，也为海盗提供了理想的安全藏身屏障。艾德·杨（Adam Young）指出："海盗行为的消长，与全球贸易和地方经济息息相关，也与当地政府有无能力控制地方密不可分。"[1]

东南亚本土原来就有许多相互竞争的土著王国和部落，自 16 世纪以来，欧洲势力就开始进入这个区域并建立起殖民地。这些不同的政治势力之间持续有摩擦和冲突，导致没有任何一个势力可以单独控制这一地区及其相邻的海域和航线。实际上，很多东南亚的本土政治势力，因其原有的风俗习惯，

---

[1] Adam Young, "Roots of Contemporary Piracy in Southeast Asia", in *Piracy in Southeast Asia: States, Issues, and Responses*, ed. by Derek Johnson and Mark Valencia, Singapore: Institute of Southeast Asian Studies, 2005, p. 2.

支持这些海上劫掠行为，并以此类行为来获取财富和扩张势力。当然，随着欧洲势力进入这个区域，一些以西方人为主的海上劫掠行为，伴随着殖民主义和贸易的扩张也不断增多。于是无数本土的、外来的势力纷纷加入海上抢劫的行列；当时在东南亚海域上活动的族群，各路人马都有，他们包括了马来的穆斯林人、印度尼西亚的布吉斯人（Bugis）、苏禄岛 (Sulu) 上买卖奴隶的依拉农人 (Iranun) 和巴拉艮吉人（Balangingi）、婆罗洲 (Borneo) 岛上猎人头的达雅族 (Dayak)，来自中国、日本、西方等的在当地寻宝猎奇的投机分子。（图 4—1）东南亚地区的海上劫掠事件，也与该地区有规律的季风交替和贸易活动有关。海上各式活动不但是东南亚人日常生活的一部分，也是当地社会、政治和经济活动的重要组成部分。

在欧洲人来到东南亚之前，西方的"海盗"概念在当地人的意识中并不存在。约翰·克劳佛（John Crawfurd）在 19 世纪 50 年代写道："在马来语、爪哇语或其他任何当地（东南亚）的语言中，都没有海盗或海盗行为等名称。"[1]实际上，"海盗"、"海盗行为"原本都是西方的概念，是伴随着西方殖民主义而来到东南亚地区的。基本上，对西方人而言，任何人、行为、活动只要超出殖民贸易体系或反对该体系，就会被认为是"海盗"或"海盗行为"。例如，在 16 世纪及 17 世纪，葡萄牙人及荷兰人为了独占香料市场，就表示他们有权阻止无论是东南亚本地人的、中国人的或是其他外国人的所有在东南亚一带的贸易活动；换句话说，就是将除自己以外的所有其他人的贸易行为，都视为是"海盗行为"。在东南亚地区，"海盗行为"是一种借口，经常被用来作为阻止其他外来势力扩充、扩大自己势力、干预东南亚本土政治习俗和文化的借口和手段。

在殖民时代，西方人口所称的"马来人"及"依拉侬人"是"海盗"的同义词。许多欧洲人完全赞成荷兰官员艾劳特（C.T. Elout）的极端褊狭观点，他在 1820 年写道："所有的马来人都是海盗。"3 年后，一位替英国政府工作的马来语翻译官约翰·安德森（John Anderson）也同样

---

[1] John Crawfurd, *A Descriptive Dictionary of the Indian Islands and Adjacent Countries*, Kuala Lumpur: Oxford University Press, [1856] 1971, p. 353.

图4—1　布吉斯勇士

(来源：J. Nieuhof, *Gedenkweerdige Brasilianense zee–en lantreize*, 1682)

地说："住在苏门答腊沿海一带的人，热衷于海上打劫。"① 同样地，对在菲律宾的西班牙人而言，在菲律宾一带从事海上劫掠的就是"摩洛人"（Moros）②。在欧洲殖民者眼中，这些进行海上劫掠的当地水上族群如马来人、依拉农人等，都是嗜血的、野蛮的、狡猾的代名词，为了贸易、为了人类教化、为了宣扬基督教义，他们该被彻底消灭。

于是，打击海盗成为与殖民主义盘根错节、相互联系，并带有宗教使命和文明教化的任务。然而，当时欧洲人所认为的"海盗行为"，有其固定意义，不见得与东南亚本地观念相吻合。近代的"海盗"和"海盗行为"，源自西方的观念，有其特殊的历史背景。它是近代初期欧洲民族国家主义新兴之时，因与对手（欧洲国家之间）激烈的商业竞争及海上冲突而产生的概念与名词。"海盗行为"的定义，是指一种利用船只为作案工具，对海上或沿海地区的船只及海边村庄所实施为的一种不文明的行为；这种不文明的行为包括对财货进行抢劫掠夺、对人员进行肢体伤害羞辱留滞，对船只进行占有强行破坏等。"海盗"则是指进行这些行为的人，他们并没有得到合法政府（civilized state）的授权，而是出于私利并以取得个人利益（private gain）为目的。③安东尼·瑞德（Anthony Reid）指出，欧洲人（在当时）并不承认亚洲政治主权的合法性及独立性，因此当地各苏丹王国和部落间的海上活动，也被他们视为"海盗行为"而加以制止。但是，同样的行为，对欧洲国家而言，由于欧洲国家是被承认的独立政治个体，因此由各欧洲国家政府所支持的海上劫掠活动，则被认为是合法的，被称为是"特许海上私掠"（privateering）。④西方国家这种双重标准，在当地人眼中显而易见是无法接受的。

对东南亚当地人而言，"海上劫掠行为"是一种与战争、奴隶贸易紧密

---

① 引自 Nicholas Tarling, *Piracy and Politics in the Malay World: A Study of British Imperialism in Nineteenth-Century South-East Asia*, Melbourne: F.W. Cheshire, 1963, pp. 19, 21。

② "摩洛人"一词，源于住在北非地区，出没于地中海一带，以海上抢劫为生、不信奉基督教的回教徒（Muslims）或摩尔人 (Moors)。"摩洛人"在西方概念中是"海盗"的同义词。

③ 参见 Robert Antony, *Pirates in the Age of Sail*, New York: W. W. Norton, p. 7。

④ Anthony Reid, "Violence at Sea: Unpacking 'Piracy' in the Claims of States over Asian Seas", *in Elusive Pirates, Pervasive Smugglers: Violence and Clandestine Trade in the Greater China Seas*, ed. by Robert J. Antony, Hong Kong: Hong Kong University Press, 2010, pp. 19-20.

相关的特殊生活方式。在整个东南亚，不同的苏丹王国和部落间彼此的海上互相掠夺，是一种根深蒂固的文化习俗和生活方式。在西方观念里，除了"特许私掠"外，所有其他的海上劫掠活动都是违法的"海盗行为"；但在东南亚，海上劫掠行为是一种英勇高尚的行为和风俗；不但是个人，甚至于整个部落或王国都为之效法，被视为当地酋长和部落里的勇士用来增强自身势力、声誉和地位的一种手段。东南亚人的"海上劫掠活动"，并不一定被当地人认为是犯罪行为或者是损害社会群体利益的行为。参与劫掠活动的人也不是生活在社会底层、对社会不满的异端或不法之徒；实际上，他们中有许多是当地极有身份地位的人。他们的行为，不仅为他们在各自的族群中赢得荣誉与地位，还被推崇为勇气与坚韧的楷模，供人来效法。例如，伊斯麦国王（Raja Ismail）是18世纪时锡亚苏丹王国（Siak Sultanate）的王子，他不但以"海上劫掠"的方式致富，他的权势地位更是牢牢筑基于"海上劫掠活动"。[①] 新加坡王国的胡先苏丹（Sultan Hussein of Singapore）认为，欧洲人眼中野蛮落后的海上劫掠行为，对当地统治者而言，有完全不同的意义。[②] 在南洋一带，人们认为"贸易"是一种以"劫掠"为基础的交易方式，而不是以"交换"为基础的交易方式。"海上劫掠"行为，使得当地人可以打破西方殖民统治以及西方的贸易限制，赋予当地人某种程度的独立自主。[③]（图3—7）

　　本章所要探讨的是公元1520年到公元1860年，在南洋出现的三种不同形式的"海上劫掠活动"：第一种是西方的"海上劫掠活动"，第二种是中国和日本的"海上劫掠活动"，第三种是东南亚本土的"海上劫掠活动"。西方人在东南亚海域只有偶发性的海上劫掠行为，这些行为未对该地区的繁荣和稳定造成威胁，这与横行于加勒比海的西方海盗行为和情况大不相同。大约在18世纪早期，当欧洲国家开始在全世界展开镇压"海盗行为"时，西方人的海上劫掠行为随即在南洋地区消失。来自中国的、日本的海

---

① 参见 *Hikayat Siak*, ed. by Muhammad Yusoff Hashim, Kuala Lumpur: Dewan Bahasa dan Pustaka, 1992。

② 引自 Reid, "Violence at Sea", p. 19。

③ Richard Z. Leirissa, "Changing maritime trade in the Seram Sea", in *State and Trade in the Indonesian Archipelago*, ed. by G. J. Schutte, Leiden: KITLV Press, 1994, p. 112.

上劫掠活动在这段时间中（1520—1860 年）间或出现。唯有东南亚的本土海上劫掠活动持续活跃，并在 18 世纪和 19 世纪初期，扩大到整个东南亚地区。

第一节　在东南亚的西方海盗

从 16 世纪的地理大发现（Age of Discovery）开始，整个亚洲从波斯湾到太平洋，都留下了欧洲探险家的足迹，他们中有真正的冒险家，也不乏投机分子和不法之徒。不久，他们中的一些人便和一些来自西方的海盗勾结在一起，或以各自所在的欧洲国家为根据地，或以美洲、印度洋，或以亚洲其他地区为基地，而开始在这地区的海上劫掠活动。这些西方海盗中，很多是从刚成立不久的西方殖民政府职位上逃跑的人，他们与中国、日本或东南亚本地的海盗合作，在那些船上担任枪炮手、舵手或船长等职务。这些探险家、投机分子、不法之徒在近代初期亚洲海洋史上，留下了不可磨灭的印记。[①]

英国人德雷克，在公元 1577 年来到太平洋；我们若以现代的标准来看他当时的海上活动行为，就会发现他既是海上探险家又是海盗。那时的西班牙单方面宣布，整个太平洋海域都是西班牙的领域范围。而葡萄牙则宣布，印度洋和大部分的东南亚是他们的势力范围。当然这两个国家都没有足够的能力将其他的外来势力完全排除在他们所宣称的势力范围之外。因此，德雷克成为勇于挑战西班牙和葡萄牙势力，并成功横渡太平洋的第一位英国人。他的成功，清楚地向世人昭示：富饶东方的财富，属于任何有胆识并有能力的人。从史料中，我们看不出德雷克当初横渡太平洋的动机，但是从他的海上活动来看，他一路上都打着伺机抢劫的念头。他所领导的船"金鹿号"就像一艘漂浮在海上的武器弹药库，它的武装设备远远

---

① 参见 G.V. Scammell, "European Exiles, Renegades and Outlaws and the Maritime Economy of Asia, c. 1500-1750", *Modern Asian Studies* Vol. 26.4, 1992, pp. 641-642。

超过当时任何一艘商船为进行正常贸易而保护自己的需要。在海上活动期间，德雷克大部分的战利品，是从西班牙的船舰上或是从西班牙人在南美洲的殖民地所虏获。当他离开太平洋上的"盗贼之岛"，航行到菲律宾和婆罗洲之间的西里伯斯海域（Celebes Sea）时，也曾企图抢劫葡萄牙商船。在素有香料群岛之称的摩鹿加群岛（Moluccas）时，他还试图蒙混过关，不想缴纳依当地习俗应该付给特内苏丹（Sultan of Ternate）的 6 吨丁香税款，但最后，他还是用他自西班牙人手中所抢来的银子给付了。德雷克在公元 1580 年回到英国伦敦，带了满船的金银珠宝和丁香等奇珍异物。这些财货绝大多数是抢来的，而它们的价值约值当时的 60 万英镑。他替他的投资者大约赚了 47 倍的利润。他也孝敬了英国女王大约 30 万英镑，这个数字甚至超过了当时英国一年的国库收入，这还是在英国名义上与西班牙和葡萄牙维持和平的时期。[①]

德雷克的行为并不是特例，欧洲来的海盗和"特许私掠"的船只，自 16 世纪末至 17 世纪，在东南亚一带肆虐。公元 1565 年，西班牙探险家米格尔·洛佩斯·德莱加斯比（Miguel Lopez de Legazpi）在菲律宾沿海洗劫东南亚本地商船。公元 1600 年，荷兰人在对西班牙进行独立之战时，荷兰商人兼探险家奥利佛·凡诺（Oliver van Noort）来到了东南亚海域，一方面攻击来自马尼拉的西班牙"加利恩帆船"（galleon）（图 4—2），同时也不放过那些来做生意的中国商船和东南亚当地商船。[②] 直到奥利佛·凡诺遇到安东尼·德摩高（Antonio de Morga）所带领的西班牙舰队，被击败之后才离开这片海域。后来他继续航行并完成环球的壮举，回到荷兰后竟成为荷兰的英雄。3 年后，另一位荷兰人杰克·凡·汉摩斯克 (Jacob van Heemskerck) 在从澳门到马六甲的航行途中抢劫了两艘西班牙"卡拉克船"（carrack）。[③] 其中一艘船（Santa Catarina）重达 1500 吨，

---

① *The World Encompassed and Analogous Contemporary Documents Concerning Sir Francis Drake's Circumnavigation of the World*, ed. by M.N. Penzer, London: Argonaut Press, 1926.

② 加利恩帆船是一种自 15 世纪至 18 世纪初的大型西班牙帆船，三桅至四桅，最早为战舰，后来用作商船。

③ 卡拉克船是欧洲自公元 1300—1525 年的主要船种，原为货船，后用作战船，一般认为它是由热那亚柯克船演变而来，由一桅发展到四桅，由很高的首尾楼演变为首尾楼变小，乃全消失。

载满了来自日本的铜、美国的银以及中国的丝绸和瓷器，货物总价约值120万比索（pesos）。[①]（见图4—3）

　　17世纪西班牙人、荷兰人、英国人、法国人甚至连北欧的丹麦人，都不断在苏门答腊（Sumatra）、爪哇（Java）和马来半岛一带抢劫本地人、中国人和日本人的商船。17世纪50年代，英国军舰和荷兰东印度公司联手，专门袭击来往于马尼拉做生意的中国船只。到17世纪下半期，已有约250名原本在加勒比海一带活动的海盗来到此地，他们以马达加斯加（Madagascar）、留尼旺（Reunion）及其他岛屿为根据地，在亚洲海域进行海上劫掠活动。[②] 17世纪80年代中期，英国海盗威廉·丹皮尔（William Dampier）抢劫好几艘往来于马尼拉和马六甲之间的西班牙和葡萄牙船只。公元1683年，英国海盗萨姆耳·怀特（Samuel White）经由暹罗国王批准，带领了一队由东南亚当地人所组成的船队，专门抢劫来往于孟加拉湾及亚齐（Acheh，印度尼西亚的一省）沿海一带的船只。这时期另外一位重要的西方人是罗伯特·库利（Robert Culliford），公元1696年，他自马达加斯加出发，从印度洋到马六甲海峡，一路抢劫所经之处。他抢劫好几艘穆斯林船只及一艘载满黄金及丝绸的葡萄牙商船，那些黄金及丝绸的总值约为1.2万英镑。[③]

　　自公元1700年后，除了一些与东南亚当地海上族群联手的海上劫掠活动外，绝大多数的西方海上劫掠活动被消灭殆尽。这是因为西方国家在其他地区镇压海上不法行动奏效，东南亚地区同样受到影响。但是在这一时期西方国家所允许的"特许私掠"，就取代了非法的海上劫掠活动，继续在欧洲以及全世界持续不断地劫掠。公元1708年，一群英国商人组织了私掠船队，船队由两艘船和333个船员组成，这个由民间势力所组成的私

---

① Antonio de Morga, *Sucesos de las Islas Filipinas*, trans. and ed. by J.S. Cummins, Cambridge: Cambridge University Press, 1971；也见 Peter Borschberg, "The Santa Catarina Incident of 1603: Dutch Freebooting, the Portuguese *Estado da India* and Intra-Asian Trade at the Dawn of the 17th Century", *Review of Culture* Vol. 11, 2004, pp. 13-25。

② Scammell, "European Exiles, Renegades and Outlaws and the Maritime Economy of Asia"，p. 653.

③ Jan Rogoziński, *Honor Among Thieves: Captain Kidd, Henry Every, and the Pirate Democracy in the Indian Ocean*, Mechanicsburg: Stackpole Books, 2000, pp. 105-108.

图4—2　加利恩帆船（galleon）
（来源：www.ln-arch.net）

图4—3　卡拉克船（carrack）
（来源：www.ln-arch.net）

掠船队由伍兹·罗杰斯（Woodes Rogers）任船长，威廉·丹皮尔为正驾驶。他们来回于太平洋及东南亚海域，专门攻击西班牙船只，其中之一的战利品是一艘在加利福尼亚州外海所房获的大型马尼拉加利恩帆船（Manila galleon）。[①] 另一个例子是乔治·安森，他既不是海盗，也不是领得特许的民间私掠，他是英国皇家海军的指挥官。当英国与西班牙处于敌对状态时，他也涉及好几起在太平洋海域劫掠来往西班牙船只的事件。在公元1743年，安森在靠近美洲大陆的太平洋海域，俘获了数艘西班牙船舰。同年的5月，在菲律宾沿海，他房获一艘大型的西班牙商船，上面装载了价值约131.4万比索的货物及3.55万安士的银块。[②] 拿破仑战争时期，亚洲海域充斥法国的私掠船队，专门打劫英国船只。自16世纪至18世纪，欧洲各国间时起时消的冲突，使得我们难以区分在亚洲海域，他们彼此间的海上互相掠夺行为和冲突，到底是非法海盗行为还是政府所"允许"的私掠行为，或是战争行为。

第二节　在东南亚的中国海盗及日本海盗

自公元1520年至公元1860年，南中国海面因为来自中国的以及（偶尔出现的）来自日本的海上劫掠集团，使得本地区的海上形势日益复杂。这些来自中国和日本的海上劫掠，在这段期间分为三波出现。第一波是从公元1520年到公元1650年，这个时期来自中国的海上劫掠行为及来自日本的海上劫掠行为，只是零星出现，他们的活动方式是伺机而为，有时进行贸易，有时抢劫。第二波以18世纪的后20年为高峰。当时的中国海盗

---

① 参见 Woodes Rogers, *A Cruising Voyage Round the World: First to the South Seas, Thence to the East Indies, and Homewards by the Cape of Good Hope, Begun in 1708, and Finish'd in 1711*, London: A. Bell, 1712。

② 参见 John Barrow, *The Life of George Lord Anson*, London: John Murray, 1839, 及 *Log of the Centurion, Based on the Original Papers of Captain Philip Saumarez on Board HMS Centurion, Lord Anson's Flagship during his Circumnavigation, 1740-1744*, London: Macmillan, 1973。

与安南的西山兄弟集团（Tây Son Rebels）联手，持续骚扰中国及东南亚地区的沿海城镇及海域。[①] 自西山兄弟集团被平复后，就只有偶发性的劫掠行为，这些零星活动一直持续到第三波开始。第三波，约自 19 世纪 30 年代到 19 世纪 50 年代左右，见地图 4—1。

16 世纪及 17 世纪初，不但在西方，亚洲地区也是个动荡不安并充满变数的时代。如本书第二章所述，那时的中国，先是明朝实行严厉的"海禁"政策，任何出海贸易的商人都被当成罪犯。及至 16 世纪末和 17 世纪初，中国陷入一场激烈的改朝换代战争中，直到 17 世纪末（公元 1684 年）清朝巩固其在全中国的政权为止。差不多在同一时期，日本也经历着一场历时一个世纪之久的内战，这场内战一直延续到公元 1603 年德川幕府确立其地位才告终止。在这段时期，一些心怀不满的中国商人和一群群龙无首的日本武士就纷纷出逃到海上，据海为生。在这 200 年中，许多东南亚贸易港，如马六甲、彭亨（Pahang）、马尼拉等地变成亚洲商贸中心，各色货物充斥，到处是来自日本和中国的商人。

许栋（许二）是徽州歙县人，出生于一个经常来往于马六甲和中国之间的富商之家，娶马六甲人为妻。16 世纪中叶，在明朝政府的严厉海禁下，许栋与日本人和葡萄牙人联手，在东南亚进行合法及非法海上贸易。另一位海盗商人李光头，他与林剪和许氏家族联手在东南亚、中国东南沿海和日本等处，进行海上贸易活动。林剪将大本营设在彭亨，他有一支大型的船队，固定航行在南中国海面，在各处做生意及抢劫。1547 年林剪带领 70 艘船自彭亨出发，与许栋联手抢劫浙江沿海一带。1548 年许栋自中国逃逸后，王直崛起。他原是许栋的旧部，统领许栋所留下海上事业，而成为南中国海上势力最盛的海商。王直自暹罗（泰国）发迹后，将据点移到日本。王直后来向明朝投降，但明朝政府不但没依约赦免他，反而于 1559 年将他斩首。[②]

---

① George Dutton, *The Tay Son Uprising: Society and Rebellion in Eighteenth-Century Vietnam*, Honolulu: University of Hawaii Press, 2006.

② James Chin, "Merchants, Smugglers, and Pirates: Multinational Clandestine Trade on the South China Coast, 1520-1550", in *Elusive Pirates, Pervasive Smugglers: Violence and Clandestine Trade in the Greater China Seas*, ed. by Robert J. Antony, Hong Kong: Hong Kong University Press, 2010, pp. 49-51.

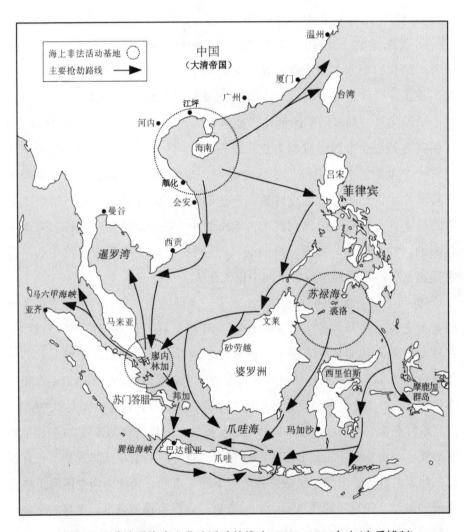

地图4—1 南中国海海上非法活动航线（1750—1850年）(安乐博制)

　　林凤（西方人称 Limahon）是另一位著名的海上活动集团首脑人物，广东饶平人。他在 16 世纪 70 年代来往于广东、台湾和菲律宾之间。他以台湾为基地，循季风抢劫整个南中国海地区。1571 年至 1572 年间，抢劫广东沿海后，他来到吕宋（Luzon），在此建立了另一个贸易据点。两年后，他率领一队超过 30 艘船的船队抢劫海南岛和马尼拉（西班牙人在东南亚的据点）。他在菲律宾与西班牙人对峙约一年，最后被当时统率西班牙无敌舰队的将领胡安·萨尔萨多（Juan de Salcedo）所击退。后来的 10 年，林凤依然活跃在海上，直到 16 世纪 80 年代后期才消失，未留下任何记录。[①]

　　16 世纪 80 年代，根据西班牙的记录，日本海盗也以吕宋为基地，一再侵扰菲律宾沿海城镇及船只。如 1582 年日本海盗船 10 艘，袭击沿海城镇，伤害居民，抢劫粮食及其他财物。同年胡安·帕布洛·卡利雍（Juan Pablo de Carrion）记载在卡加延（Cagayan）省与倭寇（日本海盗）遭遇。几年后，西班牙总督在报告中指出日本海盗问题日益严重，他抱怨道：那些年来，日本海盗年年都来骚扰侵袭，无法控制。[②]

　　后来，在动乱的 17 世纪上半期，有一群中国人为了逃避清朝的统治，来到当时人烟稀少的安南及柬埔寨沿岸（Hoi An，今越南会安；My Tho，今越南美萩；及 Ha Tien，今越南河仙等地）定居下来，他们中有不少人以既渔且盗的方式为生。他们不蓄发（以示反抗满清入关后强迫汉人蓄发留辫）、娶安南女子，他们虽住在安南并已融入了当地社会，但仍固守明朝礼仪及中国固有风俗。与此同时，郑芝龙和他的儿子（郑成功），则建立了一个海上帝国，纵横在南中国海面。他们最先以厦门、后来以台湾为基地，他们的活动方式是贸易加上抢劫勒赎，由此进行与中国内陆、日本和东南亚等地区的三边贸易。郑氏家族的成功主要是靠散居在东南亚各地的海外华人，如上述居住在安南效忠明朝的一群忠贞华人。据说，当时航行于这个广大海

①　松浦章、卞凤奎：《明代东亚海域海盗史料汇编》，台北乐学书局 2009 年版，第 49—50 页；及 Iguwa Kenji, "At the Crossroads: Limahon and Wakō in Sixteenth-Century Philippines", in *Elusive Pirates, Pervasive Smugglers: Violence and Clandestine Trade in the Greater China Seas*, ed. by Robert J. Antony, Hong Kong: Hong Kong University Press, 2010, pp. 80-81。

②　Emma Helen Blair and James A. Robertson, eds., *The Philippine Islands, 1493-1898*, Cleveland: A.H. Clark, 1903-09, Vol. 6，pp. 182-183, Vol. 34，pp. 384-385.

域的船只，除非向郑家缴纳保护费，否则就会被攻击。自从西班牙拒绝向郑氏家族缴纳税金后，当时属于西班牙人殖民地的菲律宾，就不断地受到郑氏的攻击，直到郑成功过世后才停止。①

自 18 世纪 80 年代到 18 世纪 90 年代，一些中国人与安南西山兄弟集团合作，骚扰从中国温州到安南西贡的沿海一带。他们循着季风南来北往。春末夏初，他们自散布在江坪（Giang Binh，现属中国广西江平镇；详见第七章）、海南岛、现今中越边界等根据地，朝北出发，抢劫掳掠中国沿海城镇及船只。秋天后，当他们在根据地休养生息、整顿装备后，就会循着季风南下抢劫越南及暹罗湾一带。在 18 世纪 90 年代，他们偶尔也与布吉斯人合作，南下远到巽他海峡（Sunda Strait）抢劫荷兰人或东南亚当地人。在近代初期，中国海上劫掠集团在东南亚一带积极从事人口买卖活动；他们除了抢劫沿岸城镇及过往船只外，还绑架勒赎及贩卖人口。

1802 年后，西山兄弟集团虽被平定，中国海上劫掠集团仍持续抢劫越南沿海、马来半岛和菲律宾群岛等地区，直到 1810 年盘踞在中国东南沿海的海盗联盟被平定后，中国海盗才不再骚扰这些地区。从下面例子，我们可以看出这些海上劫掠集团的组织和活动方式。1806 年，一个由中国人和马来人密切合作的海上劫掠集团，其成员大约有 60 人到 80 人，配有刀枪武器在马六甲附近袭击一艘马来船只，并将所有船员杀害。后来根据所抓到的海盗供词，那些中国海盗是从广东来的，才刚刚到这个地区，他们只是因应季节偶尔下海为盗。他们的首领化名叫"土阿·安尼亚"（Tua Ania），大概是"恶霸"（bully）或"新客"(newcomer) 的意思。这个海上劫掠集团属于另一个更大的非法组织（piratical syndicate），这个组织的首脑们是马六甲一带"颇有"社会地位的商人。②

经过数年的平静后，19 世纪 20 年代至 60 年代，另一波的海上劫掠又再度兴起。根据约翰·克劳佛的研究，19 世纪 20 年代后期的中国海盗活

---

① Robert J. Antony, *Pirates in the Age of Sail*, New York: W. W. Norton, 2007, pp. 48-49.
② Radin Fernando, *Murder Most Foul: A Panorama of Social Life in Melaka from the 1780s to the 1820s*, Selangor: Malaysian Branch of the Royal Asiatic Society, 2006, pp. 75-86.

跃在爪哇海和暹罗湾之间。他们绑架俘虏年轻的男子和女子，把他们带到暹罗的奴隶市场上贩售。19 世纪中叶，自鸦片战争至 50 年代，英国海军在香港附近海域对不法海上贸易活动实施打压，是将中国海上劫掠集团驱赶到东南亚一带活动的主要原因。根据《大南实录》的记载，从公元 1839 年到公元 1849 年这 10 年间，就有四十多起有关中国海盗抢劫过往船只、蹂躏沿海城镇的记录。[①] 这些海上劫掠集团的活动路线与他们的前辈们差不多，都是在秋天时离开他们在中越边界的基地向南劫掠。我们从许多案例中也发现，他们大多数在得手后，会来到当时在英国人控制下的香港，出售他们的战利品并招募新手。[②]

　　这个时期，中国海上劫掠集团不但活跃在越南，更活跃在整个马来群岛一带。这些海上劫掠集团，虽然有时也会袭击西方商船，但是他们的主要目标，还是一些武装较差且体积较小的当地商船。在这些中国海盗船上，偶尔也会发现一些西方人；这些西方人在船上多是充任枪炮手或是领航员。[③] 中国海上劫掠集团的劫掠在东南亚一带愈演愈烈，甚至还影响到当时的海运枢纽——新加坡及巴达维亚（Batavia，现今的雅加达）的海上贸易活动。但是，就算这些不法的海上贸易活动已威胁到当地对外的贸易活动，新加坡及其邻近岛屿的人（如在香港的人一般），依然不顾政府镇压不法海上贸易活动的努力，仍继续与海上劫掠集团进行交易，并为他们提供所需的补给和装备。中国海上劫掠集团及日本海上劫掠集团在这个地区的不法海上贸易活动，一直到 19 世纪 60 年代初才逐渐得到控制。

---

① 许文堂、谢奇懿合编：《大南实录 —— 清越关系史料汇编》，台北，"中央研究院" 2000 年版。

② Edward Brown, *Cochin-China, and My Experience of It; A Seaman's Narrative of his Adventures and Sufferings during a Captivity among Chinese Pirates, on the Coast of Cochin-China, and Afterwards during a Journey on foot across that Country, in the Years 1857-8*, London: Charles Westerton, 1861.

③ 刘芳辑、章文钦合校：《清代澳门中文档案汇编》，澳门基金会 1999 年版。

第三节　东南亚本地海盗的水上劫掠及冲突

那么，东南亚的本地海上劫掠者又是一类什么样的人呢？对此，当时航行于东南亚的西方航海家和探险家都有许多生动的描述。德雷克的船队曾到过西太平洋。据他所说："那儿的人都是不折不扣、积习难改的土匪，他们拿着毫不值钱的小东西，假装要和你做生意，其实是想要偷你的东西，任何够得到的东西，他们都拿。"当时他们的船停泊在某个小岛附近，成群的岛民们划着独木舟向"金鹿号"涌来，当时德雷克和他的船员们拒绝和他们做买卖，他们就朝这群外国人丢石头。为了赶走这群不受欢迎的"客人（土著）"，德雷克开枪打死了二十多个土人。[①] 后来他就叫那个岛屿为"盗贼之岛"（Island of Thieves）。根据他的记载，那个岛屿很可能是现在加罗林群岛（Eastern Caroline Islands）中的帛琉（Palau）或雅蒲 (Yap)。

其他的欧洲探险家，在航经西太平洋和马来群岛时，也都有类似的遭遇。公元 1521 年，麦哲伦（Ferdinand Magellan）航行经过西太平洋一个群岛时，他船队中的一艘船还被当地人偷走了。于是他径呼这群目前属于马里亚那群岛（Marianas）的岛屿为"Ladrones"，也就是"盗贼之岛"的意思。[②]（参见图 4—4）安东尼奥·皮格飞塔（Antonio Pigafetta）则写下他在另一个岛上的遭遇："这些当地土人……进入船舱后，见什么就偷什么，我们拿他们一点儿办法也没有，怎么防备都没用。"[③] 后来，麦哲伦航行经过婆罗洲时，当时土人还绑架了好几个他的船员。其他好几个西班牙探险家，在经过菲律宾群岛南端的民达那峨岛（Mindanao）时，也有类似的遭遇。他们认为民达那峨岛的土著偷偷摸摸、奸诈狡猾，就给岛上南端的一

---

① 参见 *The World Encompassed and Analogous Contemporary Documents Concerning Sir Francis Drake's Circumnavigation of the World*。

② 被命名为"盗贼之岛"的群岛，其中之一的岛屿就是关岛。关岛在帆船时代（Age of Sail）是商人和海盗在横渡太平洋时极为热门的一个中继站。

③ 引自 William Lessa, *Drake's Island of Thieves: Ethnological Sleuthing*, Honolulu: University Press of Hawaii, 1975, p. 117.

个海湾命名为"狡诈之湾"（Deceitful Bay）。

东南亚的本土海盗是什么样的人呢？威廉·利萨（William Lessa）说："这些岛屿土著骁勇善战、诡谲多诈，他们的民族特性，不是因为西方人来到，在一夕之间就变成这个样子的。"[①] 他们的骁勇善战、诡谲多诈，早在西方人来到以前就已如此。事实上，他们的这些特性与当地永无止息的部落冲突有关。土著酋长、国王和苏丹都各自拥有自己的海上武力，以便在海上拦截对手的船只，达到打击对手的目的。在海上抢劫是这些当地的苏丹、国王和酋长们用来扩张自己的地位、财富、势力的一种主要政治手段。海上劫掠的主要目的，就是要攫取武器、奴隶等稀有且珍贵的资源。在东南亚，政治势力和财富，并不是以领土大小来计算，而是以奴隶、武器和船只的多寡来计算。要奴隶就要作战，要作战就要有武器和船只。在这种情况下，使得我们很难区分发生在东南亚海面上的冲突，到底是非法的海上劫掠还是部落之间的争战冲突？

18 世纪的后半期，东南亚当地的海上劫掠活动，无论是质或量都发生了急剧的变化。因为全球经济蓬勃发展，当时整个东南亚也随之进入了经济飞速发展的时期，这使得东南亚海上的不法行为更加猖獗。这些海上劫掠活动，与当时东南亚和中国之间再度活跃的贸易以及欧洲的殖民主义扩张有密切的关系。合法贸易与海上劫掠，与亚洲商人和西方商人之间的商业竞争及贸易网络的建立息息相关。当时亚洲商人和欧洲商人，都亟待寻找任何能外销到中国的商品。在全球贸易的影响下，中国对一些东南亚产品的需求也在不断地增加，特别是一些新奇的东西，如燕窝、鱼翅、海参、胡椒、玳瑁、锡等。于是西方人积极购买这些东南亚特产，好与中国做生意。由于需要更多的人手来生产这些产品，使得抢劫、贩卖人口成为当时在东南亚地区的重要买卖。对劳动人口如饥似渴的需求，更使得海上的战争和抢劫持续扩大。[②] 实际上，从公元 1750 年到公元 1840 年这近一百

---

① 引自 William Lessa, *Drake's Island of Thieves: Ethnological Sleuthing*, Honolulu: University Press of Hawaii, 1975, p. 117。

② 参见 James Warren, *The Sulu Zone, 1768-1898: The Dynamics of External Trade, Slavery, and Ethnicity in the Transformation of a Southeast Asian Maritime State*, Singapore: Singapore University Press, 1981。

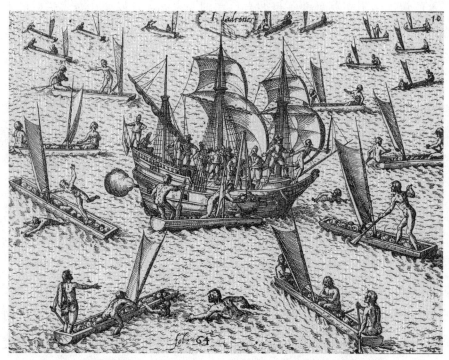

图4—4 盗贼之岛（Ladrones）附近被围困的欧洲船只（16世纪）
(来源：*Theodor de Bry, Collection des Grandes and Petits Voyages*,1921)

年间，东南亚当地的海上劫掠行为几乎完全不受控制。这个情况，不但是因为海上劫掠受到当地苏丹和部落酋长的支持，更因为一些来到东南亚的欧洲国家，此时正忙于应付它们自己在欧陆本土的问题，特别是公元 1799 年至公元 1815 年间拿破仑所发动的欧陆战争。

18 世纪末和 19 世纪初，苏禄群岛是东南亚海盗的大本营之一。在苏禄群岛上，房子形式是搭在椿子上的高脚屋，高高架在水面之上，只能驾船进出。这儿是声名狼藉的海盗巢穴和黑市交易中心。[①]依拉农、巴拉干几以及图索（Tausog）的土著们，建立了一个大规模且极有组织的海上劫掠团体，活动范围涵盖整个东南亚地区，包括泰国和越南沿岸地区。支持这些当地海上劫掠活动的苏丹、王子、酋长等贵族，可以从中分得一定比例的战利品。[②]例如在公元 1775 年，一群苏禄人抢劫了英国在巴兰巴干（Balambangan）的一个仓库，支持这个海上劫掠活动的苏丹，事后分到了45 座大炮及弹药，还有 3000 比索。

这群在海上活动的族群，循着被称为"海盗风"（pirate wind）的季风，以固定的路线来往海上。[③]冬季时，他们从位于苏禄群岛的根据地出发，循着东北季风（northeast monsoon）来到西里伯斯海（Celebes，又称苏拉威西海）、婆罗洲、爪哇、苏门答腊和马六甲等地。夏秋季则乘着西南季风（southwest monsoon）回到他们在苏禄群岛的基地（见地图 4—1）。有时一次出航可长达三年。他们所使用的船只是双层的帆船（prahu，"佰拉胡船"，一种东南亚的帆船，船身狭长、船帆三角），这种船只最大的长约 100 英尺，可以容纳 50 名到 80 名战士及约 100 名左右划船的水手。这些海上活动集团，通常以 20 艘到 50 艘的船只为一队，一起行动；偶尔一队会多达 200 多艘船，有数千人之多。他们所使用的武器有刀剑长矛、来复枪[④]、

---

① Owen Rutter, *The Pirate Wind: Tales of the Sea-Robbers of Malaya*, Singapore: Oxford University Press, 1930 (1991 reprint), pp. 28-29.

② *Singapore Free Press*, 28 June 1838; 及J.H. Moor, ed., *Notices of the Indian Archipelago and Adjacent Countries, Being a Collection of Papers Relating to Borneo, Celebes, Bali, Java, Sumatra, Nias, the Philippines Islands, Sulus, Saim, Cochin China, Malayan Peninsula*, London: Cass, 1837 (1967 reprint), p. 5.

③ Rutter, *The Pirate Wind*, pp. 28-29.

④ 旧式来复枪，以燧石点火。

回旋炮，甚至还有自欧洲人或中国人处买来的大炮（多数为炮弹重量在 6 磅至 24 磅之间的大炮）。 在东南亚海域上进行海上劫掠活动的本地人，多是自由人（相对于奴隶），被视为勇士；他们视海上劫掠为一种世袭传承、令人尊敬的职业。奴隶只有在紧急情况下，才可以参战。19 世纪东南亚地区的武器买卖获利丰厚，英国武器制造商甚至为在苏禄的顾客量身打造武器。在公元 1798 年，有一队由 25 艘船只所组成的海上劫掠团队，共有约 500 名勇士和 800 名划桨奴隶。他们在行动中俘虏了 450 人，后来这批俘虏都被卖为奴隶，其中还包括一名卖了 2500 比索的西班牙神甫。[①]（详见第五章）。

在海上劫掠活动中被抓到的俘虏们，或以交换的方式、或以买卖的方式沦为奴隶。奴隶买卖，是当地最主要的商业贸易活动。奴隶对当地经济至关重要，他们既是劳动力又是商品。裘洛（Jolo，苏禄王国的首府）在当时被称为"东方的阿尔及尔"（Algiers of the East）。18 世纪末，它既是海上活动集团货物集散交易市场，也是整个东南亚地区的奴隶交易中心，更是他们海上劫掠活动的基地。[②] 根据英国官方记录，19 世纪初的裘洛，已是全东南亚最大的奴隶交易市场。海上活动集团返航后，常带着满船的战利品和奴隶，来这儿交易；然后，再从中国商人和布吉士商人处，买来所需的补给。[③] 从公元 1770 年到公元 1870 年，大约有 30 万名俘虏，被苏禄海上活动集团带到这儿来交易。[④] 这些俘虏们，大都被当成商品卖到苏禄群岛以外的地区。他们被卖给不同的行业中，去从事收获和采撷海产或林业的工作，那些工作都是生产些要卖到中国的产品；另外一些人，则被卖到农场上去从事农耕，或被卖入人家中为奴隶。也有一小部分的俘虏，被海上劫掠集团留下来在船上划船。而年老力衰的俘虏们，则被卖给婆罗洲的猎人头部落做祭祀用。裘洛是一个自由公开市场，在此地的所有交易都无须缴纳任何费用。欧洲人、中国人或布吉士人都可以到这里来做买卖。这

---

① 参见 Warren, *The Sulu Zone*。

② Rutter, *The Pirate Wind*, p. 29.

③ Moor, *Notices of the Indian Archipelago and Adjacent Countries*, p. 5.

④ Warren, *The Sulu Zone*, pp. 207-208.

里也是各类在东南亚海上进行劫掠活动的集团，重新装备他们的船只、出售战利品的地方。[①]所以，在这里，商业贸易、奴隶买卖和海上劫掠，本质相同、互补互成。[②]

当时的东南亚，还有另外一个海上劫掠活动基地，那是以新加坡为中心，包括廖内（Riau）、噶朗（Galang）、林加（Lingga）等附近的岛屿。这地区就是传统上所认定的柔佛王国（Kingdom of Johor）的中心。本地区的海上劫掠活动历史悠久，与其他南洋地区的海上劫掠活动一样。本地区的海上劫掠，也是因奴隶、贸易、战争等问题而引发。在这里，有一群被称为"奥浪人"（Orang Laut）或"海上吉卜赛"（Sea Gypsies）的水上族群，他们是信奉回教的马来人。他们长期漂荡在海上，行踪不定，穿梭在不同的岛屿之间做生意及伺机抢劫。"抢劫"是他们生活的一部分。当时的人描述："这些马来人在海上常常见机行事，他们既是商人又是海盗。"[③]爱德华·普利司葛来佛（Edward Presgrave）是英属新加坡殖民地的进出口登记官，他在 1824 年记录道："春天，奥浪人捡拾石花菜（洋菜）、海菜、玳瑁及其他海产，将它们卖给欧洲人；欧洲人再将它们卖至中国市场。夏天，则在马六甲海峡、北到吉打州（Kedah）一带水域活动抢劫。初秋回家，卖掉一路抢劫所得战利品，无所事事度日。第二年春天，又周而复始。"[④]

在 19 世纪时，依拉农的海盗有时会与马来海盗合作，并以林加群岛为西马来群岛抢劫活动的前哨。他们不但诱拐人口，卖人为奴，还袭击商船，抢劫珍贵海产、胡椒香料、武器弹药等贵重财物。[⑤]自 18 世纪 60 年代开始，这一地区的海上劫掠集团和商人，形成了一种复杂的地下秘密交易网络。公元 1819 年新加坡开埠后，交易的重心就转移到此，海上的虏获物被带到廖内和林加来做交易。在这儿，西方人和中国人带着来自印度

---

① *Singapore Free Press*, 6 April 1847.

② James Warren, "Slave Markets and Exchange in the Malay World: The Sulu Sultanate, 1770-1878", *Journal of Southeast Asian Studies* Vol. 8.2, 1977.

③ L.A. Mills, *British Malaya, 1824-1867*, Kuala Lumpur: Oxford University Press, 1966, p. 223.

④ Tarling, *Piracy and Politics in the Malay World*, p. 39.

⑤ 参见 *Journal of Indian Archipelago and Eastern Asia*, 1858.

的鸦片及细棉布，和来自中国的瓷器及茶叶等商品，与这些海盗集团交易他们的赃物。噶朗也是一个海盗集结的非法交易市场，在这儿不但可以买卖奴隶和各式各样海上抢来的财物，还可以为船只补给到所需要的一切物资。一位马来商人，19世纪20年代被海盗俘虏到此，描述他所见到的噶朗：海盗将他们抢劫来的财货（粮食、黑檀、各式物品等）及39名俘虏（被卖给住在岛上的中国商人）在这儿售出。[①]这些非法贸易变得越来越重要且获利丰厚；由1782年的例子可见，一些英国商人提供船只给这些海上劫掠集团，随他们打劫来往巽他海峡载有胡椒的商船。[②]显然，他们一点儿也不在乎货物的来源，管它是非法或合法，只要有货就好。

东南亚海域的海上劫掠事件，在公元1784年到公元1836年急剧增长。那段时间，对在柔佛（Johor）的奥浪人和其他的水上族群而言是段艰难的时刻，因为他们的生存和活动空间正被西方国家侵蚀：荷兰入侵廖内（公元1784年）；英国也在槟榔屿（Penang）（公元1786年）、马六甲（公元1795年）、新加坡（公元1819年）等地建立殖民地。还因为布吉士人和马来人之间战争不断以及各土著王国部落间的冲突频发。在这种混乱无政府的状态下，其中受害最深的就是当地商船，尤其是从越南来的船只，因为这些越南船只通常体积较小，而且没有什么武器装备来保卫自己。偶尔东南亚的海上劫掠集团也会对因无风而无法动弹的帆船或因下锚而静止不动的西方船只下手。因为西方殖民及政治经济等因素，有时他们对待西方水手的手法极为残忍（详见第六章）。东南亚动荡的局势，让在新加坡的欧洲人非常担忧，因为这些针对来往船只（不问是当地的或欧洲的）不断袭劫的行为，如果日益恶化，就会摧毁新加坡的港口贸易。1823年，汤姆斯·莱佛士（Thomas Raffles）记载，虽然那时很少有攻击西方船只的事件发生，"但东南亚本地海盗却频繁地抢劫掠夺本地船只，使得邻近地区的船只无法将货物（产品）运至新加坡出售，而我们也无法将货品销售至邻近地区"，造成我们经济上

---

① Ota Atsushi, "The Business of Violence: Piracy around Riau, Lingga, and Singapore, 1820—1840", in *Elusive Pirates, Pervasive Smugglers: Violence and Clandestine Trade in the Greater China Seas*, ed. by Robert J. Antony, Hong Kong: Hong Kong University Press, 2010, p. 135.

② 参见 Tarling, *Piracy and Politics in the Malay World*。

的重大损失。几年后，一份英国殖民政府报告指出，新加坡和马六甲之间的岛屿和海岸，"有大批海盗船只出没。"又十年，根据美国和荷兰政府报告，马六甲海峡一带的海盗问题日趋严重（图4—5）。[①]

在西方殖民政府的眼中，海上劫掠行为是种野蛮的风俗，欧洲国家基于商业的需要和文明的考量，对此行为应该加以镇压。有位当时的作者这样描述马来人："因为野蛮、落后、贫穷等因素，他们极为贪婪、狡诈、嗜血，这些因素，强力促成他们的野蛮性格和劫掠行为。"[②]另一位作者视东南亚的海上劫掠行为是"可怕的野蛮行为，不被任何文明政府所容"。根据汤玛士·瑞法奥斯的逻辑，英国是"父母"，当地人是"子民"，于是"基于人道，我们应该介入"消灭这种海上劫掠行为。[③]另一方面，也应极力鼓励本地人学习西方人的"勤劳习惯"。与此同时，西方海军采取严厉措施，打击东南亚海上劫掠活动及其支持者。

自公元1836年起，英国及其他的欧洲国家开始在新加坡及东南亚各地展开打击海上劫掠行为及海盗的行动。其中最有效的便是在这片海域中部署了蒸汽炮艇，并摧毁了多个海上不法活动的船队及其根据地。被收服的海盗们则被重新安顿到远离他们原先据点的地方，去从事农耕或其他的合法营生。到公元1860年，镇压海上劫掠的行动获得了初步成功，这项成绩一直延续了一个世纪之久，使得东南亚地区逐渐摆脱了海上不法劫掠的困扰。

第四节　结论

东南亚地区和其他地区一样，人们因风俗习惯、贫穷、负债、饥饿、贪婪等原因加入海上劫掠的行列。虽然很多实际从事海上劫掠的人非常穷

---

① Tarling，Piracy and Politics in the Morld。PP·28-29、69、80.

② "The Piracy and Slave Trade of the Indian Archipelago"，*Journal of the Indian Archipelago and Eastern Asia* Vol. 4, 1850, p. 45.

③ Tarling, *Piracy and Politics in the Malay World*, pp. 16, 64.

困，但那些支持这些活动的首领们通常拥有很大的势力和财富。汤玛士·瑞法奥斯在 19 世纪初就说："在东南亚，海上劫掠活动被认为是一种正当高尚的职业；这种行为特别被年轻又有野心的酋长、苏丹等所认可。"[①]在当地，海上抢劫被认为是合法的，它与贸易、战争、奴隶之间的关系密不可分，还得到当地政府的大力支持。但是随着西方势力的介入，当地统治阶层逐渐地被迫接受西方人的想法，转而认为海上劫掠活动是犯罪行为，应该被消灭。按照西方殖民主义法律概念及文化架构思维方式，海上劫掠行为是一种野蛮和落伍的行为。因此，随着西方殖民主义在当地的扩张，打击海上劫掠活动，便成为东南亚地区现代化过程中既重要且必需的历程。

图4—5 达雅族勇士
(来源：Frank Marryat, *Borneo and the Indian Archipelago*，1848)

---

① 引自 Tarling, *Piracy and Politics in the Malay World*, p. 15。

第五章 ║**海盗与俘虏**║

　　通过收集到的案例我们可以知道：第一，虽然偶尔会有人数众多、组织完善的海上活动集团，但是海上非法劫掠事件通常只是少数几个人的偶发事件。第二，海盗组织中各形各色的人都有，有些以海上打劫为业，有些则是业余的；参加的人，有些是中国人，有些是外国人。第三，大多数的海盗年龄大约为 20岁到30岁之间，是一群长期失业、居无定所、经济匮乏、收入不定的水手和渔民。

　　1830 年一则有关澳门的历史档案如此记载[1]，有一名因海盗事件被捕的男子张润胜，他的供词清晰生动地描述了当时南中国海域一带海盗组织的特性和成员的社会背景。

　　张润胜供：年卅四岁，是归善县（广东省）人。父母已故，并没兄弟，娶妻曾氏。平日在于拖船佣工，上年（1829 年）七月绕到澳门，现在并无工雇。本月十六日（1830 年正月十六日），有素识不知姓之豆皮光，来到新围，叫小的去发财，小的应允。适有亚黑仔、刘亚海同落划艇，那艇有水手嘈啰、亚掌、亚六及不知姓名共八人，并有西洋鬼子三名、黑鬼子一名，连小的们总共十五人。艇内有藤牌四面，挑□（刀）□支，大顺刀二对。

　　□（划）艇即于十六（日）开行，驶至十字门海面，望见□洲沙沥有夷人舢板艇一只，装运货物，小的们划艇就尾跟其后，忘记十九、二十（日）定更时候，驶至零丁东边洋面，小的们就将划艇接近，那豆皮光、刘亚海、亚黑仔各持藤牌，小的持挑刀，其余鬼子、嘈啰各水手，一齐持有刀械过艇，将□□（三板）夷人六名、华人一名先后打死，丢弃下海。抢得烟土十四箱，抢后就将三板击沉下海。那三板只有小炮二口没有搬到。

　　小的们就将划艇驶回南湾抛泊。那划艇鬼子三名共得烟土七箱，小的们华人十二名只得七箱。小的们华人将七箱分开十八份，每份分得烟土四十斤，小的分得一份，该烟土四十斤。随将烟土二十斤付交豆皮光、醉幽二人付卖，又将烟土二十斤送与豆皮光、醉幽二人，作为酬劳邀叫的。

　　那亚黑仔、豆皮光所得烟土六（？）贮在醉幽处。那醉幽有馆一间，在新围尾。那豆皮光是澳蛋民，年约卅余岁。刘亚海，不知□□□（何处人），□（年）约卅□□（余岁）。□（亚）黑□（仔）是澳蛋民，年约廿余岁。嘈啰，年约四十余岁。亚掌，年约廿余岁。亚六，年约廿余岁，有麻子，约是蛋民。这郭亚运系划艇工人，那鬼叫他过去别艇，没有同去

① 刘芳辑，章文钦合校：《清代澳门中文档案汇编》上册，澳门基金会 1999 年版，第 344 页。

抢夺。后来分赃，预分郭亚运半份，至有无收到，小的没有看见。今奉查询，只得据实供明。求开恩。

从收集到的案例，我们可以知道：第一，虽然偶尔会有人数众多、组织完善的海上活动集团，但是海上非法劫掠事件通常只是少数几个人的偶发事件。第二，海盗组织中各形各色的人都有，有些以海上打劫为业，有些则是业余的；参加的人，有些是中国人，有些是外国人。第三，大多数的海盗年龄大约为 20 岁到 30 岁之间，是一群长期失业、居无定所、经济匮乏、收入不定的水手和渔民。[①]

本章我们要来探讨活跃在南中国海域的海盗们的组织形态和社会经济情况。1780 年至 1810 年间，有大量的海盗记录。我将先分析这段时期的中国海盗，之后将此时期的中国海盗与东南亚海盗相比。本章最后将探讨在 18 世纪末和 19 世纪初，中国海盗与东南亚海盗事件中，俘虏所扮演的角色。

第一节　华南海盗集团的组织特色

活跃在南中国海域的海盗集团无论大小，他们的组成因素、组成时间、团体人数、作案地区和作案时期长短都各有特色。最基本的海盗组织是称为"股"的"小股海盗集团"（gang），这是由一艘至数艘不等的船只所组成的小型海盗集团；其次为"伙党海盗集团"（squadron），这是一种中型海盗集团，由数股小型的海盗集团所组成；再其次是"旗"（或称"大帮"）（fleet），旗是由数个中型伙党海盗集团所组成的大型海盗集团，如红旗帮、黑旗帮；最大型的海盗集团形式是"联帮海盗集团"（pirate confederation），清朝档案中称为"各股匪船联帮"，这种海盗集团是由数

---

① 本章所用案例，主要来自笔者所收集自 1780 年至 1810 年间 2500 左右清朝刑事案件，主要的档案来源有《朱批奏折》、《刑科题本》和《上谕档》。

个旗（大帮）的海盗集团所组成。小股海盗集团是中型和大型海盗集团的骨干，19世纪初纵横在南中国海域的中国海盗集团，就是由小股而至中型而至大型而至联盟，层层架构而成。从大处来看，郑一嫂和张保等所统领的海盗集团之所以能维持数年不散，原因就是他们凭借过人的领导能力，使各自分散的海盗集团层层组织，归于一统。

　　船是海盗集团的基本操作单位。在中国水域，"船"包括各种不同尺寸、无帆或有帆的船，如舢板或三板 (sampans) 等无帆的船，或中国帆船 (Chinese junks) 等有帆的船。小股海盗集团是由一艘至数艘不等船只所组成；大帮船队是由50艘至数百艘船所组成。1960年以前，绝大多数的亚洲渔船是靠风和帆来驱动，这类船只的活动空间狭小、污秽。而海盗船只更因超载等因素，更为拥挤紧迫、污浊不堪；只有船长在船舱后有一小片私人空间，其余船员则必须挤在一起，每人大约只有4平方英尺的空间，以供睡眠和放置私人物品。俘虏的空间则更为狭隘。约翰·透纳（John Turner）描述他当俘虏时的景况："只有一个睡觉的空间，宽不过18英寸，长不过4英尺。"[①]

　　海盗船只，大小差异甚大，小可至15吨，大可至200吨。但是大多数的船只平均为70吨至150吨。一艘典型的海盗船，如图5—1所示，则称为"开浪船"。船之所以得名为"开浪"是因为可以在海浪中自由进退。这种船大约可载30人至50人。最大型的帆船，通常载有12座6至8英磅重的加农炮和200名船员。另一种当时流行的船——叭喇唬船，如图5—2所示，则配备桨与帆使得船只速度更快，更易操作。19世纪30年代"贝壳船" (mussel-shell boat) 也极为流行，这种船只航行在香港、澳门海域，大约可载60人至70人。以上所述这些船只，主要在浅水区和沿岸地带，用来劫掠沿海村庄或走私鸦片之用。[②] 图5—3所示，为19世纪末华南海盗船上常见的武器及旗帜。

---

① *Chinese Repository Vol.* 3, 1834, p. 70.

② Ibid., P.70、82; *Chinese Repository* Vol. 1, 1836, pp. 172-174; 及 Richard Glasspoole, "A Brief Narrative of my Captivity and Treatment amongst the Ladrones", in *History of the Pirates*, trans. by Charles Neumann, London: Oriental Translation Fund, 1831, pp. 127-128.

图5—1 开浪船
（来源：谢杰《虔台倭纂》，
1595年版）

图5—2 "叭喇唬"船
（来源：谢杰《虔台倭纂》，
1595年版）

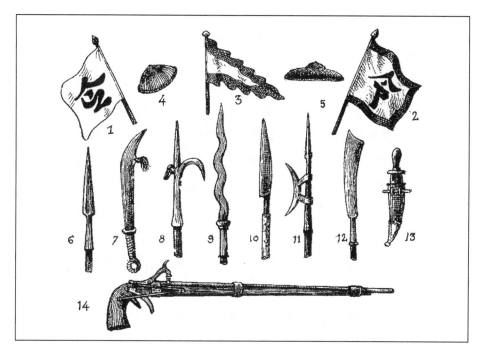

图5—3　华南海盗的武器（1885年）
（来源：L. Audemand, *Les jonques chinoises*, 1957—1971）

从档案资料看，在 19 世纪初期的南中国海地区，小股海盗集团大约是 5 人至 80 人，平均年龄为 23 岁。上述张润胜海盗集团就是这种典型的小股集团，他们集团中共有 15 人，来自不同的背景，各有原因聚在一艘船上开始海上抢劫的行当。吴亚林是名贫困的渔夫，他与另外 17 个人聚伙，靠着一艘船，开始抢劫生涯。梁贵达也是名渔夫，他的集团有 2 艘船，14 个人。谢亚二在安南，以挑肩为生，他的集团有 2 艘船，21 个人。王亚林所领导的集团则有 5 艘船和 40 个人。通常这种海盗集团的首领就是船主，而一般人称他们为"大班"或"老板"，有时也有人称他们为"头目"或"头人"。许多稍大一点的小股海盗集团，，也会任命一些人当助手（副手）来帮忙管理。如吴亚林被人称为"老板"，他的集团中就有两位副手来帮他。

档案中关于刘亚九集团的记载，是一个有关小股海盗集团如何形成的典型例子。刘亚九来自广东遂溪县。1797 年年初，麦应步答应给刘亚九 4 元钱，如果他愿意入伙。刘亚九在利诱之下就开始了海上打劫生涯。几个月后，他们回到安南变卖海上打劫所得赃物，并招揽更多人员入伙。麦应步虽只有一艘船，但也召集了 30 多人，他自命为这群人的首领，被这伙人称为"老板"。他还指派数名重要副手（被称为头目），来统辖其余的人。麦应步指派刘亚九和另外三人为头目；指派吴成全和黄禄管舵；指派钟添见、吴亚三、林喜魁管炮；指派苏世茂和张元管账；指派钟秀以及另外四人照顾船上篷帆以及烧香祭祀。其余剩下的人则分配给一些船上的水手工作。后来这伙人又掳了几名其他船上的渔民，强迫他们留在船上做些煮饭、烹茶、汲水、清洁等杂活。①

大型的海盗组织，例如张保和郑一嫂所统领的，则是由许多小股海盗集团所组成。图 5—4 表示 1808 年至 1810 年间，以广东一带海域的海盗联帮组织为例，所列出的海盗组织层级：主要分为"旗"（"大帮"）、"伙党"、和"股"（"小股"）等三个层次。此一时期是大型联帮海盗组织的巅峰时期，那时的海盗联帮集团大约有 800 艘到 1000 艘船只，而海盗人数约有 5 万人至 7 万人。虽然郑一嫂和张保的领导能力在海盗组织中无

① 《宫中档》（第 3728 号），嘉庆三年二月十九日。

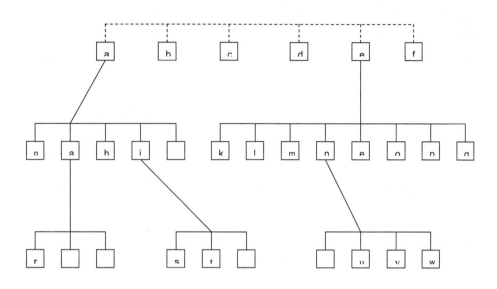

联帮海盗集团的首领	伙党海盗集团的首领	小股海盗集团的首领
a 郑一嫂和张保	g 郑安邦	r 冯亚祖
b 梁保	h 梁亚康	s 叶茂兴
c 郭婆带	i 香山二	t 黄亚访
d 东海霸	k 陈亚广	u 张亚五
e 乌石二	l 龙元登	v 戚进得
f 李尚清	m 乌石三	w 李亚五
	n 乌石大	
	o 杨片客	
	p 郑耀章	
	q 符九家	

――― 直系
- - - 非直系

图5—4 1808—1810年广东海盗联帮组织（来源：安乐博制）

与伦比，但他们的号令也只能影响直接隶属于他们的船队。其实在海盗组织中，船队的号令隶属于各船队的首领，如红旗帮隶属郑一嫂（又名石阳、石香姑）和张保（又名张保仔），黑旗帮隶属郭婆带（又名郭学贤、阿婆带），蓝旗帮隶属乌石二（又名麦有金），黄旗帮隶属东海霸（又名东海八、东海伯、吴十一指、吴知青），白旗帮隶属梁保（又名总兵宝），绿旗帮隶属李相清（又名李尚青、金古养、蛤蟆养）。这些海盗船队虽然偶尔彼此合作，但事实上，他们是彼此互相独立的。①

当时共有 6 个旗帮组成一个大的海盗联盟，将广东附近海域分为两大部分。活跃在海南岛和雷州半岛以西的广东西部海域，有乌石二、东海霸和李相清三个旗帮，他们主要以涠洲岛和脑洲岛为基地。广东珠江三角洲及惠州附近的海域，则是由张保和郑一嫂、郭婆带、梁保三个旗帮所控制，他们以香港的大屿山、澳门的氹仔和路环等岛屿为基地。蔡牵和朱濆所统领的海盗集团，是这个大型海盗联盟之外的另外两股重要的海上势力。朱濆集团活跃在广东和福建交界处以及台湾附近的海域。蔡牵集团则活跃在浙江南部海域以及福建和台湾地区。这些海盗集团多只在自己的势力范围内活动，但偶尔也会在平常的活动范围外活动。②

我们以蓝旗帮为例子，来描述海盗联帮中的"旗"（"大帮"）和"伙党"的组织形成方式。乌石二是当时（19 世纪初）海盗联帮中杰出的领导人物之一，他的海盗生涯在所有海盗联帮领袖中是最悠久的。他约于1765 年生于雷州西边的一个小渔港，家里以捕鱼为生。他原名为麦有金，但是因为他来自乌石，家中行二，所以当地人都以"乌石二"来称呼他。初始，他被海盗黄走路七俘虏，后被胁迫加入他的海盗组织中，黄的集团主要在广东西边和安南之间活动。乌石二大约在 18 世纪 90 年代加入安南的西山兄弟阵容，被封为副将军。1797 年，他只统领了一支只有三艘船的小股集团；1802 年，西山兄弟战败后，他逃回广东，继续壮大他所领导的海盗集团；1805 年，他所领导的集团大约已有 80 艘到 90 艘船，

---

① 温承志：《平海纪略》（1842 年），台北广文书局 1968 年版，第 1—2 页。

② 《那文毅公奏议》（1834 年），台北文海出版社 1968 年版，第 1432—1442 页。

成为广东西部最强势的海盗集团；1810 年，他的集团已经超过 100 艘船，人员也有好几千；同年，他所领导的蓝旗帮，共有 8 个伙党，分别由如下的 8 人带领：乌石二、乌石大、乌石三、符九家、郑耀章、杨片容、陈亚广与龙元登。1810 年夏，在雷州东边的双溪口蓝旗帮与清朝水师激战，乌石二和其他约五百人被抓；他及前述的七名伙党首领被立即凌迟处死。[1]（图 5—5）

　　乌石二的蓝旗帮，就像一个商业组织一样极有效率，它的运作方式有如一个政府机构，有由他指派的人员专司各种职务。他有专职叫"财副"的人，专门管理海上劫掠的赃物和钱财、买卖交易所得、人质赎金、保护费等。[2] 蓝旗帮最少有四个人专职"财副"，杨为盈和宋帼兴两人，负责银钱和米谷记录、枪弹火药及其他物资的采买。黄鹤曾是海康县生员，负责"打单"[3]、开立规费单据和文书工作。彭潮相负责收受、记录盐商所付给的规费。海盗集团中还有另外一个重要的职位"线人"，线人负责收集一些商船动向和水师活动的情报。郭扳和郭海从事海上非法活动已久，就被指派担任线人，负责收集驻在雷州的营汛官兵情报。[4] 最著名的线人案例是张连科，他是郑一的侄子，他乔装为鱼贩，到雷州打探商船进出消息，他每给一则消息，就能自他叔父（郑一）处，得到 10 元的报偿。[5]

　　每一"旗"（大帮）有一位"大头目"（清档案中称谓）领导，旗下设数个"伙党"船队，每一个伙党船队，各设几个"头目"。伙党船队的头目，是由大头目亲自挑选忠心耿耿的手下来担任。虽然每一个伙党船队的人数常有变化，但一般来说每一个伙党船队，大约有 10—60 艘船。1810 年投诚的红旗帮，共有 5 支伙党船队，共有约 17293 名海盗；那时，直接听命于张保的伙党船队，共有 9344 人、105 艘船，听命于郑一嫂的伙党船队有

---

① 《宫中档》（第 3728 号），嘉庆三年二月十九日；《那文毅公奏议》，第 1432 页；《朱批奏折，农民运动类》（第 1121 号），嘉庆十五年七月十二日；田野考察，广东省雷州半岛乌石村与乌石港，2010—2011 年。

② 《朱批奏折·农民运动类》（第 1058 号），嘉庆十年十一月二十二日。

③ "打单"据沈辛田光绪三十三年增修《名法指掌》卷二，第 5—6 页，指清朝时广东沿海一带匪徒伙众雕刻图记用纸单勒索农商蜑户名曰"打单"。

④ 《宫中档》（第 3247 号），嘉庆二年十一月十二日。

⑤ 《宫中档》（第 6211 号附片），嘉庆六年九月二十三日；《宫中档》（第 6793 号），嘉庆六年十一月二十八日。

图5—5 乌石村麦氏祠堂乌石二像（2010年安乐博摄）

1433 人、24 艘船，听命于香山二的船队有 4163 人、59 艘船，听命于郑安邦的船队有 1686 人、27 艘船，听命于梁亚康的船队有 667 人、10 艘船。[①] 而每个伙党船队，又由数支小"股"船队组成。

靠着每一艘船上成员对团体的忠诚度，将这群各自为政的"人"和"船只"凝聚在一起，使得号令得以下达。由于对组织的凝聚力来自直接的私人关系，头目（领导）就得致力于增强与所属船只和个人间的关系。因此在海盗组织中，头目个人的人际关系和组织能力是该团队（无论"股"或"伙党"）兴盛强大的主因。然而海盗组织中的平行关系，即是旗（大帮）与旗之间、伙党与伙党之间、股（小股）与股（小股）之间的联系却很薄弱。主要是上下之间的垂直关系，如由股（小股）到伙党、由伙党到旗（大帮）的关系。

海盗组织有好几种方法来维系彼此的关系，其中一个最重要的方法是颁行"约单"（海盗组织间的公约或守则），让众人遵守。这个守则（约单）超过私人之间的关系。1805 年的夏天在广州湾，郑一嫂与其他 6 个海盗船队的大头目，共同签订一纸约定，这纸约定（约单）就是这个大型"海盗联帮"的合作基础。其中最主要的部分就是透过 8 项规定，来约束这些各自为营的海盗船队（旗／大帮）。这纸约定（约单）进一步解释，若无这些规定约束，海盗船队（旗／大帮）间会各自为政，甚至互相为敌；因此这纸公约的作用在于超越个人、小股（股）、伙党、旗（大帮）、联帮等组织形态的不同，而达到不分强弱大小、一体服从遵守的目的。下例所示约单是于嘉庆十年于广州湾所签订。[②]

立合约人郑文显、麦有金、吴智清、李相清、郑流唐、郭学宪、梁宝等，为会同众议，以肃公令事。窃闻令不严不足以儆众，弊不革不足以通商，今我等合众出单，诚为美举。然必始未 [末] 清佳，方能遐迩取信，凡我各只快艇，良恶不齐，妍强各异，苟非约束有方，势必抗行弗顾。兹

---

① 《朱批奏折·农民运动类》（第 1120 号），嘉庆十五年四月九日。
② 《朱批奏折·农民运动类》（第 1058 号），嘉庆十年十一月二十二日。

议后开款条，各宜遵守，矢志如一，无论权势高低，总以不阿为尚。倘有恃强不恤、抗行例约者，合众究办。今恐无凭，立合约七纸，每头船各执一张为照。计议款条开例于后：

议通海大小船只边 [编] 作天、地、玄、黄、宇、宙、洪七支。各支将行纲花名登簿列号，每快艇于悝尖书某字若干号，头桅亦依本支旗号。如悝尖无字号，以及头桅旗色不符者，即将船艇、炮火充公，并将行纲处决。

议某支原有某支旗号，如有假冒别支旗号色者，一经查出，将其船艇、炮火归众。行纲立心不轨，候众处决。

议快艇不遵例禁阻截有单之船，甚至毁卖船货，以及抢夺艮（银）两、衣裳，计赃填偿，船艇、炮火一概充公，行纲分别轻重议处。如赃重填披（被）不起者，则照本支分子扣除。

议打货船，所有船艇货物，系某先到者应得。倘有恃强冒占，计其所夺赃物多寡，加倍赔偿。如有不遵者，合众攻之。

议不拘何只快艇牵取有单之船，旁观出首拿捉者，赏艮（银）一百大员（元）。对打兄弟被伤者，系众议医调治，另听公议酌偿。从旁坐视不首者，比以串同论罪。

议有私自驶往各港口海面劫掠顺校贩卖之小船，以及带艮（银）领照之商客者，一经各支巡哨之船拿获，将船烧毁，炮火、器械归众，该老板处死。

议不拘水陆客商，平日于海内有大仇者来，有不潜综远遁及其放胆出入买卖者，虽略有口气亦可相忘，不得恃势架端扳害，以及借以同乡亲属波连，拿酷赎水。如违察出真情，则以诬陷议罪。

议头船遇通海有事酌议，则于大桅树旗，各支大老板宜齐集会议。倘有话致嘱本支快艇，则于三桅树旗，本支行纲宜进船听令。如有不到者，以藐法议处。

奉主公命，抄发各船，以示遵守。

天运乙丑年六月□日吴尚德执。①

---

① 《朱批奏折·农民运动类》（第 1058 号），嘉庆十年十一月二十二日。

1807 年郑一嫂和张保，在红旗帮内另外颁行一道约单（守则），以加强帮内的约束及凝聚。这个守则基本上与 1805 年颁行的守则相同。例如，命令应该由上至下公开化和透明化，不可私自靠岸或离船，任何财物都应该先由该船的管簿（会计）登记，然后才能平均分配。行动中所获的钱财，都应该全权交给头目。行动结束后，头目再按比例分配，行动者 20%，其余平均分配给众人。对虏获的妇女，则禁止侵侮，除非得到管簿同意。这一条的主要目的是为保护妇女人身安全，并给予她们适当的尊重。为使海盗们遵守这些规章，惩罚相当严重，违法犯纪者辄处以死刑或断手断脚等刑罚。①

无论是领导小型的小股（股）组织，或是指挥中型的伙党与大型的旗帮组织，主要靠的都是人际的关系，像是同乡关系、亲戚关系、地缘关系，或讲同一种方言、或从事同一种职业等不同的关系。若一个人，能找到多层的关系，他所能建立的关系网也愈大，所以海盗组织中的首领，总是尽可能地扩大他可以运用的关系。像是郑一、张保、郭婆带所带领的船队，成员们多是从珠江三角洲流域的香山、新宁和新安等县来的。张润胜团伙的成员大多数是从澳门来的渔民和水手（还包括在澳门的外国人）。大多数的海盗成员，来自讲同一种方言的蜑家（蛋家）。大多数的案例中显示，海盗的工作性质，与渔民或水手的工作性质极为相似（详看下述案例）。

亲戚关系也很重要，在一个强调家庭和亲族关系的社会，透过这些关系而建立的团伙组织极为自然。所以我们会看到这些海上活动世家，将海上事业代代在家族中传承下去。明朝中叶，许氏兄弟（许松、许栋、许楠、许梓）掌控了横跨日本、中国、东南亚的海上霸权。明朝著名海商林国显，其亲族间有数人加入并继承其所建立的海上霸权事业，如侄孙林凤、林逢阳，侄婿吴平等；② 明末清初，郑成功海上霸权事业中，郑芝龙、

---

① *Chinese Repository* Vol. 9, June 1834, p. 74.

② 陈天资：《东里志》卷二《境事志》；郑广南：《中国海盗史》，第 211 页；林仁川：《明末清初私人海上贸易》，第 106 页；陈春声：《16 世纪闽粤交界地域海上活动人群的特质》，载李庆新主编《海洋史研究》2010 年第 1 辑，第 129—152 页。

郑成功、郑经等是父子祖孙关系；清朝中叶，大海盗联盟郑一家族中，郑一与郑七是亲戚关系，郑一与郑一嫂是夫妻关系，郑一与张保是义父子关系，郑一过世后，郑一嫂与张保又结为夫妻。20 世纪，则有来财山（Lai Choi San）（图 5—6）继承其父在澳门沿海一带控制海上渔船保护的事业等例子。上述例子中，这些人的亲族中好几代都从事海上活动，甚至 20 世纪 20 年代活跃在南中国海的阿列高·里勒斯（Aleko Lilius）家族也是世代靠海上劫掠起家。"这些海盗首领靠继承祖业，自他们的父亲手中承继营生的船只。"[①] 这个现象在 20 世纪初如此，在 20 世纪之前也如此。

海盗组织中，也以任命家人和亲戚等于重要的职位，来巩固他们的领导权。乌石二就以这种方法，任命亲人以及有同乡关系的人为其副手，而巩固一个以他为首且持续数年之久的海上势力；他所统领的蓝旗帮，共有 8 个船队，都由他的兄弟、堂表兄弟等来当头目。[②] 另一个海盗头目梁宝，也用同样的方法，任命父亲及亲戚等当重要副手。郑一不但重用亲戚为副手，他还用联姻关系来加强联系，如郑一与郭婆带的姻亲关系。[③]

若找不到任何血缘关系，海盗就会另行制造些"人为的"关系来代替，如义子关系。义子关系是传统中国社会建立忠诚的常见手段。明朝嘉靖年间著名海商林国显，拜徽人徐碧溪（著名海商）为义父。郑成功和郑一就充分运用这种方法，成功地建立起他们庞大的海洋势力。郑一不但认张保和郭婆带为义子，他也认其他一些被俘虏的年轻人为义子。陈亚保（另一位海盗头目）也有好几位义子。值得一提的是，有些情况下，这种义父子关系是借着鸡奸的行为来确立，如郑一通过这种行为确立与张保间的义父子关系。[④] 有些头目则会认女性俘虏为义女，再将她们许配给自己的手下。他们透过这种义父、义女的关系和重要手下建立起另一种形式的姻

① Aleko E. Lilius, *I Sailed with Chinese Pirates*, London: Mellifont, 1930, p. 27.

② 《宫中档》（第 3728 号），嘉庆三年二月十九日；（第 10138 号），嘉庆十三年三月二日。

③ 《宫中档》（第 9981 号），嘉庆十三年二月十七日；（第 10445 号），嘉庆十三年四月九日；《番禺县志》卷二十二，第 15 页。

④ 参见 Robert J. Antony, *Like Froth Floating on the Sea: The World of Pirates and Seafarers in Late Imperial South China*, Berkeley: University of California, Institute of East Asian Studies, China Research Monograph No. 56, 2003, pp. 49, 148-150.

图5—6　澳门海盗女王来财山（Lai Choi San）
(来源：A. Lilius, *I Sailed With Chinese Pirates*, 1930)

亲关系。①

　　另一种加强关系的方法是"结拜"。结拜通过过程繁复、寓意隐秘的仪式来完成新成员的加入。为了加强新进成员的忠诚和服从，除了结拜时的誓词外，仪式中往往还有在神明前上香，以及饮下混合的血酒（或为公鸡血，或为结拜成员的血），以体现歃血为盟的意图。歃血为盟象征由神明见证结拜仪式，日后若有违结拜誓言，则随之而来的处罚天人共鉴。仪式中"歃血"的部分极为重要，代表牢不可破的结拜关系，是强化组织中同伙关系的重要象征。②海盗组织中，偶尔也会出现"堂"（"halls"）的组织。堂是中国南方对秘密社会组织的一个通称，在民间小说和戏曲中时有所见，如《水浒传》中，梁山泊好汉们的"忠义堂"。流传在香港民间的传说显示，张保在惠州靠近淡水（墟镇）的地方建立"二龙山堂"。虽然没有直接的证据指出海盗组织与秘密会社之间的关系，但是 1802 年惠州天地会起事失败后，有一些天地会党羽逃到海上，加入海上非法活动集团。③张保于 1810 年投诚后，许多他的手下在澳门、香港和珠江三角洲一带自行组织秘密会社。1842 年 11 月，香港警方在香港岛维多利亚港附近的中国市集（Chinese Bazaar）破获一起利用民宅进行不法勾当的集团；这个集团的组成分子，有在海上和陆地上活动的窃匪和强盗。在这个民宅中，警方还起出三本记录，其中两本是有关该组织卖给船家有关行船安全的"引票"（自长洲起程）；第三个本子，则是有关贩售"引票"的三个堂号记录，三个堂号分别是慈心堂（Che Sum Thong）、善心堂（Seem Sum Thong）和义安堂（Eaon Thong）。④1848 年，两名于香港落网的海盗，即属于组织在太平山的某个"堂"。太平山在当时以秘密社会的活动组织著名。1864 年，一艘英国军舰逮捕了一艘在海上进行非法活动的船只；他们在船上搜到一纸合约，上面记载有三艘船的灵义堂和有两艘船的同兴堂，约定共同进行

① 《宫中档》（第 5050 号），嘉庆五年二月十五日；（第 15315 号），嘉庆十四年九月三日。

② *Chinese Repository* June 1834, pp. 72, 81.

③ 《上谕档方本》，嘉庆八年三月三十日。

④ *Friend of China*, 3 November 1842.

海上非法活动，所得利润以五五方式分账。[①] 1908 年 12 月，澳门有关当局报道了一则在澳门附近海域的海盗事件，一艘渔船在澳门附近被海盗袭劫，警方逮捕了 4 名歹徒。在歹徒所乘的船上，起出各式武器枪支弹药、14 本账册记录以及盖有章戳的海上航行安全"引票"。[②]（图 5—7）该引票上，除了有"龙胜堂"和"万盛堂"堂号外，还有"东西二海同堂照应"和数个堂主的印章。根据"龙胜堂"的章戳，可知它的总部设在香山县（今中山市）；根据"东西二海同堂照应"的章戳，可知它还控制香山附近的水域。拥有这种"引票"的船只，在海上航行时会得到两种保护。第一种，如果船只被属于这个堂号的海盗劫掠，堂号会赔偿所有的损失。第二种，如果船只被不属于这个堂号的海盗劫掠，堂号会负责寻到劫掠的船只并取回被劫的财物。

第二节 华南海盗的社会背景

海盗之所以成为海盗有许多原因：为生存、为刺激、为致富、为权势、为野心。海盗来自各个不同的环境和背景，其中有男人，有女人，也有小孩。他们只是一般靠海为生的普通人，多数是渔民和水手。职业并不高尚，不为人尊重。虽然贫穷为生活所迫是加入非法海上劫掠的主因，但他们并不是无所事事的无赖混混。大多数加入这种非法行当的人，来自普通的劳动阶层；他们之所以加入，只不过是因为他们赖以维生的职业无法提供他们足够的金钱以维持生活罢了。对这些人而言，逾越所谓的社会法治和礼仪规范，是日常生活的一部分。海上劫掠行为，只是他们赚钱维生的一种手段，因为他们无法在传统社会中，通过正当工作求得三餐温饱。他们加入海上抢劫集团，根据其所有的背景经验（陆地上的），建立起属于他们这一个族群特有的文化特色和道德标准。1810 年，张保率领红旗帮

---

① CO129/101/199 (27 December 1864).

② Arquivo Historico de Macau, Administracao Civil, A0674, AH/AC/CF-9, Processo 47 (1908).

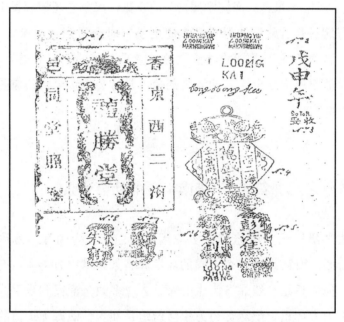

图5—7 澳门三合会（海盗集团）图章（1910年）
(来源：Arquivo Historico de Macau)

向清廷投诚时，曾向两广总督白龄递上一份说明他们之所以为盗为匪的陈情书。该文的真实作者已不可考，但从其中我们可以看到属于这群下海为盗的人特有的无奈：

> 窃惟英雄之创业，原出处之不同；官吏之居心，有仁忍之各异。故梁山三劫城邑，蒙恩赦而竟作栋梁；瓦岗屡抗天兵，荷不诛而终为柱石。他若孔明七纵孟获，关公三放曹操；马援之穷寇莫追，岳飞之降人不杀。是以四海豪杰，效命归心；天下英雄，远来近悦。事非一辙，愿实相同。今蚁等生逢盛世，本乃良民，或因结交不慎而陷入崔符，或因俯仰无资而充投逆侣，或因贸易而被掳江湖，或因负罪而潜身泽国。其始不过三五成群，其后遂至盈千累万。加以年岁荒歉，民不聊生。于是日积月累，愈出愈奇。非劫夺无以延生，不抗师无以保命。此得罪朝廷，摧残商贾，势所必然也。①

在一般社会中所从事的职业，最可以说明海盗们所来自的社会背景。表5—1列出1780年至1885年间因海盗罪而被定刑的696名来自福建和广东的罪犯。其中出身水上行业占82.76%，非水上行业占17.24%。渔民和水手最多，占61.93%。这种职业当时极其卑下，所得微薄。这些职业多是不需任何技术的劳力工作。但他们所面对的环境却极其艰险，所得却不敷所出。由于职业之便，他们时常一小伙人航行在大海上，这种环境，使得他们可轻易来回于合法与非法间而不被人察觉。

生活贫困、职业卑下、不为人所看重，是靠海为生的人的职业及社会经济特色；再加上他们的生活和工作都在海上，使得他们首当其冲成为海上非法劫掠的主角。他们或因被劫无以维生，而得被迫另寻其他方法来弥补；如勤苦捕鱼或抢劫他船。靠海为生的人，在抢劫其他船只时，多是因迫于生计而别无选择。例如1798年的一名来自广东东莞的蜑家渔民陈和舍，他召集14个人和3条船进行海上抢劫，原因是渔获不丰，无以维生。②

① 袁永纶：《靖海氛记》（道光十年），载《田野与文献》2007年第46期，第16页。
② 《朱批奏折·法律类》（第75号），嘉庆三年十一月十九日。

档案中可以看到许多被海盗集团俘虏的渔民和水手，往往因生活所迫，宁愿选择加入海盗集团，而不愿被释放回到原来的生涯。

表5—1中，除了渔民和水手外，另有一群被清政府认为"贫不守分"而加入海盗集团的人。这群人有流氓、小贩、苦力、剃头师傅、木匠、江湖艺人、窃贼、赌徒；也有一些为逃避官府追捕而加入海盗的原陆地上的土匪等。甚至还有来自清军的兵勇和水师的逃兵。另外还有少数一群人，原有相当的职业地位，也因不同原因而加入海上不法集团，如经商失败的商人，为生活所迫的教书先生，因不法事件和行为被剥夺头衔的地方乡绅及去职官吏等。周飞熊就是这样一个例子，他既行医又偶尔从事违法的行为（如贩卖鸦片等），1810年，他因居间代郑一嫂和张保向清廷联络投降事宜，而被清廷委以澳门的一个次要官职。在这些有关海盗事件的清朝档案中，甚至还有一些人因为会说英文或其他的外国话，而被列入"衣着体面"（men of decent appearance），属于上流社会阶层。①

表 5—1　　　　华南海盗职业调查表（1780—1885）

水上行业	人数	非水上行业	人数
渔夫	245	雇工	34
水手	186	挑夫	20
水师兵丁	57	樵夫	18
舵工	40	小贩	15
割水草工	19	商人	14
其他	29	其他	19
总数	576（82.76%）	总数	120　（17.24%）

来源：清代档案资料（安乐博制）。

从表5—1中我们可以看出来，虽然有一些海盗是因个人关系而自愿加入，有一些则是因家族世代为海盗而承袭此一职业，但是大多数的海盗集团

① 《宫中档》（第3749号），嘉庆三年二月二十九日；（第3728号），嘉庆三年二月十九日；《刑科题本》（第136号），乾隆四十六年三月二十五日；（第147号），嘉庆十四年四月二十三日；《东莞县志》卷三十三，第21页。及 *Chinese Repository*, June 1834, p. 81；也见 Antony, *Like Froth Floating on the Sea*, pp. 88-91, 97-101。

成员却是因被俘虏、被威逼诱惑而加入。据历史学家关文发研究，19 世纪初的福建海盗 80% 是被海盗俘虏后才加入海盗集团的。① 连著名的海盗首领张保和郭婆带也是被俘虏后才加入此一集团的。事实上海盗集团每当虏获人员后，一是先许以钱财或女色（被俘女性）诱逼俘虏自行加入；二是以群体鸡奸或拳打脚踢来胁迫加入。某件海盗案件中记录，海盗占领了 9 艘运米船，因为抢劫过程中这群俘虏无一人反抗，所以海盗们让他们全部加入海盗集团。然而一些案例中也有人反抗，若是如此情况，那些反抗的人或被折磨至死，或最后因无法忍受肉体的苦楚而被迫加入。也有被俘虏后，因付不出赎金被迫留在海盗船上，为他们做些打扫、清洁、汲水、煮饭等杂役苦工。②

　　档案记录虽然有所残缺，但从目前现有的资料来看，依然可以看得出来大多数从事海上不法活动的人约为 20 多岁至 30 岁出头。自 1780 年至 1810 年，在福建、广东地区发生的海上不法劫掠事件，其中只有 184 件有年龄纪录。根据这些资料，可知从事不法活动的人的平均年龄是 29.7 岁。③ 根据另一份自 1810 年至 1885 年的 624 件有关海上不法劫掠事件的资料，统计得出从事不法活动的人的平均年龄是 28.6 岁。④ 除了出生在海上不法活动世家中的一些人，如郑一、郑安邦、来财山（Lai Choi San）等，档案资料中记录，参加海上不法活动集团的分子中最年轻的才 14 岁（张保 15 岁时被胁持加入）；也有少数 50 多岁或 60 多岁的成员，像 1800 年向清廷投降的著名海盗首领黄德任（即总兵二），他在海上进行不法活动超过 20 年，当他投降的时候都已 60 多岁了。⑤

　　从家庭状况来看，虽然一些海盗已婚有家庭，如本章开头所提的张润胜，但是大多数的海盗是单身男性，来自破碎家庭。有些海盗会定期回家孝敬家人所分得的赃银（物），然而多数既没有家人也没有亲属。文献中称这种没有正当工作的单身男性为"光棍"。他们无亲无故，不事生产，没

① 关文发：《清代中叶蔡牵海上武装集团性质辨析》，《中国史研究》1994 年第 1 期，第 97 页。

② Antony, *Like Froth Floating on the Sea*, p. 87.

③ 《东莞县志》卷三十三，第 21 页；Antony, *Like Froth Floating on the Sea*, pp. 89-91, 100-101.

④ 林智龙、陈钰祥：《盗民相赖、巩固帮总——清代广东海盗组织与行为（1810—1885）》，《"国立"高雄海洋科技大学学报》2008 年第 22 期，第 143 页，表 4。

⑤ 《宫中档》（第 4825 号），嘉庆五年一月二十四日。

有正当营生。在地方上不是混混就是无赖，既然无所凭借又无后顾之忧，当然就很容易以暴力和不法行为来达到他们的目的。这样的人生活在社会边缘，年轻、贫困，居无定所，常打架闹事，因为他们专以抢劫为生，我们可以称这样的人是职业罪犯。①

以从事海上非法活动的频率来看，虽有些是以海上非法劫掠活动为职业的人，但是大多数从事海上非法活动的人，只是把这种活动当成偶尔为之的副业。由于只是业余客串性质，基本上他们没有职业罪犯所必备的一些特别技能，一位著者如此描述他们："多数海盗成员，只是住在海边或沿海岛上的人，因天高皇帝远，平日里除了捕鱼和一些农活外，干些偷鸡摸狗的事情来营生。他们的主活是正当营生，另外干些不法行当，如临时起意抢劫遇上的小船或邻镇的当铺。"②专务海上不法劫掠的人，长期以海上不法劫掠为主要活动和收入；业余从事海上不法活动的人，则并不以劫掠所得为唯一或主要的生活来源。对业余从事海上不法活动的人而言，不法海上活动只是他们在有机可乘和生活急需时的一个附带行为。虽然不法海上活动是他们赚钱营生的途径之一，他们还是从事捕捞渔获、船上杂工和其他的合法劳力工作。他们之所以从事海上不法活动，只是借工作之便赚些合法收入之外的外快；或是利用休闲的空当，季节性地从事些非法营生。因此，对多数从事海上不法活动的人而言，这些不法行为只是日常生活的插曲。

对业余从事不法海上活动的人而言，海上非法活动只是个季节性工作。渔民和在船上工作的人，在非捕鱼的季节或没有正当工作的时候，（通常是仲夏和初秋），会加入海上非法集团。他们在这些非法活动的船只上的工作，也与他们平日在渔船上或商船上的工作一般。所以他们视海上非法工作与其他的工作一样，换船工作或随便做些其他海上不法活动都是家常便饭。1807 年约翰·透纳曾被海上不法活动组织虏获并留滞数月之久，

① 参见 Elizabeth Perry, *Rebels and Revolutionaries in North China, 1845-1945*, Stanford: Stanford University Press, 1980, pp. 59-60。

② Ernest Alabaster, *Notes and Commentaries on Chinese Criminal Law and Cognate Topics*, London : Luzac & Co., 1899, p. 469.

在书中曾记载：这些海上不法活动的成员，自由度很高，可以随意来去。①
事实上，因为这些组织的流动性和变动性都很高。所以他们极易一拍即
合，合作结束后，即各分东西，很少有成员会固定留在同一组织内数年之
久。

流动性高是海上人家的特性，他们与近代中国游离在社会边缘、为生
活挣扎的其他族群情形一样。靠海为生的人，辗转于不同的港口之间，寻
找任何可以糊口的工作——无论是合法的或非法的。在档案记录中，123
件因涉及海上非法活动而被定罪的渔民或水手案例中，94%（81 件案例）
的人，平日以捕鱼为业或到外乡工作。②王大为（David Ownby）在研究 18
世纪中国东南沿海一带秘密社会组织的形态与特色时也发现：流动性高及
暴力行为是他们的特色，流动性与暴力行为互为因果，互相影响，而人口
膨胀更使工作竞争激烈，资源利益短绌，促使更多人离乡背井，逐工作而
居。③

海上非法活动组织不但流动性高，人员亦杂，有来自各个不同地区文
化背景的人。有学者提到这些海上事业犹如庞大的国际组织，④一如当代的
轮船上，船员来自各个不同的国家和地区。这些进行非法活动的船只上，
也有各色人种、方言互异，有如大杂烩一般。更早些时候，17 世纪中叶的
海盗船上也常可见中国人、日本人、东南亚人、欧洲人等杂处一起。18 世
纪末安南海盗常与中国海盗联手活动。张润胜 1830 年所加入的海盗集团，
包括中国人、西洋人甚至黑人。前面章节也提到，在整个 19 世纪，来自
美洲、欧洲的不法之徒，与来自东南亚的"马尼拉人"（欧洲人对当地海盗
之称呼）、逃脱的非洲黑奴、中国人等，合作纵横于海上进行各种海上不
法活动。1840 年后，更有不少西方人（包括英国人、法国人、葡萄牙人及
其他外国人）与中国商人合作，在香港、澳门和其他对外通商口岸，进行

---

① *Chinese Repository* Vol. 4, June 1834, p. 81.

② Antony, *Like Froth Floating in the Sea*, p. 85.

③ David Ownby, *Brotherhoods and Secret Societies in Early and Mid-Qing China: The Formation of a Tradition*,
Stanford: Stanford University Press, 1996, pp. 13-17.

④ 参见 Jack Hitt, "Bandits in the Global Shipping Lanes", *New York Times Magazine*, 20 August 2000。

非法贸易活动。例如，1865 年有一艘名为"Maria del Carmen"的澳门老闸船（lorcha），船上既有亚洲人也有欧洲人；这艘船与一些中国海上不法活动集团合作，在大亚湾一带活动。①

在南中国海一带，女性也常加入非法海上活动，这一点与西方情况极为不同。例如以船为家、几乎一生都在船上度过的蜑家，一艘船就是一个家庭。许多蜑家女，就如男性一般，随船生活。既然海上非法活动是船家生活的一部分，她们也习以为常。另外有些女性是因自愿或非自愿而嫁入海盗集团中，有些女海盗则是因生在海盗家庭。例如 20 世纪初的来财山，她被称为是"澳门海盗的女王"。她生长在澳门的一个海盗世家，是家中唯一的女儿，她其他的四个兄弟，在她成年前都已死亡。她出生时极为瘦弱纤细，大家都以为她一定活不下来。为锻炼她的体魄，她的父亲带她到船上锻炼。阿列高·里勒斯这样描述她在船上生活的点滴："父亲常带我到船上看他干活或出海……父亲待我像是他的一位手下，而不是他的女儿……后来我就喜欢上了海上的生活。"她的家庭背景和成长经验，造成她根本不想在陆地上生活。②女性海盗与男性海盗在船上的工作与生活都是一模一样的，有些女性甚至以海上非法活动为职业直至战死，最著名的因战而死的女性代表人物有蔡牵妈（海盗蔡牵的妻子）。她有自己的船，船上的水手都是女性（"娘子军"），她于 1804 年在台湾外海与清水师交战时被杀。③

海盗组织中不但有女性，而且偶尔还会有女性首领，如郑一嫂、蔡牵妈、来财山等。这些能在以男性为主的海盗集团中独当一面的女性，都具有过人的才干和超越男性的能力。所以女性在海盗集团中不但可以与男性并驾齐驱，若能力过人，更可领导船队。女性海盗的存在及其地位，彻底脱离了传统社会及习俗观点，挑战了传统观念中的"女性"定义，打破了对"女性"行为的禁制，打破了对传统妇女美德的定义，打破了女性应该

① Arquivo Historico de Macau, Administracao Civil, A0676-P-50, Processo 148 Serie P (1865).

② Lilius, *I Sailed with Chinese Pirates*, pp. 44—45.

③ 《马巷厅志》，附录上，第 56—57 页。

服从被动的角色规范。这些挑战传统女性角色的女海盗，拒绝接受儒家学说和父权社会对女性的枷锁，因此海盗组织不但成为她们挣脱穷困的机会，更是她们打破传统桎梏的机会。简而言之，海盗组织为这群女性带来前所未有的机会，以掌握个人的自由和命运。

第三节　东南亚海上活动组织及社会架构

东南亚海上活动与南中国沿海一带的海上活动（合法或非法）有何不同？东南亚一带有许多岛屿和大片水域，当地海上活动用的船只，样式繁多，根据不同水域和地形而使用。"佰拉胡船"（prahu）[①] 是这一带的主要交通工具，当地人用它来贸易、作战、抢劫等。在沿岸浅水区使用的"嘎卡船"(kakap)，是一种轻型独木舟似的小船。依拉农人则用"本加佳船"(penjajap) 和"拉农船"(lanong) 等较大型船只，抢劫远洋船只。东南亚船只的动力方式也与中国帆船不同，它们以帆和桨二者为驱动力。每艘长约90尺至100尺的大型船只，大约会配有80名左右划桨手和约百名的勇士。船上装备完善，配有石块、刀剑、枪矛、加农炮等。海盗集团每一舰队（fleet）大约有200艘船，每一个舰队下又分数股船队（squadrons），每一股船队约有30—40艘船。通常一个舰队约有3000名武装的人员，一位首领。每艘船上各有自己的船长和直接听命于他的勇士（许多勇士多是船长的亲戚）。大多数的勇士是自由人，但是也有一些奴隶。如前所述，在东南亚一带，海上劫掠是一种传统也是一种荣誉。[②]（图5—8）

1818 年，一位荷兰殖民官孟廷和（M.H.W. Muntinghe）在文书中提到数个东南亚海上活动组织，活跃在新加坡和马来群岛一带海域。他们由

---

① Prahu（佰拉胡船）是一种马来西亚和印度尼西亚的船只，不分船头或船尾，任何一边都可以行驶，船上有一张大帆和一种装置在船舷外防止翻船的悬臂架。

② Owen Rutter, *The Pirate Wind: Tales of the Sea-Robbers of Malaya*, Singapore: Oxford University Press, 1930 (1991 reprint), pp. 34-35; 及 James Warren, *Iranun and Balangingi: Globalization, Maritime Raiding and the Birth of Ethnicity*, Singapore: Singapore University Press, 2002, pp. 79-80, 238-242.

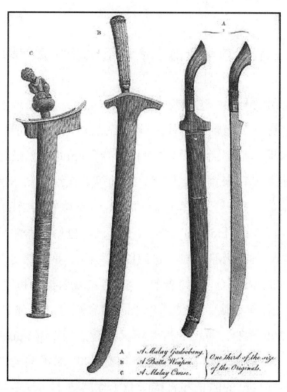

图5—8 苏门答腊（Sumatra）海盗的武器
(来源：W. Marsden, *The History of Sumatra*, 1811)

各个不同种族的马来人组成，顺着季风，季节性地抢劫所经之处。林加（Lingga）海上活动集团是由林加苏丹王国（Sultan of Lingga）的酋长指挥，其中一支舰队是由两兄弟指挥，共有 18 艘船约 400 人；另一支舰队，由俺叩天猛公（Ungko Temenggung）[1] 指挥，共有 48 艘船，约 1200 人。这些土司酋长并不亲自上船带领作战和抢劫，他们只需要提供武器弹药和粮食配备等，就可以坐享百分之百的抢劫所得。[2]

东南亚的海上活动参与人员与中国海上活动集团参与人员背景相似，他们多是渔民和水手。他们的职业除了海上劫掠外，还从事捕鱼、农耕、制盐及各式各样的买卖。1838 年塔拉•高阿（Tala Goa）被以"海盗"罪定名，以下是他的供词："我与家人住在巴拉艮吉岛，我的职业不定，有时涉及奴隶买卖，有时制盐、种稻米或捡拾玳瑁壳等。"[3] 其实因为这些工作多是季节性的临时工，所以当地人以海上劫掠来补充所需。就以出海捕鱼而言，一年也只有四五个月，所以其余剩下的漫长时间，渔民们就只有从事其他的工作（包括海上劫掠）来维持生计。1824 年爱德华•普利司葛来佛（Edward Presgrave）写道，在新加坡一带，有一支被称为"奥浪人"或"海上吉卜赛人"的当地人，自二月至五月，他们以捕鱼和捡拾海菜（石花菜）为生，但是到六月，他们就开始海上非法活动，劫掠过往船只，直到十月才暂停。至于其他的月份，他们则几乎没有任何工作。[4] 今日，在新加坡附近岛屿上的水上人家，他们的生活形态与 18、19 世纪时的生活没有显著的不同，他们仍时不时在海上见机而作、干些不法营生，回到陆地上，他们也过着与一般的村民和渔家一样的生活。[5]

东南亚海上活动集团的各船首领，大约 30 来岁，但是船上的勇士或奴隶都极为年轻，大约是 18、19 岁到 20 岁出头。因为船上的活动无论是航行或抢劫，都很辛苦而且危险，需要强壮的体力来胜任，所以船上很少看

---

① Temenggung（天猛公）是一种高级的马来官职的称谓。负责治安，统领警察、军队及宫廷侍卫。

② 引自 Robert J. Antony, *Pirates in the Age of Sail*, New York: W.W. Norton, 2007, p. 149。

③ 引自 Warren, *Iranun and Balangingi*, p. 221。

④ 引自 Nicholas Tarling, *Piracy and Politics in the Malay World: A Study of British Imperialism in Nineteenth-Century South-East Asia*, Melbourne: F.W. Cheshire, 1963, p. 39。

⑤ Eric Frecon, "Piracy in the Malacca Straits: Notes from the Field", *IIAS Newsletter* Vol. 36, 2005, p. 10.

到上 40 岁或 50 岁的人。这个情形与中国的情况一样，所以东南亚海上抢劫的活动，是属于年轻人的天下，甚至于还有 10 岁的小男孩上船，或是随他们的父兄学习，或是年轻的奴隶随着主人上船帮忙。[1]

在东南亚参与海上抢劫的，成员十分复杂，有自由人，也有奴隶，还有各个不同族裔的人。在依拉农（Iranun）的海上活动集团中，往往有布吉士人（Bugis）、马来人、达雅人（Dayak）、中国人、来自菲律宾的西洋人、猎人头的婆罗洲人（Borneo）等。在 19 世纪初，这些强悍的海上非法劫掠团体，还涉及接受佣金代人打仗等。沙劳越（Sarawak）的海上活动集团主要是由信奉穆斯林的马来人、达雅人所组成。马来人是于 17 世纪时自柔佛（Johore）地区迁居来此，散布在河口两岸和沿海地区的村寨中。达雅人则散居在河流上游地带的村庄。他们所使用的船只称为"邦碰"（bangkong），通常有 60—80 位划手。船上有达雅人和马来人，其中少数人荷有毛瑟枪。大约一百多艘船为一舰队，然后一起出海活动。他们的活动范围极广，超过 800 英里。马来人喜欢俘虏人口，再卖给他人为奴。达雅人则喜欢猎取人头及铁器。19 世纪初，达雅人自海上劫掠活动中所猎取的人头，比他们自部落间互相争战所猎得的人头还多。[2]

第四节　俘虏

根据清档案资料，大多数在海上非法活动的船上都有俘虏，这些被俘虏的人，有男有女也有小孩。海上非法活动集团中，实际的海盗（正盗）虽然人数很少，但是他们是积极参与并负责整个活动的核心成员，所以他们有权参与"俵分"（分赃）。而俘虏则或是被留滞在海盗船上的抵押、或

---

[1]　Warren, *Iranun and Balangingi*, pp. 227-228.

[2]　J.H. Moor, ed., *Notices of the Indian Archipelago and Adjacent Countries, Being a Collection of Papers Relating to Borneo, Celebes, Bali, Java, Sumatra, Nias, the Philippines Islands, Sulus, Saim, Cochin China, Malayan Peninsula*, London: Cass, 1837 (1967 reprint), p. 9; Rutter, *The Pirate Wind*, pp. 92-94; 及 Warren, *Iranun and Balangingi*, pp. 210-212。

是等待赎金、或是卖入为奴、或是强迫在船上服劳役的人，俘虏不能参与海盗集团的分赃。中国东南沿海一带，自 1795 年至 1810 年，是海盗骚乱的巅峰时期，这时被留滞在海盗船上的俘虏与海盗相比为 3 比 1。清档案显示，这段时期的福建广东地区，因与海盗案件有关而被捕的人有 9600 人，其中 2803 人（29.2%）是实际参与非法劫掠的"正盗"（其实有不少正盗原来是俘虏，如张保），剩下的 6797 人（70.80%）则是俘虏。这群俘虏中被胁迫帮助非法活动的人有 5020 人（52.29%），被押禁舱底等候赎金的俘虏有 1777 人（18.51%）。自 1810 年大型海盗联帮集团瓦解后，虽然海盗船上依然会发现俘虏，但人数大为减少。1810 年至 1885 年，因海盗案件而被捕的人，其中 83.31% 是真正的海盗或自愿加入海盗集团的人，剩下的 14.32% 的人则是被迫参加海上非法活动，2.37% 的人则是被留置在舱底等待赎金的俘虏。（表 5—2）

表 5—2　　　　　　　　自愿与非自愿海盗调查表 (1795—1885年)

年份	自愿性海盗	非自愿性海盗	被掳押禁船舱	总计
1795—1810	2803 29.20%	5020 52.29%	1777 18.51%	9600 100%
1810—1885	5022 83.31%	863 14.32%	143 2.37%	6028 100%

来源：安乐博制

对大型海盗联帮（自 1795 年至 1810 年）而言，俘虏的功用很多，主要有三：新成员来源[1]、免费劳工、收入来源。海盗集团常鼓励某些他们看中的俘虏加入集团，所以会强迫一些俘虏参与非法活动。这些非法活动包括把风或在船上帮忙接递自被劫船只上所抢来的赃物。第二种俘虏是被俘人数中最大的一群，他们被迫做各种低级水手要做的苦工杂役，像是帮忙收拾绳索、起锚、煮饭、洗碗、洗衣、倒茶水、提水、清理船舱等，又脏又累。有时他们可以用这种方法来抵偿赎金；如此一来 5 年后，他们就可以自由离去。然而多数时候，由于他们已涉及太多非法活动，而已无法清

[1] Antony, *Like Froth Floating on the Sea*, pp. 98-101.

白离开。所以往往到最后，他们会继续留在海盗集团中。最后一种俘虏，有男、有女、有小孩。他们被当成囚犯，留在船上等候赎金。一旦收到赎金后，海盗即会放他们自由。然而并不是每一个人都收得到赎金，因此多数的他们被留在海盗船上充当后备 。当有需要的时候，就会被迫为海盗集团工作。

为什么海盗集团要保持这么多俘虏呢？我们若不将这群俘虏计入，则会无法了解大型海盗集团兴盛发展和持续存在之原因。事实上，清朝中叶时大型海盗集团之发展及其活动，主要是靠不断增长的俘虏人数。俘虏不但能为海盗集团带来重要的收入来源，更能为他们带来重要的劳动力，成为海上打劫的重要人手。其实许多海盗之所以抓俘虏，并不是为赎金，而是为劳力。 海盗船上的工作与其他船只上的工作一样，而大多数又脏又累的杂役都落在俘虏身上。他们不但被迫承担所有的苦工，更被胁迫帮助海盗们的非法活动，且没有报偿。因为海盗集团中，虽强迫他们工作，却不把他们算入一分子，所以分赃时并不把他们计入。

东南亚的海上抢劫活动中，俘虏是他们重要的争夺目标之一。在那里，非法活动所牵涉的多与抢劫奴隶和买卖奴隶有关。因为人力短缺，奴隶买卖极抢手，"俘虏"既可买卖又可留下来作为奴隶。对"俘虏"的需求，使得东南亚一带的海上抢劫掳掠活动绵延长久。"俘虏"这项商品可以以金钱买卖，可以以物交换。19世纪初买卖奴隶，一般是以铜炮的重量来计价（铜炮越重，价格越高）。欧文·勒特（Owen Rutter）记载奴隶买卖价格如下：

男孩，一名，约2担（约6英镑）

男人，一名，约3担

女孩，一名，约3—4担

年轻妇女，一名，约3—5担（根据长相和才艺）

中年人，一名，约0.5担

年轻夫妇，二人，约7—8担

老年夫妇，二人，约 5 担

由上买卖价格可以看出来，女孩或年轻女性价格极高，所以很少发生女性俘虏被强暴的案例。[1] 因为在 19 世纪初，在苏禄的奴隶买卖市场上，女性俘虏的价格是根据她的年龄和健康而定，大约值 60—100 比索；而男性俘虏的价格就远比女性便宜。[2]

东南亚一带被俘的人群，基本上也是有男、有女、有小孩。有各个不同地区的人种，有穆斯林，也有西方人。俘虏或被卖入农庄开垦种植，或卖入渔村出海捕鱼，或在丛林间、海中捞捕中国市场炙手可热的商品；也有被卖入人家为仆，或卖入店家代为打理商铺记账等，甚至于还有被卖入做家庭医生的。1838 年荷兰籍船长可尼利斯·彼得斯（Cornelius Pieters）在西里伯斯海域被巴拉艮吉的海盗捉到，就被一卖再卖，最后才被一位美国籍船长以 300 西班牙银元买下，才脱离被一再转手买卖的苦海。从他的自述中，我们发现，当时参与奴隶买卖交易的，不单是当地的奴隶贩子，甚至还有中国和西班牙的奴隶贩子。[3] 这些奴隶买卖中，老年及病弱者，多被卖到婆罗洲岛上的猎人头部落，成为祭祀时的牺牲。

当然绝大多数的俘虏被海上活动集团留下，在船上充当苦役。在东南亚海盗船上的俘虏人数也远比船上准备作战的勇士（海盗）人多。一艘长达 60 英尺长的巴拉艮吉船上，大约只有 20—40 个勇士（海盗），但却有 70 名俘虏。[4] 在东南亚的海盗船上，勇士（海盗）只打仗绝不划船，他们用俘虏来划船。欧文·勒特记述道："海盗（勇士）买来的奴隶，有可能被带到船上工作，但是他只需要划桨，不用负责作战。虽然是奴隶，但是他享有若干特权，例如他可以分享所有的自由人（海盗）分剩下来的财物。"

---

① Warren, *Iranun and Balangingi,* p. 321.

② *Singapore Free Press*, 6 April 1847.

③ Cornelius Pieters, "Adventures of C. Z. Pieters among the Pirates of Maguindanao", *Journal of the Indian Archipelago and Eastern Asia*,1858, pp. 301-312.

④ Warren, "A Tale of Two Centuries: The Globalisation of Maritime Raiding and Piracy in Southeast Asia at the End of the Eighteenth and Twentieth Centuries", *Asia Research Institute Working Paper Series, NUS, Singapore,* June 2003, p. 334.

① 在这些海盗船上的奴隶，多是塔加路人 (Tagalogs)、维萨亚人 (Visayans) 和马来人，偶尔也会有中国人或欧洲人。有时，俘虏也可以为自己赎身；但多数是由旁人代他们支付赎金，买下他们后，再还给他们自由，如前例所提的可尼利斯·彼得斯船长。

奴隶买卖交易不但有经济上的重要性，更有政治上的重要性，根据詹姆士·华伦（James Warren）所述："奴隶及奴隶制度，是东南亚一带统治阶级巩固其政治地位和累积财富的重要手段。"② 在当地，政治实力和财富累积，不是靠扩充领土来达到，而是靠奴隶的多寡。在中国，若说大型海上非法组织是靠着俘虏来维持它的兴盛成长，那么对东南亚的海上组织而言，俘虏还是统治阶级据以显示实力、地位和财富的凭恃。

---

① Rutter, *The Pirate Wind*, pp. 50-51.

② Warren, *Iranun and Balangingi*, p. 38.

第六章 ‖海上恐怖暴力‖

与海盗有直接接触的人，如前所述的海盗俘虏等，他们是海盗恐怖暴行的传声筒。矛盾的是，这样残暴负面的名声，反而使海盗在行动时减少了不必要的流血事件。

　　人类历史中不乏描述海盗之血腥残暴记录。在西方，有海盗法兰西瓦·楼罗内（Francois l'Olonnais）和爱德华·罗（Edward Low）的残忍故事：《横行美洲的海盗》（*The Buccaneers of America*），1768 年在荷兰出版，作者亚历山大·艾斯奎林（Alexander Exquemelin）在书中描述法兰西瓦·楼罗内的血腥恐怖。他描述法兰西瓦·楼罗内如何活生生地将一名西班牙士兵的胸膛剖开，"血淋淋地将心脏拿出来，狠狠咬上几口，再将那颗心扔到另一名俘虏脸上。"[①]《海盗通史》（*A General History of the Pyrates*）在 1724 年初版，也描写了许多 18 世纪声名狼藉的海盗，包括爱德华·罗的残忍行径。查尔斯·琼森称爱德华·罗为一个天生坏到骨子里的海盗。某次爱德华·罗攻占一条法国船，他对那艘船上的厨师看不顺眼，叫他"油腻鬼"，并将他绑在大桅上，再纵火焚船。另外一次，则是爱德华·罗不喜欢一位葡萄牙人的长相，就将他"剖腹"。后来，在罗得岛（美国）外海，爱德华·罗夺取了两艘捕鲸船，他恶意地凌虐两名船长。"他把其中一名船长的身体撕裂，使得血肉模糊，内脏飞溅，又将另一位船长的耳朵割下，沾上胡椒和盐，命令他自己吃下。"[②] 有关海盗法兰西瓦·楼罗内、爱德华·罗和其他恶名昭著的海盗们的变态故事和残忍行为，已经多次被人复述。

　　而亚洲海盗的冷血残酷比起西方海盗来也不遑多让，下面有几个例子可以说明。大约在 19 世纪 30 年代至 19 世纪 40 年代，在利物浦、波士顿、纽约等地的码头地区，流传着一张描述亚洲海盗酷行的招贴。那是一名叫威廉·爱德华（William Edwards）的水手所写：

　　我是个贫穷的年轻水手，我们的船在 1845 年从中国回英国利物浦的途中，经过马六甲一带时，不幸被一群马来人（海盗）抓到。我的舌头被他们（海盗）割掉。我们（总共 14 名船员）被他们关在岸上四个月，我们有的人眼睛被挖，有的腿被砍断；我，则被割掉舌头。

―――――――――

① Alexander Exquemelin, The Buccanters of America, trans . by Alexis Brown, Mineola, NY: Dover,2000,P.107.

② Daniel Defoe [Capt. Charles Johnson], *A General History of the Pyrates*, ed. by Manuel Schonhorn, Mineola, NY: Dover, 1999, pp. 323, 324, 334.

THE
Jane Ann & the Pirate.

TO A GENEROUS PUBLIC.

I am a poor young man who have had the misfortune of having my Tongue cut out of my mouth on my passage home from the Coast of China, to Liverpool, in 1845, by the Malay Pirates, on the Coast of Malacca. There were Fourteen of our Crew taken prisoners and kept on shore four months; some of whom had their eyes put out, some their legs cut off, for myself I had my Tongue cut out.

We were taken about 120 miles to sea; we were then given a raft and let go, and were three days and three nights on the raft, and ten out of fourteen were lost. We were picked up by the ship James, bound to Boston, in America, and after our arrival we were sent home to Liverpool, in the ship Sarah James.

Two of my companions had trades before they went to sea, but unfortunately for me having no Father or Mother living, I went to sea quite young. I am now obliged to appeal to a Generous Public for support, and any small donation you please to give will be thankfully received by

Your obedient servant,

WILLIAM EDWARDS.

P.S.—I sailed from Liverpool on the 28th day of May, 1844, on board the Jane Ann, belonging to Mr. Spade, William Jones, Captain. Signed by Mr. Rushton, Magistrate, Liverpool, Mr. Smith, and Mr. Williams, after I landed in Liverpool on the 10th December, 1845.

J. Southward, Printer, 9, Upper Pitt Street, Liverpool.

图6—1 《生还海盗俘虏事迹》号外（1845年）
(来源：Robert Antony, *Pirates in the Age of Sail*, 2007)

后来，这个可怜的年轻船员和其他船员，被带到 120 里外的外海上，海盗们把他们放在一片竹筏上让他们漂流，等到他们（被）获救时，十四名船员中已有十名死去（图6—1）。[①] 明代在中国东南沿海一带，因倭寇侵扰肆虐，也有类似的记载。

（明英宗）正统四年（1439 年），寇大嵩，焚劫姕冢，束婴孩于竿，沃之沸汤，视其号为咲乐。捕孕妇，忖男女，刳视中否为胜负。海滨赤子莫自坚其命，咸患苦倭，以为甚于虏。[②]

1806 年，约翰·透纳（John Turner）在澳门外海被中国海盗绑架。他是一艘开往孟买（Bombay）的船 John Jay 上的大副。他被海盗留作人质有数月之久，在当俘虏期间，他亲眼目击海盗的行为。事后，他将可怕的亲身经历写成《约翰·透纳：一名中国海盗俘虏的自述》（暂译；*A Narrative of the Captivity and Sufferings of John Turner… among the Ladrones or Pirates, on the Coast of China* …）。这本书最初在 1814 年于纽约出版，书中记述透纳的被俘经历。书中描述，他在船上的 18 天，亲眼看到海盗使用恐怖的刑罚；当海盗夺取一艘由四名清廷官兵驾驶的船只后，海盗把其中一名俘虏带到海盗船上，残忍地折磨：

他被大铁钉从脚部钉下，固定在甲板上，然后再以四根藤条抽打，直到吐血。他就这样血淋淋地留在甲板上，后来被带到岸边剁碎。其他三个清廷官兵，可能也用同样的手法被凌虐至死。

约翰·透纳后来又看到另一起恐怖暴行，对象也是名军官俘虏。

---

① 引自 Robert J. Antony, *Pirates in the Age of Sail*, New York: W. W. Norton, 2007, p. 151.
② 《倭志》（明代版），台北，正中书局 1985 年版，第 447 页。

他的死状更令人毛骨悚然。他被直立固定，肠子和腹腔全部掏空，他的心脏也被挖出，后来海盗们把它（心脏）泡在酒里吃，我亲眼见到这名军官的尸体。[①]

约翰·透纳告诉读者说，这类骇人听闻的残忍酷刑，对这群海盗而言是稀松平常，若有人惹恼他们，他们就会用这种暴行来对待。这些极度残忍恐怖的故事，带给我们的影响是什么？这些故事一开始是怎么流传的？这些令人毛发悚然的残暴行为是典型的海盗行为吗？还是这些残暴行为只是少数精神不正常的海盗的特例？这些残暴行为背后有些什么含义吗？这些血腥故事是真实的吗？本章我将针对这些有关海盗恐怖暴力的本质和含义，来看从 15 世纪到 20 世纪发生在南中国海海域的海盗事件。

第一节 谣言、名声、暴行

与海盗有直接接触的人，如前所述的海盗俘虏等，都是海盗恐怖暴行的传声筒。矛盾的是，这样残暴负面的名声，反而使海盗在行动时减少了不必要的流血事件。美国经济学家彼得·李森（Peter Leeson）认为，海盗们巧妙地操纵有关他们野蛮残忍的形象，以减少行动时的抵抗，从而加大获益。[②]若海盗组织根本是一个追求利润的企业，那么为避免引起财货、船只损伤或人员（海盗）伤亡的损失，这种做法就合情合理说得过去了。冲突不但增加海盗营运成本，也危及其将获得的利润。因此恰恰和我们所想的相反，海盗尽可能避免打斗、冲突，并鼓励被劫对象能不加反抗束手就擒。为达到这些目标，他们借凶猛残暴、骇人听闻的名声来震慑俘虏。

---

① John Turner, *Captivity and Sufferings of John Turner, First Officer of the Ship John Jay of Bombay, among the Ladrones or Pirates, in the Coast of China, Showing the Manners and Customs of the Natives –Their Mode of Warfare, Treatment of Prisoners, and Discipline, with the Difference between the Pirate and the Chinese, in the Year 1807*, New York: Published by G. & R. Waite, Booksellers, 1814, pp. 12, 19.

② Peter Leeson, *The Invisible Hook: The Hidden Economics of Pirates*, Princeton: Princeton University Press, 2009.

　　谣言及有关海盗残忍心性的传说，就像风一般在船上和码头间散播，传遍南中国海及全世界。虽然偶尔故事中，会传诵海盗的英雄事迹，但多数时候，这些故事传述的是海盗残忍、嗜血、疯狂的恶行。谣言随着传播即兴增加情节，不断改变；[①] 谣言是人们重要的消息来源，虽然未经证实，但往往被当成事实。谣言透过口耳相传，往往引起社会人群内心深处的恐惧。[②] 一如报章杂志及小说等，闲暇时聚在一起"说故事"，是所有水上人家最热衷的打发时间的方式，也是最利于散布谣言的途径。虽然今日我们有关海盗的认识多来自电影电视，但是自古以来人们口耳相传的谣言传说却一直是海盗形象传播的大功臣。

　　被海盗锁定的下手目标如水上人家、政府等，对海盗邪恶面目残忍行为的绘影绘形，也是使谣言继续流传下去推波助澜的主要动力。一如其他口耳相传留下来的信息，大多数谣言的来源都已无可追寻，但是偶尔也有记录下来的只字片语，使我们得以窥知一些真相及其演变。例如，有人描述 19 世纪初著名的福建海盗蔡牵为一名嗜血恶徒，喜欢将俘虏开膛破腹，食其心肝，据说他一天最少可以吃四枚心肝。文中记载这个传说是作者自他父亲处听来，作者的父亲则自他的老师吴芝圃处听来。吴芝圃在嘉庆年间住在泉州，他住在泉州的时间，蔡牵已被杀数年。[③] 显然这位吴芝圃老师所听到的故事，正是流传在蔡牵家乡泉州那一带的谣言传说。

　　几乎每个乘过船的人，都在船上听过有关海盗令人毛骨悚然的恐怖行径。那些有关海盗的传说，不断流传。爱德华•布朗（Edward Brown）曾在 1857 年于越南外海被海盗俘虏，他记述在他当俘虏的那段时间，那些亚洲船员告诉他有关海盗如何将那些胆敢反抗的人切成一块块的故事。[④] 19 世纪初，在约翰•透纳和理查德•格雷斯普（Richard Glasspoole）被海盗俘虏之前，也各在个人所处的船上听过类似的故事。芬妮•拉薇亚（Fanny

①　Shibutani Tamotsu, *Improvised News: A Sociological Study of Rumor*, Indianapolis: Bobbs-Merrill, 1966, p. 16.

②　Barend ter Haar, *Telling Stories: Witchcraft and Scapegoating in Chinese History*, Leiden: Brill, 2006.

③　光绪《马巷厅志》, 附录上, 第 57 页。

④　Edward Brown, *Cochin-China, and my Experience of It: A Seaman's Narrative of His Adventures and Sufferings during a Captivity among Chinese Pirates on the Coast of Cochin-China, and Afterwards during a Journey on Foot across that Country in the Years 1857-8*, London: Charles Westerton, 1861, pp. 25-26.

Loviot）曾写过一本畅销书，讲述她在 1854 年被中国海盗俘虏的经历。书中讲到有次晚宴鲁尼（Capt. Rooney）船长告诉与他共进晚餐的乘客，有关他之前某次航行东南亚遭遇海盗的事件。那次航行，鲁尼及所有船员被横行在东印度洋面的"东南亚海盗"俘虏，那群海盗让他亲眼看着他所有的船员被杀，后来，又将他绑到船桅上残忍地凌虐。[①]芬妮·拉薇亚还写道，就在她所乘坐的船只被海盗劫持后，数天之内，谣言已不胫而走，全香港传遍有关她被卖为奴隶或被残忍杀害的传说。[②]

口耳相传流传在市井间的传说和一些被文字记录下来的故事，都有助于散布海盗暴虐的负面形象。东南亚一带有许多描述海上英雄的壮丽史诗。[③]*Hikayat Siak*（书名）史诗帮助建立马来意识，通过如伊斯麦国王（Raja Ismail）等锡亚族（Siak）海上英雄的事迹，使当地人认同在海上对敌人烧杀掳掠是一种英勇行为。如提摩西·巴纳德（Timothy Barnard）阐释："有关海上劫掠的事迹和战争早已深植于 *Hikayat Siak* 作者们的心目中，这些海上劫掠的事迹已不仅仅是为经济利益或政治权力。马来族的锡亚人（Siak-Malay）极为推崇武力。18 世纪的东南亚地区的人普遍都有这种认知。"[④]班尼迪克·萨定（Benedict Sandin）曾将伊班人（Iban，即达雅人 Dayak）的口述历史录音记下，解释当地人口述传说的演变。在 1839 年詹姆士·布鲁克（James Brooke）到来以前，当地的口述传说主要专注于海上开拓冒险事迹，但是西方人来到之后，描述海上英勇劫掠打败敌人的故事增多。于是新的英雄出现 —— 大无畏的海上勇士（英雄）。伊班族是著名的猎人头部落，他们海上劫掠的主要目的，是为了抢夺奴隶和祭祀时所需用的人头。海上劫掠，是他们文化的特色。所有年轻的战士在战争格

[①] Fanny Loviot, *A Lady's Captivity among Chinese Pirates in the Chinese Seas*, trans. by Amelia Edwards, London: Geo. Routledge and Co., 1856, p. 67.

[②] Loviot, *A Lady's Captivity*, pp. 132-133.

[③] 参见 Virginia Matheson, "Concepts of Malay Ethos in Indigenous Malay Writings", *Journal of Southeast Asian Studies* Vol. 10.2, 1979, 及 Timothy Barnard, "Texts, Raja Ismail and Violence: Siak and the Transformation of Malay Identity in the Eighteenth Century", *Journal of Southeast Asian Studies* Vol. 32.3, 2001。

[④] Barnard, "Texts, Raja Ismail and Violence", p. 338.

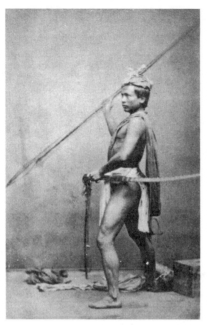

图6—2 伊班（达雅）族勇士
（来源：19世纪的明信片）

图6—3 追捕海盗专文之插图
（来源：*Popular Mechanics*, 1932）

斗中都跃跃欲试直取敌人的头颅（图6—2）。①

报章杂志和小说为增加销售量，也会报道这些有关海盗的谣言。像1929年12月9日《纽约时报》耸人听闻的标题："12人被杀，60人溺毙！海盗攻击载满300名乘客自汕头到香港邮轮。"每次若有船只出事，除了因风暴失事外，报纸上总会报道是因碰上海盗。②19世纪末和20世纪初，一些热门杂志如《哈勃周刊》（Harper's Weekly）、《国家地理杂志》（National Geographic）和《大众机械》（Popular Mechanics）都有专辑报道亚洲的海盗，还配有插图和相片（图6—3）。当时的中文杂志如《点石斋画报》和《时事画报》也有有关海盗的故事和插画。另外，有关海盗邪恶暴力形象的塑造，新闻媒体和小说也发挥了推波助澜的作用。19世纪60年代查理士•李德（Charles Reade）的小说《海上喋血》（暂译Very Hard Cash）生动地描述一艘英国商船与两艘东南亚海盗船的争斗。③另一本20世纪30年代初写的小说将南中国海的海盗形象刻画为"吸血鬼"。作者声称书中故事都是真实的，只有名字换了。为证明故事的真实性，他在书中还附上数张相片，有被捕的海盗、海盗的俘虏、海盗巢穴等。④

被海盗俘虏过的人，在告诉别人他们的亲身经历时，总是将海盗描述为野蛮、凶猛、残忍、怪物、魔鬼等形象。布朗（Brown）描述攻击他们的海盗为"野蛮人"⑤。海盗通常挑选夜深人静时下手攻击，使得他们的回忆变成"恐怖的梦魇"，光是提到"海盗"这两个字，就会引发血腥残酷的恐怖回忆。到18世纪末，整个东南亚水域，依拉农人就是嗜血残酷的海盗的同义词。在传闻中，依拉农人以野蛮残酷、破坏毁灭而闻名。⑥芬妮•拉薇亚认为"只要听到海盗这个名称就让人不寒而栗。他们在海上劫掠蹂躏，不受任何道德法律的制裁。"在她的心目中，他们是群禽兽，残暴无

① 参见Benedict Sandin, *The Sea Dayaks of Borneo before White Rajah Rule*, East Lansing: Michigan State University Press, 1968。

② 参见 *Canton Press*, 15 July 1843。

③ Charles Reade, *Very Hard Cash*, New York: Harper & Brothers, 1864, pp. 72-74.

④ Bok, *Vampires of the China Coast,* London: Herbert Jenkins Limited, 1932.

⑤ Brown, *Cochin-China, and my Experience of It*, p. 75.

⑥ James Warren, *Iranun and Balangingi: Globalization, Maritime Raiding and the Birth of Ethnicity*, Singapore: Singapore University Press, 2002, p. 222.

情；她形容攻打她所乘船只的海盗为"野蛮人"，"看到他们（俘虏们）的害怕，海盗的情绪陡然高涨、兴奋莫名……""光是看到他们（海盗）的恶行恶状，就让人觉得连死都比落在他们手里要好。"她继续道：

　　他们看起来有形容不出的可怕……头上绑着红头巾，腰间有条宽皮带，系着手枪和短刀，手中挥舞着刀剑……. 我以为我的末日已经来临了。

　　可能对芬妮・拉薇亚和她的同船难友而言，最可怕的是那种无助感，一如她所说的："一切都被那些海盗掌握。"[1]

　　从一些小说记录中来看，亚洲的海盗被描述为凶暴残酷毫无人性，他们就像野兽或介于活人与死人之间的僵尸。1832 年，一位曾有海上经验的美国诗人将亚齐海盗比拟为"地狱来的魔鬼。"[2]另一位作者则称巴拉艮吉的海盗为残忍无人性……不务正业，喜好打家劫舍。[3]有人说，"锡亚人（马来族）打斗时好似被鬼附身。"[4]芬妮・拉薇亚又说："这些海盗像恶魔，乘着暴风雨而来，破坏一切。"他们攻击时会发出"不像人类叫声"的恐怖嘶喊。[5]明太祖朱元璋也这样描述日本海盗（倭寇），说他们会发出像"青蛙呱呱叫"的声音。150 年后（自明太祖后），一位中国文人记载，倭寇说话时像"鸟叫"。在《日本考》中记载，倭寇蓬首垢面、身上刺青，看起来像鬼。[6]有人则比拟日本海盗为冷血动物或魔鬼。这些魔鬼般的禽兽，能呼风唤雨、招来风暴、洪水。另外有人描述，他们像野兽般，赤身裸体跑来跑去。[7]

　　海盗清楚地知道他们在一般人心目中的形象。其实，他们是故意留下这样的骇人形象及恐怖行径。根据詹姆士・华伦（James Warren）的记述，

[1]　Loviot, *A Lady's Captivity*, pp. 68, 69, 70, 73, 84, 97.

[2]　Anthony Reid, "Violence at Sea: Unpacking 'Piracy' in the Claims of States over Asian Seas", in *Elusive Pirates, Pervasive Smugglers: Violence and Clandestine Trade in the Greater China Seas*, ed. by Robert J. Antony, Hong Kong: Hong Kong University Press 2010, p. 22.

[3]　引自 Warren, *Iranun and Balangingi*, p. 225。

[4]　*Hikayat Siak*, 引自 Barnard, "Texts, Raja Ismail and Violence", p. 338.

[5]　Loviot, *A Lady's Captivity*, p. 69.

[6]　李言恭、郝杰：《日本考》（明代版），载《续修四库全书》，上海古籍出版社 1995 年版，第 727、736 页。

[7]　《倭志》，第 385 页。

依拉农人和巴拉艮吉的海盗"会把自己装扮得愈吓人愈好，他们肩部加宽、披头散发、发出令人血液凝固的叫嚣，令那些武装简单、训练不精、被海盗打劫的船员，毛发悚然不寒而栗。"① 有些倭寇为了故意要让人害怕，还会戴上厉鬼面具和有角头盔。② 中国海盗也是一样，他们会穿上染满血渍破破烂烂的衣服、将脸涂黑、披头散发像屠夫厉鬼一般。田海（Barend ter Haar）的研究中发现，披头散发是中国厉鬼的形象特征。③ 于是中国海盗未来的长发，不仅传送一个拒绝臣服满清异族的政治信息，更传送一个他们有如厉鬼般的恶形恶状，令人感到毛骨悚然，使得被恐吓的打劫对象，因恐惧而放弃抵抗。

海盗除了给人没有人性的冷血残酷印象外，他们还刻意让世人知道，若有人胆敢抵抗，就会被残酷凌虐；但他们对那些不加以抵抗的人，则不会伤害。海盗对那些胆敢反抗他们的人，会对其凌虐至死，广为人知。1845年一位在新加坡接受审问的马来海盗说明："通常我们会将抵抗的人杀害，其他的人则在抢劫财物后，就会释放回去。"④ 就如约翰·透纳所写"如果海盗抢劫的船只有人抗拒，通常海盗会杀害一部分的人，剩下的则以酷刑对待……有时，他们打劫顺利，就只将船员（被劫船只）留滞，这意味着没有人会被杀害或被凌虐。"⑤ 布朗在书中写道，当他们被海盗俘虏后，他的难友警告他，"如果我们坚决抵抗，那么我们不会有任何一人生还，而且还会受尽折磨，再被一寸一寸地切成碎片。"⑥ 果然，布朗和他的难友惊讶地发现，他们并没有被残忍谋害。但是他后来亲眼见到海盗如何对待一群福佬船船员，当杀戮停止后，布朗登上被海盗占领的船只，他描述道：

噢！多残酷的杀戮战场！超过五十具支离破碎的尸体四处散在甲板上，有的尸体没有头，有的没手臂，有的腿被砍断，肢体零碎，四处都是

① Warren, *Iranun and Balangingi*, p. 227.

② Stephen Turnbull, *Pirate of the Far East, 811-1639*, Oxford: Osprey, 2007, pp. 25-26, 45.

③ Barend ter Haar, *Ritual and Mythology of the Chinese Triads: Creating an Identity*, Leiden: Brill, 1998, p. 116.

④ 参见 *Journal of the Indian Archipelago and Eastern Asia* Vol. 5, 1851。

⑤ Turner, *A Narrative of the Captivity and Sufferings*, p. 38.

⑥ Brown, *Cochin-China, and My Experience of It*, p. 26.

血泊。事实上，当时的惨状恐怖到无法用语言来形容。没有一个幸存者，无论老少，一个都不放过。[①]

由于海盗有杀害所有意图抵抗的人的名声，难怪当海盗攻击时，很少有人会反抗。其实海盗靠着生还者，将他们的亲身恐怖经历传出去。虽然在某些例子中，也有海盗将完全不加抵抗的人们全数杀害，然而他们确实会将一些或全数被留滞的俘虏释回，好让他们能将所见告诉其他人。[②]例如1829年，依拉农海盗在新加坡抢劫一艘马来（双桅帆）船，虽然没有任何反抗，然而海盗只"释放了几个人"，却把其余的人绑起，放在船上随船任意漂流；被海盗释回的幸运者，回到家后，他们的经历立刻出现在新加坡各大报上。[③]从案例中来看许多海盗劫掠案件，被胁持者多数顺从地立刻投降，没有任何反抗。被挟持的西方人往往极为气馁，为何中国人和中国籍船员没有任何反抗意图，只是静静地站在一旁，看着海盗控制全船。对中国人而言，这种不加反抗的懦弱行为，恰是合理实际的保全（求生）法门。因为反抗意味着必然的伤害，甚至被杀。他们知道如果不抵抗，海盗极可能只是抢劫他们，得手后就会离去，没有人会受伤或被害。西方人通常不知道其中的奥妙而付出昂贵的代价。所以被劫船只上，若有外籍船员和乘客，通常他们会是海盗打劫的对象；而且因为他们的反抗，他们通常也是被海盗折磨和杀害的对象。

海盗作案时的行径，在我们的认知中，是残忍暴力的，但其实在现实中，他们很少以争斗方式来得到财物。他们只选择少数几个目标下手。大多数被劫持的人知道，海盗会残忍地凌虐和杀害反抗的人，所以他们在船被海盗劫持的过程中，完全不加反抗。有事实可以证明，根据香港警方1855年1月至5月的海盗案件记录中，76%的案件中，没有人受伤或被害，详见表6—1。

---

① Brown，*Cochin—China，and My Experience of It*，P.76.

② Leeson，*The Invisible Hook*, p. 116.

③ 参见 *Journal of the Indian Archipelago and Eastern Asia* Vol. 4, 1850。

表6—1　香港警方海盗案件统计表（1855年1月）

详细内容	发生案件	百分比 %
船只及船员被带走（无人伤亡）	11	17
财物被劫，人员释回（无人伤亡）	39	59
人员（船员或乘客）受伤	9	14
人员（船员或乘客）被杀	7	10
总共	66	100

（来源：安乐博制）

　　海盗打劫，总是挑容易对付的对象下手，以确保胜利。他们在与对手或敌人对峙时，总是挑较弱的对手。整个南中国，防备薄弱的渔船，是他们的主要下手对象。根据 1855 年 1 月至 5 月香港警方的海盗案例统计，143 件海盗案例中，88 件（60%）是针对渔船。海盗很少打劫大型的中国商船，也很少打劫较大及武器装备较佳的西方船只。同一份香港警方统计表，只有 14 艘货船（10%）和 3 艘（2%）香港老闸船（lorcha）被海盗袭击。[①] 海盗之所以敢攻击较大的船只或西方船只，通常是因为他们（海盗）的装备条件较好以及人数较多。海盗通常挑夜黑风高时下手，他们会等待下手目标或停锚休息时、或因风而无法行驶时、或因意外事故而手忙脚乱时出击。芬妮·拉薇亚所乘坐的 Caldera 号，就是在这样的情况下遭袭。这艘船自香港启程驶向美国加州，离开香港后不到一天，当他们在澳门附近海域时，遭遇台风来袭，使得船只损坏无法动弹。所以当海盗出现时，全体人员都无计可施，只有束手就擒。布朗所乘坐的老闸船也是同样的情况，台风过后，海盗就出现。

　　然而当海盗真的作战时，他们会不惜代价全力攻击以求获胜。他们选择的攻击对象，通常都是人数比他们少、武器装备比他们差的对手。除此外，海盗通常较有打斗经验，较心狠手辣。另外，他们也知道，如果他们被捉，他们也一定会被凌虐然后处死；因此拼斗时，只有全力求胜才有生存的可能。一位明朝官员如此说："倭寇只有愚勇，他们拼斗时不顾生

---

① CO 129/50/154-161 (7 June 1855).

死。"① 依拉农和巴拉艮吉的海盗则认为，向敌人投降是不荣誉的，因此他们宁愿战死。② 海盗若被捉就只有死路一条，这就是为什么海盗会对所有抵抗的人如此残忍的原因。但是某些情况下，他们为了不让他们不法行为的消息走漏，就算无人反抗，他们也会杀人灭口。

第二节　海盗凌虐的目的

政府拷打犯人的目的是为得到口供（自白）、为处罚或报复。海盗凌虐被劫者与当权者拷打犯人的目的极为相似；海盗拷打被俘者的目的，通常是为了得到某些特定消息，如钱财藏匿处等。海盗严惩官吏士兵的目的，则是因为他们企图缉捕海盗；至于海盗折磨外国人（特别是西方人）的目的，则是为报复。第一种情况下被拷打的受俘者通常不会被杀，但第二种和第三种情况下的受俘者，通常就会丧命。事实上，第二种和第三种情况的受俘者，受尽酷刑而死，是海盗折磨他们的目的。对一些亚洲国家而言，肢体处罚是合法的，但也因此常会超过处罚的界限，偶尔因太过而致人于死。清朝官员在审讯时，以酷刑加诸嫌犯而取得口供结案，是常用的手法。而大多数案子之所以能结案，也是因为使用拷打折磨的手段，才能得到所要的口供。

海盗施加于被执者的拷打，很少是随意而为的；通常他们是有目的、有计划的。威廉·李森解释，拷打折磨的方式"是经过慎重选择，使其可以达到令人震慑的目的"，以期不负海盗残忍邪恶的形象。③ 为使一些坚不吐实财物藏匿地点的被执者，拷打方式务必要能使他们松口（告知）。为了要得到必要的消息，对一些不愿合作的受俘者，海盗会慎选使用极度痛苦却又不会致命的酷刑。毕竟一个已死的人，是无法说出财物藏匿的地

---

① 《倭志》，第 385 页。

② Warren, *Iranun and Balangingi*, p. 224.

③ Lesson, *The Invisible Hook*, p. 115.

方，一具尸体所能得到的赎金远比活人要少得多。[1] 然而某种程度的折磨，甚至于某些杀戮是必要的，它们可以维持海盗残酷没有人性、令人畏惧的形象。若海盗不偶尔虐待俘虏或杀人，那么就不会有人怕他们，于是就会有更多不情愿合作的人起来抵抗。这样一来就会让海盗们在行动时，付出更高的代价。中国有句谚语"杀鸡儆猴"或"杀一儆百"，就是这个意思，海盗知之甚详、彻底服膺。

海盗对如何施加折磨在不情愿合作的俘虏身上，非常在行。布朗描述海盗如何对待他所在的船只上的船主，"海盗粗鲁地将他拖到甲板上"，他们用刀轮流在他腹部划上几刀。这几刀不至于让他致死，却可以让他痛苦害怕而告诉海盗藏匿财物的地方。布朗非常为船主感到难过，知道"他必定在身心上承受极大的痛苦"。布朗所述这件案例的结果是，虽然海盗们重复施加这样严酷折磨好几次，但是这位船主实在无可坦白，最后海盗还是将他放过。[2] 其实通常海盗只要将刀剑架在被俘者的脖子上，或只要用枪指着被俘者的头部，被胁迫的人就会立刻吐实。

另外好几位亲身经历船只被劫、历险归来的受害者，都共同描述另一种海盗常用的凌虐手法。根据芬妮·拉薇亚所述，海盗控制被劫船只后，他们通常会"残忍地刑讯船上乘客，好榨干他们的财物"，他们常用的方法是，绑住受害人的大拇指和脚指头各一只，将他悬吊在船桅上，然后猛烈地将他前后摆荡，每个海盗在经过他身边时，偶尔会用藤条猛烈鞭打他。[3] 约翰·透纳也说，若海盗怀疑俘虏有毁坏或藏匿财物的嫌疑，他们就会：

首先这可怜的嫌犯会被剥去衣物，手被绑到背后，一根绳子穿过船桅顶端，牢牢固定他被绑住的双手，然后将他自甲板上悬空吊起。吊起后，海盗就会以一根（由两条到三条的藤条）扭在一起的鞭子，用力抽打他的

---

① 例如某海盗案件，海盗掳了许泽的弟弟做人质，许泽无法按期付出赎金于是海盗就将他的弟弟残忍杀害。事后为要把弟弟的尸体赎回，许泽仍要付一半赎金给海盗。《金门志》（光绪八年），南投，台湾省文献委员会印行 1993 年版，第 212—213 页。

② Brown, *Cochin-China, and My Experience of It*, pp. 29-30.

③ Loviot, *A Lady's Captivity*, p. 113.

图6—4　私刑吊打
(来源：《点石斋画报》，1884年版)

全身，使得他皮开肉绽，血肉模糊；有时，这个可怜的嫌犯还会被悬吊着好一会。[①]

另一位外国人理查德·格雷斯普被海盗劫持绑架期间，亲眼目击海盗用类似的手段，折磨被俘者要他吐实。也见过海盗用同样的手法威胁俘虏加入他们的集团。[②] 图6—4所描述的刑罚与前述海盗所使用的折磨方式极为相似。鞭笞，这种体罚方法，在东亚和东南亚也极为流行。布朗后来自海盗手中逃出，在回中国途中，经过一个越南小镇，目击了一场鞭刑。在书中，他详尽描述。从他的描述中，我们可以看到他所见的鞭刑，与前述例子中海盗所使用的极为相似：

鞭刑刑罚会让受鞭笞者感到极大疼痛。行刑者先将受刑者双手手腕处用一根绳子绑牢，然后让他面朝下躺下，将被绑双手伸直，在靠近手腕中间，朝地下固定一根约二英尺长的木桩（一半埋入土里）。他的双足在靠近脚踝处也牢牢绑住。在脚踝处钉入另一根木桩，将他整个身体拉直，使得他全身无法动弹，更遑论扭动身体或抬头……然后一个士兵，会将一根约有拐杖粗细的藤条交给行刑者。等到监刑官大声下令，行刑者就会来到受刑者身侧，将藤条高举过头，猛然跃起，加上全身的重量以藤条尖端击在受刑人臀部（受刑人的裤子已事先褪下露出臀部），如此可以让鞭打力度加到最大。行刑者在击下后，会立刻弹跳开约五英尺，然后再如前述，再打下一鞭，刑罚会一直进行到监刑官喊停为止。[③]

将被俘者钉在甲板上这种处罚，是另一种海盗常用的刑罚。这种刑罚不仅可以施加极大的痛苦在被俘者身上，更可以保证受俘者无法逃跑。前面我们已经自约翰·透纳所述而看到，海盗如何用长铁钉将一位高级船员

---

① Turner, *A Narrative of the Captivity and Sufferings*, p. 38.

② Richard Glasspoole, "A Brief Narrative of my Captivity and Treatment amongst the Ladrones", in *History of the Pirates*, trans. by Charles Neumann, London: Oriental Translation Fund, 1831, pp. 114-115.

③ Brown, *Cochin-China, and My Experience of It*, pp. 152-153.

钉在甲板上，不断地用藤条狠力鞭打，到最后又将他的身体肢解。乔治·库克（George Cooke；当时《纽约时报》驻中国特派员），在第二次鸦片战争时期（1856—1860）报道过一艘英国炮艇，1857 年在香港附近海域逮捕一艘海盗船。后来英军在船上救了两名男性俘虏，他们被钉子钉在地板上，每一个人脖子上缚了一个臭氧弹（stink pot），而引线当时在燃烧着，幸好，在千钧一发之际，他们被救。①

　　清政府对待囚犯的手法，也没有比海盗文明到哪里去。19 世纪 50 年代，一位法籍天主教哈克神甫（Father Huc）在他一次往北京的途中，遇见一车囚犯。他描述这些囚犯被残忍无情地野蛮对待："这些可怜的犯人，被人用钉子自手部钉在囚车木条上。"哈克神甫不忍，而问押解这批囚犯的官员，为何要如此对待他们。官员回答说："这些人都是小偷窃贼，因为他们没有足够的铁链将他们拷起，只好用钉子将他们钉在囚车上以免逃跑。"② 1858 年浦西·库杉克（Percy Cruikshank）出版一本有关中国刑罚（清朝酷刑）的书，书中罗列所有刑罚并附有细腻的插图和详尽的解释。"受刑者双腿被钉子钉在木板上，腿上又用重物压着，使得受刑者的双耳被扯下时，他身体无法动弹。"③ 1858 年的另外一个例子是，清政府将一名罪大恶极的歹徒以海盗罪处死；这名歹徒以及其残忍的手法将 12 名外国水手杀害；清政府就将他钉在十字架上凌虐至死。④

　　除了肢体上的刑罚外，海盗也对被俘者施以精神和心理上的折磨。约翰·透纳和其他自海盗手中死里逃生的幸运者，后来在他们的回忆中，都不约而同提道"海盗不断地威胁要如何如何地杀死我们"⑤。理查德·格雷斯普的经验也一般无二。当他和其他的船员被俘后，海盗首领立刻将他们

① George Cooke, *China, being 'The Times' Special Correspondence from China in the Years 1857-1858*, London: G. Routledge & Co., 1861, p. 68.

② Évariste Huc, *The Chinese Empire: A Sequel to Recollections of a Journey through Tartary and Thibet*. Revised Edition, London: Longman, Brown, Green & Roberts, 1859, pp. 443-444.

③ 引自 Timothy Brook, et al., *Death by a Thousand Cuts*, Cambridge: Harvard University Press, 2008, p. 189, fig. 20。

④ Jonathan Spence, *God's Chinese Son: The Taiping Heavenly Kingdom of Hong Xiuchuan*, New York: W.W. Norton, 1996, p. 44.

⑤ Turner, *A Narrative of the Captivity and Sufferings*, pp. 11-12, 16, 26, 27.

带到面前问话，并几度威胁他们若不合作，就会将他们杀了。几个海盗手握大刀，在首领的号令下，将刀架在他们的脖子上，作势要将他们带到岸上切成寸段。理查德·格雷斯普觉得自己随时都会被海盗凌虐残酷处死。他和其他俘虏好几次被威胁会被残忍地杀害，虽然这些威胁没有真正落在他们的身上，但理查德·格雷斯普说："我真为那些下场凄凉的俘虏们难过。在我被海盗俘虏的这段时间，好几百名俘虏被害。"①

芬妮·拉维亚被海盗俘虏期间，"心情痛苦、精神绝望"，随时都有被强暴或被杀的危险。她还遭受到另一种也可说是精神虐待的刑罚。她和另一位中国男性一起被关进一个在甲板下约二尺见方，狭小黑暗的空间。他们无法伸直身体，也无法躺下。海盗将他们关入后，就以钉子将笼门钉死。芬妮·拉维亚觉得自己被"活生生地埋在这里"缓慢而恐怖地死去。她不断揣测"这个狭小的黑洞是不是就是我们的坟墓？""每一次一想到这个可能我的全身就一阵寒战。"除此之外这方狭小的黑洞，还有其他更恐怖的东西，"这个二尺见方的黑洞中，夹顶地板和墙壁到处是毛茸茸的大蜘蛛、长角的恐怖甲虫、黑黝黝的虫子及扰人的虱子等，更别提那三四只在我们脚边窜来窜去的老鼠。几个小时后，海盗将我们放了出来，他们聚在我们身边，恶意嘲笑我们的狼狈"。"那些笑声充满残忍的恶意。在我们被俘的这段时间，绝大多数的时候，我们被关在这个狭小的黑洞中。"②

其实芬妮·拉维亚所受的折磨极为寻常。在亚洲，监狱的情况不会比这个黑乎乎的洞好多少。海盗被抓到后，清政府也会同样残忍地把他们放在一个小笼子中。约翰·葛雷（John Gray）描述这种笼子有不同的尺寸，有一种是矮得让囚犯站不起来；另外有一种则是非常狭窄、细高，但也没有高到让囚犯完全直立。这种囚笼顶端有一开口，上附枷锁，可以将囚犯的头部牢牢固定在笼外。③（图6—5）阿灵顿（L.C. Arlington）在19世纪

---

① Glasspoole, "A Brief Narrative of my Captivity and Treatment amongst the Ladrones", pp. 103, 104, 106, 116, 117.

② Loviot, *A Lady's Captivity*, pp. 73, 103-106.

③ John Gray, *China: A History of the Laws, Manners, and Customs of the People*, London: Macmillan & Co., 1878, Vol. 1, p. 57.

图6—5　立笼中囚犯（清代）
（来源：19世纪末明信片）

A Ladrone Pirate cutting off the Heads of the Chinese.

图6—6　海盗屠杀村民
（来源：Charles Ellms, *The Pirates Own Book*, 1924）

末亲眼看到清政府用这种牢笼来关海盗；"他们被关在笼子中，头被强迫从上端小孔伸出来，食物被放在他们鼻子闻得到的范围，但吃不到。"阿灵顿认为这些海盗就这样半蹲半踞地关在笼子中，直到慢慢地被饿死。①

海盗将俘虏肢解或开肠破肚等酷刑，通常是加在官兵身上。根据约翰·透纳和其他的目击者所见，若是清政府水师落在海盗手中，上至统帅下至小卒，无论他们有没有抵抗都会被以最残酷的手法杀害。前面也提过两位英籍船长，被海盗捉到后，一位船长是被钉子从足部钉进甲板固定，然后以藤条鞭打直到吐血为止，后来他被带到岸上肢解。另一位船长后来则被海盗开膛破肚。②理查德·格雷斯普也记载过类似的海盗暴行：1809 年 11 月 23 日，他亲眼目击一场战役后，海盗俘虏了大约 60—70 名水师官兵，一旦争斗停止海盗立刻就将所俘官兵"全数肢解，并将尸体丢入水中"。③海盗们刻意用肢解身体、开膛破肚等凶残手段来吓阻官兵的追捕或打斗。证据显示，海盗对付官兵的凶残手段的确让有司在追捕海盗前考虑再三。无论是中国官方记录或西方官方记录，都提道，当清政府水师面临海盗时，他们通常宁愿逃走而不愿与海盗对峙。

若有村民胆敢抗拒海盗，通常海盗也会以残忍的手法来对付他们。阿灵顿文中就有一则海盗屠杀全村的记录。海盗入侵某村庄时，虽然"仅遇到一点抵抗，海盗就把全村无论男女老少都以极残忍的手段凌虐至死"。④理查德·格雷斯普也亲眼目击，在一座小镇上，这些人只不过抵抗了一下，海盗就血腥屠杀几十人：

　　海盗首领号令手下屠杀，每一个中国人人头赏十元。我们的一名船员，在街角碰到一名疯狂地追赶一名中国人的海盗，这个海盗手持大刀，两个他刚刚割下来的中国人人头，就以他们的发辫绑在一块悬挂在这名海

---

① L.C. Arlington, *Through the Dragon's Eyes: Fifty Years' Experiences of a Foreigner in the Chinese Government Service*, London: Constable & Co., Ltd., 1931, P.145.

② Turner, *A Narrative of the Captivity and Sufferings*, pp. 12, 19, 39.

③ Glasspoole, "A Brief Narrative of my Captivity and Treatment amongst the Ladrones", p. 121.

④ Arlington, *Through the Dragon's Eyes*, p. 164.

图6—7　凌迟（清代）

（来源：L.C. Arlington, *Through the Dragon's Eyes*, 1931 ）

图6—8　地狱十殿图（部分）（民间宗教善书取自台湾寺庙）

盗的脖子上。我则见到有的海盗割下五六个人头！！！[1]（图 6—6）

　　其他的记载中，也不乏海盗将官兵或村民的头颅砍下挂在树上的记录。海盗将官兵斩首或肢解，通常是出于对政府的仇恨和报复。因为当海盗被抓到时，政府也是以同样的残酷手段来杀害他们。所以，海盗只是模仿政府的行径。按照清朝律例对海盗的处罚规定，若他们在官兵追捕时曾加以抵抗，那么他们就会被斩首或凌迟处决。[2]海盗被处死后，他们的头还会被砍下用竹竿高挂在集市或码头等群众聚集的地方，称为"枭示"，以儆效尤。19 世纪初，在中国东南沿海地区，这些高高悬挂的头颅，是常见的现象。那段时期，数以千计的人以海盗罪名定罪，而被斩首示众。19 世纪中叶，约翰•葛雷在书中也提到在澳门海滩上，见到被斩首示众的海盗头颅。19 世纪末，阿灵顿在九龙见到对恶名昭著的海盗被"凌迟处死"的刑罚。那名海盗"断气之前最起码被割了 72 刀"。[3]（图 6—7）这种极端酷刑，相应于中国民间所流传有关地狱报应的描写。民间通俗文化中，通常有在世时多行不义的人，死后鬼卒将他们身体撕裂并开膛破肚的描述和图像。（图 6—8）

　　事实上，开膛破肚在中国古代是一种刑罚方式，虽罕用但存在。对国家而言，开膛破肚等极端酷刑是用来对付凶残可恶的敌人，或代表伸张正义，例如，用在奴仆弑主的案例上。[4]1808 年嘉庆皇帝下令处死一名弑主犯上的恶仆，这名仆人被带到主人坟上直接处死，并把他的心挖出来，以祭奠被害主人在天之灵，同时也作为警示以儆来者。[5]透纳神甫（Rev. J.A. Turner）记述 1893 年，他在广东沿海所见："一群村民跳到停在港湾中的海盗船上，村民把所有的海盗都砍得血肉模糊，只除了两个人。这两个人

---

[1] Glasspoole, "A Brief Narrative of my Captivity and Treatment amongst the Ladrones", pp. 118-119.

[2] Ernest Alabaster, *Notes and Commentaries on Chinese Criminal Law and Cognate Topics*, London: Luzac, 1899, p. 469.

[3] John Gray, *China: A History of the Laws, Manners, and Customs*, Vol. 1, p. 68;　及 Arlington, *Through the Dragon's Eyes*, p. 164。

[4] 王永宽：《中国古代酷刑》，台北，云龙出版社 1991 年版，第 62—71 页。

[5] Joanna Waley-Cohen, "Politics and the Supernatural in Mid-Qing Legal Culture", *Modern China* Vol. 19.3, 1993, pp. 337-338.

被用来祭奠村长儿子，他在领导村民抵抗海盗袭击中，不幸丧生。"①

肢解身体和开膛破肚的目的不仅在于凌虐肢体，更在于折磨心灵。值得注意的是，肢解或破坏尸体与中国传统观念中的孝道相违："身体发肤受之父母，不可毁伤。"（《论语》）"启予手，启予足，诗云：'战战兢兢，如临深渊，如履薄冰。'而今而后，吾知免夫！。"（曾子，《孝经》）② 这些极端手段不仅影响被肢解者本人和亲属，更伤及他的今生以及影响到他的来世，"使得他不但今生无法存活，连死后的鬼魂也无法辨认（魂飞魄散）"。③ 将肢体剁成碎片，也是将死者"去人化"的一种手段。身体被剁成碎片的人，（来生）就会变成畜生；在更糟的情况下，甚至变成野鬼。中国民间信仰认为"尸体不完整或被肢解，会使死者无法重生"。因此被肢解者的灵魂会永远只是一缕游魂、永世不得超生。④

海盗用如此残酷的手法对待俘虏，还有另一层政治目的。自有文明以来，中国帝王就握有对百姓的生杀（特别是死刑）大权。处决，是帝王的天赋权柄。所以当海盗将俘虏斩首、肢解或开膛破腹等，都代表对帝王权威的挑衅。海盗的行径，不仅仿效帝王权威，更向外界传递一个不服从权威的信息，证明他们（海盗）行为的独立自主和合法性。这种含义是不容任何政权随便掉以轻心的。

鸦片战争后，海盗会用凌虐和杀害等手段来报复外国人特别是西方人。本章一开始所提的案例，威廉·爱德华和他的船员被残忍地虐待，很可能与这种"仇外"情绪有关。所以当 Caldera 号全船被海盗俘虏时，船长鲁尼（Rooney）向海盗谎报他是西班牙人，而一些外国籍的船员和乘客都是一些其他欧洲国家的人，不是大不列颠人（英国人）。鲁尼的谎言奏效，根据芬妮·拉薇亚所记载"海盗首领立刻回答，幸好你们不是英国人，

---

① J.A. Turner, *Kwang Tung or Five Years in South China,* London: S. W. Partridge & Co., 1894, p. 174.

② Donald Sutton, "Consuming Counterrevolution: The Ritual and Culture of Cannibalism in Wuxuan, Guangxi, China, May to June 1968", *Comparative Studies in Society and History* Vol. 37, 1995, p. 145.

③ Alabaster, *Notes and Commentaries on Chinese Criminal Law and Cognate Topics*, p. 57.

④ 参见 Virgil Kit-yiu Ho, "Butchering Fishes and Executing Criminals: Public Executions and the Meanings of Violence in Late Imperial and Modern China", in *Meanings of Violence: A Cross Cultural Perspective*, ed. by Göran Aijmer and Jon Abbink, Oxford: Berg 2000, pp. 145-146.

要不你们的脖子立刻就会被割断"。[1]另一个例子，布朗是英国人，数年后，在第二次鸦片战争期间被海盗俘虏，当时广州巡抚悬赏每一个英国人的头值 100 两银子，但是抓到布朗的海盗对他"非常礼遇"并保证他们不会伤害他。后来海盗头目告诉布朗，他们希望和英国做朋友，一起击败清政府。看起来这个海盗头目更恨清政府。这名首领告诉布朗，他和他的船员（海盗）是太平天国的义军，不是海盗！[2]这又是另一种"仇外"例子，不过这次是"仇视"统治中国人的异族——满清。

然而就这些例子来看，若要说海盗凌虐外国人是因一种"仇外"的心态作祟，可能过于武断了。事实上也有许多海盗案例中，海盗并没有折磨西方人的报道。1843 年巴拉艮吉海盗在靠近帝汶（Timor）的海域，挟持尔本尼泽•爱德华（Ebenezer Edwards），他似乎没有受到什么折磨。他对这六个月被俘生涯的唯一抱怨就是食物太差。[3]而威廉•爱德华的案例中，海盗们残忍地凌虐他和他的船员，不知他们是因为仇外心态，还是威廉•爱德华这群被俘的人中有人反抗。事实上，西方人受到海盗凌虐往往不是一句简单的"仇外心理"就可以轻轻一笔带过。西方船长、西方船员、西方乘客，在海盗事件中之所以被杀、被伤，主要原因（如本章前面所述）很可能是——反抗。西方人，是海盗事件中最容易反抗海盗的一群人。所以海盗凌虐外国人，可能根本与"仇外"心态无关，而与海盗痛恨任何胆敢反抗他们的行为有关。

然而马可•瑞迪克 (Marcus Rediker) 和其他的学者认为，17 世纪至 18 世纪初的西方海盗，会用残酷的折磨手段来对付一些残暴邪恶的船长，以伸张所谓的"正义"。[4]也有一些亚洲海盗残暴对付一些船长和船主的例子，如布朗所在的船只，船主被海盗凌虐。然而，这些例子并不足以证明海盗之所以虐待俘虏是为伸张正义。笔者并没有看到任何有关海盗凌虐与伸张

---

① Loviot, *A Lady's Captivity*, p. 74.

② Brown, *Cochin-China, and My Experience of It*, pp. 10, 28, 34.

③ 参见 *Journal of the Indian Archipelago and Eastern Asia* 1850, Vol. 4。

④ 参见 Marcus Rediker, "The Pirate and the Gallows: An Atlantic Theater of Terror and Resistance", in *Seascapes: Maritime Histories, Littoral Cultures, and Transoceanic Exchanges*, ed. by Jerry Bentley, et al, Honolulu: University of Hawaii Press, 2007；及 Leeson, *The Invisible Hook*, pp. 126-131。

正义有关的记载。当然这也并不是说所有航行在南中国海海上船只的船长都是优良模范船长，所以没有船员的喋血叛变和复仇；只是说伸张正义好像不是一个海盗之所以为海盗，或海盗之所以使用残酷手段折磨俘虏的重要原因。事实上，证据显示，海盗凌虐俘虏的主因是为取得口供，或用来对付那些胆敢反抗他们的人。

第三节　结论

海盗象征恐怖和暴力，他们对待当权者或被俘者的残酷野蛮，使其形象代表着狂暴凶猛、野性未驯和没有人性。但是海盗形象的凶猛残暴对他们而言，自有其意义。他们有意识地将残暴形象植入人心，刻意加深人们对他们的凌虐手段的印象。他们的凶顽冷酷名声，得以帮助减少不必要的流血打斗。 使得他们在行动时可以减少抵抗而加大他们的利润。海盗的暴力经过仪式化，充满有目的的象征意义，使得少数的人（海盗）得以显得强大。而恶劣的名声和形象，也带来他们期待的影响。简单地说，海盗的力量和地位，是靠他们到底有多残暴来衡量。皮耶•博德（Pierre Bourdieu）认为，贫而无立锥之地的人视暴力为他们的唯一资产，因此凶猛强悍被他们给予极高的评价。[①]经常性地展示暴力，可以令人畏服甚至于可以提高在同侪间的地位。海盗头目是最强悍、最暴虐、最无情的人。他们凭着暴力得以实现其野心梦想、使人畏服、以达到自己的目的。

海盗以暴力恐怖为荣。对他们而言，阳刚力量及（男性）身份绝大部分是靠高超的武艺和肢体力量的强弱多寡而定。只有那些最强悍、最具侵略性的人，才能得到生存所必须具备的资源。在东南亚一带，武力，特别是透过海上劫掠所展现的武力，是马来人、达雅人和依拉农人共同的价值观念。同样地，对中国海盗而言，他们不接受儒家学说、四维八德、温良

---

① 参见 Pierre Bourdieu, *The Logic of Practice*, trans. by Richard Nice, Stanford: Stanford University Press, 1990。

恭俭让等文明教化，反而崇尚体能力量（通常被认为是蛮勇和暴力）；对他们而言，武力才是力量。根据亚弗朗·博尔兹(Avron Boretz)的观点，"暴力文化特质"（ethos of violence）是生活在中国东南沿海一带，一群社会边缘族群的"凝聚力"。①

① Avron Boretz, "Martial Gods and Magic Swords: Identity, Myth, and Violence in Chinese Popular Religion", *Journal of Popular Culture* Vol. 29.1, 1995, p. 98.

第七章 ‖江坪：抢劫掳掠及非法贸易的庇护所‖

若无甘冒大不韪的私货港口及黑市交易，海盗无法单独存在。海盗虽靠海为生，但是他们仍仰赖与陆地上的联系，提供他们食物、饮水、武器和其他日常生活必需品，他们也依靠这些陆地上的联系来销赃、获得情报，以及替换新血。

若无甘冒大不韪的私货港口及黑市交易，海盗无法单独存在。海盗虽靠海为生，但是他们仍仰赖与陆地上的联系，为他们提供食物、饮水、武器和其他日常生活必需品，他们也依靠这些陆地上的联系来销赃、获得情报，以及替换新血。海盗寻找对他们友善和安全的港口，以方便休养补给船只和人员。[①] 这样的港口，街市繁荣，充斥着商铺、客栈、茶室（妓院）和赌场，以迎合海盗们的需要。艾瑞克·哈伯士彭（Eric Hobsbawm）认为，对这些在海上进行非法活动的人而言，最糟的情况就是切断他们陆地上的补给资源。[②]

江坪（今广西江平镇）就是这样一个海盗的天堂。它是一个自 1770 年至 1802 年间，极其活跃的海盗聚点及黑市交易场所。本章，我们将从三个角度切入来看江坪地区经济贸易的兴衰：（一）它与南中国海非法交易及地下贸易的关系；（二）它介于中越交界的边防角色；（三）这些游走于法外的人口及他们所独具的次文化特色。我们将以 1772 年在中越边界所发生的事件为例子来解释阐述。这个例子与 18 世纪末发生在这地区数之不尽的海盗事件一样，彰显出江坪及其他声名狼藉的边境小镇，在非法交易及海上非法活动中所扮演的角色。

第一节　1772 年王亚德案件

广东巡抚德保在 1772 年上奏乾隆皇帝的题本中提到了发生在中越边界的海上劫掠：商人童升儒，在江坪从事黑市交易时被抢。在该年的夏天，童升儒雇了翁潘大的船载运货品至江坪贩卖，但是他们遭遇到一群见财起意的海盗，以致货物被劫，血本无归。童升儒愤而报官，未几，数名水手及渔夫被捕。庭讯之下，这群海盗供称他们因生活无着，只好依赖这种半渔半劫的方式为生。童升儒的例子，生动地刻画出 1770—1802 年中越边

---

① 《明清史料戊编》，台北，"中央研究院"，第 305、492—493 页；《十朝圣训》卷三十八，第 1 页。

② Eric Hobsbawm, *Primitive Rebels*, New York: W.W. Norton, 1965, p. 17.

界①的混乱情况。下述是商人童升儒和"贼人"王亚德的供词：

乾隆三十七年六月二十一日，据江坪土目潘长瑞呈，据客民童升儒禀称，窃蚁原籍（广东省）嘉应州，向在马嘶社横野村开张香粉铺营生。本年六月初九日，雇翁潘大船，装载香粉到江坪发卖。十三日，在江坪载钱并货回铺。是晚，船至漓注洋面，被贼船一只拢近，贼党数人蜂拥过船，将钱货掠去。次早，经投漓长后，四处访查。二十日，在长山港查见贼船。登同街长，将贼党李兴、王亚德二名捉获。搜得原赃利昌号纸元宝一筒、铁锅一口、雨伞一把、并贼船包袱二个，余贼先已逃逸。

王亚德供：小的是合浦县人，今年二十一岁，平日撑船度活，与李兴熟识。乾隆三十七年六月初间，因米谷昂贵，小的到江坪寻觅佣工。初十日，遇见李兴，将他引到何兴船上，充做水手，言定每月工钱一百五十文。他船内连舵工哥分、水手哥二、刘骨丁、何大眼、李兴与小的，并何兴，一共七人。六月十三日午候，何兴往街上回来，对李兴们说，船只停泊日久并无生意，现又没了米饭。今日闻得翁潘大的船，揽载童（升儒）客人钱货，回马嘶社横野村去。我们何不在中途洋面等他经过，抢些钱物，做小本生意。李兴们应允。小的害怕，不肯入伙。何兴就把小的喝骂，并说若再违拗，立刻丢下海里。小的不敢出声，他们将船开行。是晚，驶到漓注港口湾泊，等候初更时分，童（升儒）客人的船到来湾泊。何兴、李兴们就把船拢近，过船劫掠。那时小的畏惧，躲在后舱，不敢走出。后来何兴们抢得钱货各物回船，驶到漓注夷洋僻静地方，查点俵分。小的不肯分赃，何兴说行劫的事，你是知道的，若有泄漏，就把你杀了。硬给小的铜钱二千文。小的怕他凶恶，无奈收受。二十日，大家把船驶到长山河埠停泊。何兴同哥分、刘骨丁、何大眼四人，拿钱上岸买货。连小的与李兴分得钱文，何兴也都拿去。止是小的同李兴、哥二在船看守做饭，不想事主查知，同街长们到船捉拿。哥二望见，即上岸逃走。事主们就把小的与李兴拿住，搜出原赃铁锅、元宝、雨伞各物，送到江坪土

① 安南于1803年后改称越南。

目转解。[①]

第二节　江坪的黑市贸易

江坪是一个靠近中越边界，贴浪江边的一个三不管地带。江坪市的一部分，在1887年之前属于越南安广镇（An Quang），直到中法战争（1883—1885）后才归还中国。[②] 图7—1是19世纪初的江坪区域图。背倚大山，土地贫瘠，使得当地人只能靠海为生。在18世纪，此地以黑市交易著名。到18世纪末，江坪已成为著名的海上非法活动集团和走私者的避难港，甚至直到今日，它仍是著名的非法走私交易中心。

1770年至1802年间，江坪是个喧闹的边境城镇，有上百家的店铺和两千多人口，那里的居民多数是中国人和安南人，但也有土著和外来客混杂其中。许多贫困的安南人傍水而居，从沙滩边延伸到港口，他们住在简陋茅棚中，靠着贩售赃货和为住在临近岛屿的海盗和走私客提供日常用品来维生。远从广东、广西、福建和其他省份的商人小贩，都蜂拥到这挑拣来自海上非法劫掠或交易所得的便宜物品，一如前例所提的童升儒。安南商人也不例外，纷纷来此贩售买卖。江坪成为海盗、不法分子等的避难所；它也吸引了大批的水手（如前所提的王亚德）、渔夫、苦力、挑夫等市井小民来这找工作。[③] 这些人都是海盗吸收新血的最佳人选。江坪地区曾被西山兄弟集团盘踞，后于1802年遭安南及清政府镇压。

透过海盗、走私者的传播，江坪的黑市交易及对不法之徒友善的声名远播，像是来自广东东部的彭阿聚，既是海盗又是渔民，他听闻江坪可以为他提供保护庇佑，又可以赚钱，在涉入数起在广东福建边界的劫掠案件

---

① 《刑科题本，盗案类》（第258号），乾隆三十八年十一月十日。

② 铃木中正：《黎朝後期的清と の関係（1682—1804年）》，载山本達郎编：《ベトナム中国関係史：曲氏の抬頭から清仏戦争まで》，山川出版社1975年版，第480—481页。

③ 《宫中档》（第1074号），嘉庆一年八月二十六日，（第1656号），嘉庆一年十二月十一日，（第2531号），嘉庆二年六月十一日；及卢坤、陈鸿墀编：《广东海防汇览》卷26，第1—2页。

图7—1 江坪地区（来源：《广东通志》，1864年版）

后，他躲到江坪以避开清政府追捕。八个月后，他更伙同啸聚在江坪的不法之徒，继续在海上打劫的行当（根据记载有 6 笔），直到 1797 年被捕。[①]
彭阿聚的行径是这段时间（1770—1802）被吸引到江坪的不法之徒的典型例子。

像江坪这一类地方，因被大山阻隔，又无河流贯穿以连接内陆，毫无机会发展成为重要商港，但却极适宜成为黑市交易的中心。地理位置说明了江坪为何是走私海盗的天堂。自湄公河三角洲蜿蜒至浙江、沤江三角洲一带，长达三千英里的崎岖海岸线，散布了数不清的不知名岛屿和港湾，许多都成为海上非法活动和其他不法之徒逃避官方缉捕的避难所。例如，江坪是北部湾沿岸一个隐蔽、不易达的港湾，位于中国来往东南亚的主要航道上。天然屏障使得江坪孤悬，透过陆路抵达此地，几无可能。在中国边境内，坐落于崎岖山道上的东兴，是一个离江坪最近（只有 15 里）的清军营地。自江坪走路到最近的市镇——防城（清代归钦州管辖），要翻山越岭花三天的时间。由水路到达江坪也不是那么容易，嶙峋沙礁使得行船相当困难。[②]因为地理位置孤悬、天高皇帝远、政府鞭长莫及，使得江坪成为海上非法活动的理想藏身之所。

除了江坪，还有数不清的秘密港湾和黑市交易市场，散布在中国南方沿海，成为提供海盗贩售赃物、休养补给和吸收新血的地方。江坪与这些秘密港湾都有极密切的联系，而成为广大南中国海海域重要的一环。在它的黄金时代（1770—1802），它是这片浩瀚水域的中心，南中国海海域黑市交易的枢纽，海上非法活动份子的藏匿渊薮，又是自海南往北沿着海岸线北至广东、福建、台湾、浙江地区，以及自海南以南沿着北部湾海岸线至现今越南顺化（Hue）及西贡以南地区的中继站。在这条海岸线有一些著名港口如广东沿岸的三合窝、白庙、海安、中山、澳头、马公，甲子、海门、大澳；福建沿岸的湄洲、白沙、沙堡、水澳、下湖；台湾沿海的鸡笼（今基隆）、打狗（今高雄）、后垅（今苗栗后龙）、苏澳、东港；浙

---

① 《宫中档》（第 2531 号），嘉庆二年六月十一日。
② 铃木中正：《黎朝後期の清と の関係（1682—1804 年）》，第 480 页。

江沿海的梅头、江口关、大门山、洞头山、松门；安南沿海的短棉（Doan Mien），施耐（Thi Nai）、顺化（Hue）、会安（Hoi An）。[①]

重要的是，许多的非法地下交易（海盗或走私），也发生在如西贡、澳门、江门、黄埔、澄海、厦门等合法重要港口。这些合法港口，就像个大型的货物集散地中心，只要有利可图，纵使是不法情事也非常宽容。也就是说，当地商人和政府官员并不注意货物的来源是合法或非法。在这里，非法或合法商业行为的界限非常模糊，无法清楚辨识。所以许多商人到江坪买入赃货，再将来源不明的货品运到其他（合法或不合法）的港口转卖。[②]史学家冈蔻·罗佩兹·纳德尔（Gonçal López Nadal）解释，"若以商业行为而论，这些不同的（合法或非法）经济行为是很难区分的"。[③]江坪一如西贡或厦门，只不过一个是合法贸易口岸（西贡或厦门），一个是地下非法贸易口岸（江坪）。在18世纪末海上非法活动猖獗的年代，它是黑市交易的重要贸易口岸。但在1802年，当海上非法活动组织及巢穴被安南及清军联手摧毁后，江坪就繁华散尽，成为一个穷山恶水的小港口。到今日，因港口淤积和填土造地，它已不复昔日风华，成为一个陆地城市。

黑市交易对一些边远地区，如江坪这样的地方而言，非常重要。否则它们就会被摒弃在正常商业体系之外。非法走私兴盛时，这些地下黑市市场也会繁荣，并为沿海居民带来成千上万的工作机会。这些与海盗走私打交道的当地人，也与这些不法之徒一般，都是些普通的渔民、水手、贩夫走卒；他们如此做，不管是合法或非法，也不过是为讨口饭吃罢了。从许多案例中，我们可以看出来，这些从事黑市交易而得的收入，常是他们主

---

① 《宫中档》（第137号），嘉庆一年二月九日，（第2845号），嘉庆二年七月六日，（第3459），嘉庆二年十二月一日；也见 Robert J. Antony, "Piracy and the Shadow Economy in the South China Sea, 1780-1810", in *Elusive Pirates, Pervasive Smugglers: Violence and Clandestine Trade in the Greater China Seas*, ed. by Robert J. Antony, Hong Kong: Hong Kong University Press, 2010, pp. 99-114.

② 《宫中档》（第1047号），嘉庆一年八月十九日，（第2010号），嘉庆二年二月二十四日，（第2845号），嘉庆二年七月六日。

③ Gonçal López Nadal, "Corsairing as a Commercial System: The Edges of Legitimate Trade", in *Bandits at Sea: A Pirates Reader*, ed. by C.R. Pennell, New York: New York University Press, 2001, p. 127.

要的经济来源。正因为在南中国海沿海一带，成千上万的人都直接或间接地靠着海盗行为来谋生，使得这种非法交易方式，成为近代初期该地区经济自给自足的重要方式。虽然非法交易减损合法贸易的利益，无可讳言，它仍带来许多正面的经济效益。合法贸易促进不少港埠的开发，地下黑市贸易，也带来许多新兴港口。像江坪这样的黑市交易中心，与合法交易中心在经济体系中相辅相成。只不过这种非法交易，使得海上非法活动更为猖獗，因为人人都想到黑市市场中买入价廉物美的货品，使得不明货源的黑市货品大为抢手。虽然我们无法估算这种黑市交易的金额和数量，无可否认地，它一定为许多沿海地区提供了大量的经济和财货来源，特别是那些在正常合法经济市场外的地区。重要的是，这些在黑市交易市场上进出的金钱和物资，完全不在政府或正常经济体系控制之内。这种地下黑市交易系统的建立，明显地看出合法交易市场机能的不足。因此，地下黑市市场交易对促进地方商业繁荣及资本重新分配有极其重要的贡献。一言以蔽之，海盗及走私等非法经济行为，变成南中国海海域及沿岸一带重要的经济来源及生活方式。①

第三节　江坪和中越边界

江坪的地理位置极为复杂，曾引起一些有关国界及管辖权等纷争。它从前坐落于中国国境内。图7—2是幅18世纪末清代在中越边界海防部署的地图，从中可以看出来刻意模糊、歪曲的中越边界。虽然中越双方都知道有一道国界划分两国，但却无法清楚地指出来那条线在哪里。这并不是说清政府有司不明白国界的定义，而是因为它们在哪儿实在并不清楚。总之，对中国统治者而言，它的疆域界限就是"天下"，而清政府也将安南看作藩属国。对清政府而言，这个边界问题，只不过是个行政辖区的分别，

---

① 参见 Antony, "Piracy and the Shadow Economy in the South China Sea, 1780-1810"。

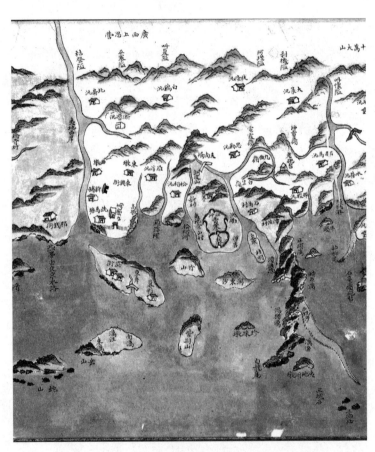

图7—2 江坪地区（来源：18世纪末广东海防地图）

而不是国与国之间的界线。就以江坪为例，中越双方都承认它归安南管。[①]
至少，在18世纪末中越双方都是这么认为的。

　　当地崎岖曲折的地形，使中越双方以自然地形如山川河流、森林等为
界线，在这个地区所谓边界就只是一连串的军事营汛，随着局势变化而移
动（前进或后退），非常不精确。[②] 对江坪当地人而言，他们对边界的看法
又与官方不同。最起码，对那些傍水而生的渔夫、水手、海盗、走私的人
而言，国界是毫无意义的。（图7—3）穆黛安（Dian Murray）形容他们对
待边界的态度是"根据自由心证，随意移动，边界好似不存在"。[③] 国界对
他们而言，就如同法律规范一般，不存在他们的思维逻辑中。

　　江坪，对中国或安南而言，都是个边陲小镇。"边境"意指一个离中央
极远的边陲地区，有两种或几种不同文化混居一处的共存关系。[④] 就许多方
面而言，江坪就像17世纪末马达加斯加群岛（Madagascar）的圣玛利岛
（St. Marie Island），是个海盗啸聚的地区。[⑤] 江坪是个典型的边境城市，自
图7—1中可以看出，它前有大海、后有高山和森林，较之其他在中越边
境的城镇，它显得遥不可及且僻处一地。从中国这方面来看，江坪离所谓
已开垦的（有汉族居住的）地区，中间隔着一大片未开化的土著所居住的
地区。从中国的官员或流放到南方的文人的眼中来看，江坪是文化边陲。
住在这里的中国人，早就去掉他们脑后的辫子，还与安南人或当地土著通
婚。[⑥] 这个地区的人口相当流动，且只有少数地区有人居住，但都不是永久
性的城镇，看起来只是临时性的落脚处。他们多数是渔夫、水手、苦力、
海盗、走私者或来这里做生意的人，他们只把这里当作暂时的落脚点，而

---

① Lloyd Eastman, *Throne and Mandarins: China's Search for a Policy during the Sino-French Controversy, 1880-1885*, Cambridge: Harvard University Press, 1967, pp. 43-44.

② 《防城县志》1993年版，第3、131、433页。

③ Dian Murray, *Pirates of the South China Coast, 1790-1810*, Stanford: Stanford University Press, 1987, p. 20.

④ 有关"边境"的相关问题及比较研究，见 Howard Lamar and Leonard Thompson, *The Frontier in History: North America and Southern Africa Compared*, New Haven: Yale University Press, 1981。

⑤ 有关圣玛利岛海盗，见 Robert Ritchie, *Captain Kidd and the War against Pirates*, Cambridge: Harvard University Press, 1986。

⑥ 参见许文堂、谢奇懿合编《大南实录清越关系史料汇编》，台北，"中央研究院"2000年版，第19—21、30—31页；铃木中正：《黎朝後期の清との関係（1682—1804年）》，第421—422页。

图7—3 江坪巫头岛渔船（2011年安乐博摄）

不是根。这种人口流动的边境城市的特色，李塔娜形容为"生命的不确定及其潜在的暴力"。[1]

清政府对江坪也鞭长莫及。詹姆士·阮（James Ron）描述所谓的边境地方"天高皇帝远、治安情况紊乱，各方势力拥兵自重、自立山头"[2]。"边境"，在定义上就是三不管地带、无法无天的地区。虽然安南宣称这地区属于安南，但因为西山兄弟集团盘踞在此，使得安南无法设置任何机构。江坪在中越边境的地理位置，由于是个穷乡僻壤，不论是清政府还是安南，当时双方都不重视，所以就成了西山兄弟控制的地区。偶尔西山兄弟会受到清政府的压力，象征性地派兵清剿江坪的海盗和不法之徒。[3]之所以是象征性的，是因为西山兄弟的起事还靠着这群海上不法活动集团的军事和经济的支持。因为这许多的现实理由（地理位置、黑市交易、反抗满清统治的人士聚集的地区），江坪一直就是个无法无天的地方，它的名声常与酗酒闹事、荒唐堕落、好勇斗狠、逞凶伤害等相连。雷·亚伦·比林顿（Ray Allen Billington）笔下美国西部拓荒情况一如这儿，"这些反社会行为，部分是因大批不法之徒聚集在一个无法可羁的三不管地带；人烟稀少的边境小镇吸引了一群作奸犯科的不法之徒"。[4]在这种种条件下，江坪是海盗走私和其他作奸犯科的人理想避难所，在这儿他们不用担心被追缉或逮捕。

无论是从清政府或安南的眼光来看，江坪都是个化外之域，但暂时住在这里的人可不这么认为。他们认为，江坪是中心，而广州、厦门、河内、顺化、西贡才是边陲。总之，中心或边陲其实是因人而异的。江坪是

---

[1] Li Tana, "The Water Frontier: An Introduction", in *Water Frontier: Commerce and the Chinese in the Lower Mekong Region, 1750-1880*, ed. by Nola Cooke and Li Tana, Lanham, MD: Rowman and Littlefield, 2004, p. 8.

[2] James Ron, *Frontiers and Ghettos: State Violence in Serbia and Israel*, Berkeley: University of California Press, 2003, p. 16.

[3] 例见《宫中档》（第 2368 号），嘉庆二年四月二十四日。西山兄弟集团曾与清水师合作，驱逐盘踞在江坪的海盗。在清官员的报告中，列出逮捕 63 名海盗，但其中没有海盗头目，官兵杀死许多海盗及焚毁一百多间海盗聚居之处。西山兄弟集团向清廷献上所逮捕的 63 名海盗，并承诺会继续追捕漏网海盗。《宫中档》（第 2631 号），嘉庆二年六月十六日。

[4] Ray Allen Billington, *America's Frontier Heritage*, Albuquerque: University of New Mexico Press, 1974, p. 72.

个偏僻之地，多元文化混杂的地区。[1] 在文化发展、经济结构、社会制度方面，它既不是中国式的，也不是安南式的，它是独特的，就是它自己。虽然来江坪的人多数只是暂时性的过渡性质，但他们常常跑回这以求得庇佑，休息和玩乐。因为虽是漂浮水上靠海为生的水上人家，也需要一方陆地以供落脚。

第四节 化外之域的江坪

住在江坪的人多数是中国人和安南人，偶尔也有来自欧洲和非洲的水手、叛逃者和不法之徒。清政府或安南的官方文献中，常以贬义的名称"流民"来称呼住在这边的人。王赓武对流民的定义为："流民是群有反社会行为的人。不负责任的行为，导致他们无国、无家并被放逐驱逐出境。""流民"也指未得允许即擅离中国国境的中国人。[2] 觉灵，一个来自广东的和尚，年轻时就是个不良少年，为逃避清政府追捕而落发出家，后来又逃匿到安南。[3] 何喜文是另一个藏匿在中越边界的亡命之徒。他属四川白莲教，自称天地会大哥。因为涉入在四川的叛乱，被清政府追捕，劫掠广东，福建沿海，后在1778年逃入安南，被元朝授以管巡海都营大将军，对抗西山兄弟。[4]

18世纪末，来往江坪的人多数是海盗。江坪靠着他们发达和繁荣。1797年一份清朝官员的奏折中提道，当时在江坪地区大约有百余间简陋茅棚，一些靠海为生的人与他们的家人偶尔就住在这里，与当地人或外地商人做生意。[5] 穆黛安书中所提被清政府以海盗罪名而逮捕的230人，其

---

[1] 参见 G. William Skinner, "Creolized Chinese Societies in Southeast Asia", in *Sojourners and Settlers: Histories of Southeast Asia and the Chinese*, ed. by Anthony Reid, St. Leonards, Australia: Allen and Unwin, 1996, pp. 51-93.

[2] Wang Gungwu, "Sojourning: The Chinese Experience in Southeast Asia", in *Sojourners and Settlers: Histories of Southeast Asia and the Chinese*, ed. by Anthony Reid, St. Leonards, Australia: Allen and Unwin, 1996, p. 4；也见铃木中正《黎朝後期の清と の関係（1682—1804 年）》，第 422、437 页。

[3] 许文堂、谢奇懿合编：《大南实录清越关系史料汇编》，第 29 页。

[4] 同上，第 30—31 页。

[5] 《宫中档》（第 2368 号），嘉庆二年四月二十四日。

中 199 人与安南有关系，在这 199 人当中，127 人与江坪有直接的关联。而这些海盗多来自广东西南，特别是雷州半岛。[①] 雷州半岛距离江坪很近，以海上非法活动著名。其余的人来自安南、福建或浙江地区。[②]

这些被逮捕的海盗多数为贫困的渔夫和水手，他们的年龄约为 20 岁至 30 岁。最年轻的是 14 岁，最大的为 68 岁，他们的平均年龄是 32.8 岁。[③] 除了水手和渔民外，清政府也抓到一些从事其他职业的人，如贩夫走卒、挑夫苦力、行旅商贾等。如江盛是浙江人，在福建贩卖槟榔，偶尔也从事海上不法营生，他固定每一年来回江坪，出售赃物、修补船只、补给货物。[④] 黄大兴来自珠江三角洲新会地区，在江坪地区原本从事挑货苦力，后来加入海盗郑一集团为手下。[⑤] 一般而言，这些人除了流动性高外，也相当贫困，他们生活在社会的边缘，日常收入仅能勉强糊口度日。本章一开始提及的王亚德，在当水手时，每个月大约赚 150 文铜钱，这是当时水手的每月平均收入。以男性每日大约食用 1 斤（1.3 磅）米来计算（当时 1 斤米约值 5 铜钱），可以看得出来，他们每个月的收入只够买米而已，根本不够其他的开销。因此在王亚德所涉及的案件中，他所分得的 2 千文铜钱，已是一笔极大的收入。[⑥]

海上非法活动集团，很少是固定或永久性的。这些临时性的集团就如江坪一般，只不过是群乌合之众，他们不但机动性高且多数是业余的。海上劫掠不过是这些讨海人的副业，他们规律地交替从事合法或非法的营生（如前面各例所提）。[⑦] 王亚二是个典型的例子。他原籍广东新会，与其他四个朋友来江坪找工作，找不到合适的，他们就决定当海盗。在 1796 年他们收到西山兄弟们的"照"（许可证），开始建造船只并招兵买马，公开从

[①] Murray, *Pirates of the South China Coast, 1790-1810*, pp. 162-165.

[②] 《琼州府志》卷十九，第 28 页。

[③] Murray, *Pirates of the South China Coast, 1790-1810*, pp. 162-165.

[④] 《宫中档》（第 2631 号），嘉庆二年六月十六日。

[⑤] 《宫中档》（第 1448 号），嘉庆一年十一月十日。

[⑥] 有关清中叶沿海居民的生活消费和水手工资，见 Robert J. Antony, *Like Froth Floating on the Sea: The World of Pirates and Seafarers in Late Imperial South China*, Berkeley: University of California, Institute of East Asian Studies, China Research Monograph No. 56, 2003, pp. 71-73, 76-81。

[⑦] 有关"见机而作"的海上非法活动，详见 Antony, *Like Froth Floating on the Sea*, pp. 94-97。

事海上打劫。他们这个集团，超过 100 人。春季时，就顺着季风朝广东到浙江沿岸打劫。冬季回到江坪后，就在此卖掉所抢得的财货，修理船只和补充新血。他们在 1796 年 6 月（夏季）靠近广东新安县海域被清政府水师逮捕。[①]

这群盘踞在中越边界的夷匪（中国官方对他们的称呼），在中国及安南沿海一带活动，无论是哪一国的船只，他们都不放过。江坪的海盗，固定地与数股来自广东和福建的小型海上非法活动集团合作，在这些地区的中国海盗的带领下，打劫广东福建沿海地区。[②]到 1800 年，江坪的海上非法势力强大到几乎封锁了清政府在广东地区的盐业专营（清盐业专营，靠船只运输），以及西方人在广州的鸦片交易（鸦片贸易，靠船只运输）。1796 年至 1802 年，海上非法活动集团的势力，甚至延伸到整个中国南方沿岸，北至浙江南部至中越边界，都在他们的控制之下，连各港口商铺也向他们定期缴交保护费。[③]

在来往江坪的过客中，来自广东西部钦州的罗亚三是个商人，他既走私也打劫。被捕时，他才 33 岁。他的家族三代以前就迁居到安南。1796 年夏季，他得到安南西山政权的贸易特许，允许他运米来此贩售，再将所得换成药品、瓷器和布匹带回西山政权的盘踞地。一个月后，在他返航途中被海盗洗劫。他回到江坪后，立刻从熟识的海盗梁二处取得另一艘船，船上配有武器和 18 个人手。之后，他再度出航。这一次他是以海盗的身份出海，以弥补他的损失。罗亚三和这群中越混杂的海上非法活动集团，在钦州沿海活动。直到他的船在海南岛被暴风雨损坏之前，他们至少劫掠了两艘中国帆船。[④]罗亚三的例子显示出，在江坪这样一个价值观念、律法制度模糊的地方，人的行为可以随意游走于合法与非法之间。

其他靠海维生在江坪讨生活的人，也都是如此。这是一个粗犷不文、没有规范、价值颠倒、次级社会的江湖文化，一群因贫困而生活在社会边

① 《录副奏折》(第 3854 号)，嘉庆二年一月二十七日。

② 参见《宫中档》（第 1763 号)，嘉庆一年十二月二十九日。

③ Antony, *Like Froth Floating on the Sea*, p. 41.

④ 《宫中档》（第 1643 号，附篇），嘉庆一年十二月七日，（第 2010 号），嘉庆二年二月十四日。

缘的讨海人家的生存文化。他们所共享的文化，由他们共创，与住在围起来的城墙内以农维生的主流文化截然不同。由于生活的艰难及当时人们对他们的歧视，他们的文化筑基于暴力和罪行，他们出语粗鲁、酗酒闹事、聚众赌博、斗殴闹事、无法无天、不受管束。他们的文化不受社会道德习俗规范。就连语言也自成一格，混杂着中国的南方方言和安南话。政治上，也许为表示对清政府的反抗，逗留于江坪的中国人将辫子剪去，让头发披散着。这种发型当时流行于这群亡命叛逆之徒间。对清政府而言，辫子是很敏感的话题，它用"蓄辫"（"留辫不留人"）来看一个人的忠诚。所以这群不受社会文化规范的化外之民，就代表对传统价值的挑战，对既定事实（满清统治）的反抗。[①]

江坪的文化，也是一个以男性为主的文化，比传统中国文化或安南文化更要求女性温顺服从。他们对两性的行为和观念自成一套，女人和小男孩只是战利品，可以如动产般任意买卖。海盗头目常拥有数个女人和小男孩，数量多寡随心所欲。海盗们视女人和小男孩为物品，可以任意剥夺；而俘虏，也可以随他们的心意，被任意虐待或殴打强暴。[②]对大多数的海盗而言，他们获得女人的方法，就是"抢"。许多官方的档案中记录海盗所掳掠的妇女，有外地人（安南人），也有大陆人。海盗会"强逼奸宿"看上的女性，让其成为他们的女人，一如他们强迫（鸡奸）年轻男性俘虏。杨亚长在生意失败后改当海盗，就掳掠奸淫了多名安南女子和男孩。[③] 陈长发是广东新会渔民，1795 年到江坪加入海盗集团，在靠近电白的地区，打劫一艘渔船，陈长发和其他数名海盗鸡奸了四个被掳掠的水手。另一名海盗则强掳了船上的一名蜑家妇女到船上做他的女人。从以上案例来看，我们可以看到海盗完全打破所有的道德规范和社会秩序。[④]在江坪地区，这种违反妇女或男孩意愿而强行占有他们身体的行为是习以为常的。

① 参见 Antony, *Like Froth Floating on the Sea*, pp. 139-163。
② 在西山兄弟起事期间（1802 年前），女性在海上活动集团中不占任何重要地位；1802 年后，在中国开始有一些女性在海上非法活动集团中占有领导地位，如广东的郑一嫂、福建的蔡牵妈，在郑一嫂的领导下，海盗集团中颁布了一些规章，以保护被俘虏的女性不被随意强奸和侮辱。
③ 《宫中档》（第 2845 号），嘉庆二年七月六日。
④ 《宫中档》（第 1448 号），嘉庆一年十一月十日。

对清政府而言，江坪是化外之域，那里的人比野蛮人还不如。他们一如 17 世纪地中海沿岸，放弃自有的欧洲文化加入北非洲沿岸的海上劫掠活动组织，被当时欧洲政府视为野蛮人的欧洲人一般。[①]这些在江坪的中国人，也是群放弃固有进步的中原文化，自甘堕落与未开化的生苗和安南人相处的一群人。没有什么比他们对待俘虏的残酷暴行，特别是"食人"的野蛮行为更能证明他们的堕落。陈老三，来自广东西南遂溪，盘踞在安南。档案中记录他不止一次将俘虏开膛破肚，取其心肝下酒与同伙海盗一起享用。之后再将受害者的肢体分解，抛到海里。审理陈老三案件的官员大加痛斥陈老三的兽行令人发指，惨绝人寰，毫无人性。[②]

第五节 结论

海上非法活动分子，依靠陆地提供生活所需；江坪则依靠海洋、海上非法活动及其组织维生。这是一个文化多元、语言复杂、华夷苗傜杂居的港口，在 1780 年至 1802 年间，这里盛行海盗走私，是个当时名扬国际的地下黑市交易市场。当地不仅是经济，甚至社会结构及文化习俗都与暴力犯罪脱离不了干系。当时它是一个边陲小镇，一个各方政权都鞭长莫及的三不管地带；中国方面因（明清）政权变动，安南方面因群雄并起；双方因政治紊乱，不遑顾及此地，使得江坪主权归属模糊。[③]西山兄弟乘势崛起，招揽人力建立海上势力，抢劫中国及安南等地临海城镇及来往商船，建立西山阮朝；于是一些自外于当时各政权的化外之民，如中国人、安南人、外国人等，由于西山兄弟的支持，就以此地为海上活动的根据地，创造了一个与众不同的文化和生存空间。

---

① 参见 Lois Potter, "Pirates and 'Turning Turk' in Renaissance Drama", in *Travel and Drama in Shakespeare's Time*, ed. by Jean-Pierre Maquerlot and Michele Willems, Cambridge: Cambridge University Press, 1996.

② 《宫中档》（第 2779 号），嘉庆二年六月二十一日。

③ 1700 年中期至 1802 年初左右的安南局势，政治紊乱，有后黎朝（Later Le Dynasty），郑主 (Trinh Lord)、阮主 (Nguyen Lord)、西山阮朝 (Nguyen Tay Son Dynasty)，阮朝 (Nguyen Dynasty) 等政权前后或同时并恃。

第八章 ‖海盗与水上人家的信仰‖

海盗及水手们的生存环境艰难困苦，不但与人竞争，更与变化无常的大自然搏斗，生活条件也极其简陋。他们的世界自成一格，与居住在陆地上的居民截然不同。人为的或大自然的凶猛与破坏是日常生活的一部分，这些生存条件塑造了这群靠海维生的人的生活形态与思考方式，也反映在他们的宗教信仰中。

海盗及水手的生存环境艰难困苦，不但与人竞争，更与变化无常的大自然搏斗，生活条件也极其简陋。他们的世界自成一格，与居住在陆地上的居民截然不同。人为的或大自然的凶猛与破坏是日常生活的一部分，这些生存条件塑造了这群靠海维生的人的生活形态与思考方式，也反映在他们的宗教信仰中。他们的宗教信仰强调命运，宗教仪式和相关的活动则着重在现实层面。在他们的认知中，大自然的力量与神力是不可分的，虽与靠陆地为生的人崇奉同一尊神祇，但神明对以海为生的人而言，有不同的意义。

第一节　掌控大自然

讨海为生的人眼中的神明，是由他心目中所认为的大海及大自然的观念及挑战形成的。海洋广阔无边，它一方面提供了生活之所需，却也变化无常，冷酷无情，生死系于一线之间。在历史学家马可士·瑞迪克（Marcus Rediker）笔下，18 世纪西方以海为生的人的信念一如中国的讨海人，"无法预测的大自然变化多端，使得生命极其脆弱。生死的无常，使得讨海人迷信各种趋吉避凶的求福仪式、祓禳和符咒"。[1]事实上，对中国讨海人而言，好运和好命比善良及勤俭还重要。因此他们的信仰非常实际，多与今生现世相关，很少涉及来生或善恶因果。他们观念中的大自然和神灵没有什么区别，并视两者的关系是相互交错、密不可分的。他们常调整生活步骤和想法以切合超自然的神明世界。宗教仪式和祭祀崇拜是一种使心灵通达神明的一种通道，透过祭献仪式可以让鬼神听到自己的心声。[2]

讨海人，无论是水手、渔夫，还是海盗，都对大自然的变化极其敏锐。

---

① Marcus Rediker, *Between the Devil and the Deep Blue Sea: Merchant Seamen, Pirates, and the Anglo-American Maritime World, 1700-1750*, Cambridge: Cambridge University Press, 1987, p. 186.

② 参见Barbara Ward, *Through Other Eyes: Essays in Understanding 'Conscious Models' – Mostly in Hong Kong*, Hong Kong: Chinese University Press, 1985, pp. 12-13；及Robert J. Antony, *Like Froth Floating on the Sea: The World of Pirates and Seafarers in Late Imperial South China*, Berkeley: University of California, Institute of East Asian Studies, *China Research Monograph* No. 56, 2003, pp. 150-152.

他们对自然变化的了解，不但能帮助他们在海上的航行，更有益于他们在海上的生存。"清明以后，南风为常。霜降以后，北风为正。南风壮而顺，北风烈而严，南风时发时息，风不胜帆，故舟以小为稳。北风一发难止，恐帆不胜风。故舟以大为稳。"① 他们自有一套对星星、太阳、气象、海洋等大自然特质和海上变化的研究及诠释。"占天门"中所述："朝看东南，有黑云推起，东风势急，午前必有雨。暮看西北，有黑云，半夜必有风雨。"② 他们可以根据海水颜色的变化及云层形状来预测气象的变化，或能从大气中水汽湿度变化中嗅到暴风雨即将来临，或能从风向和海洋潮流的走向预测浪涛的大小。"遥望外海，浪色如银，摇空迭出，名曰起白马，舟不可行……返照没前，嬲脂没后，星光闪烁，必定风作。海沙云起，谓之风潮，名曰飓风……云若车形，大主风声。云下四野，如雾如烟，名曰风花，主有风……海燕成群，风雨便临。白肚雨作，乌肚雨淋。海猪乱起，风不可已。"③ 这些知识都是靠海维生的人必备的常识，是他们经年累月生活在海上所累积下来口耳相传的经验。这些常识有些有确凿证据，有些却只是不科学的个人迷信。因为海上生活的凶险，讨海人便通过对自然的观察，以及仪式崇拜求神祈符等方式，来掌控他们的海上世界。

地方志、历书、航海日志记录了许多与航线、洋流、潮汐和天气预测等有关资料。《连江县志》气候杂占中就有每个月的气候变化，并详细摘要了有关预测不同的风向和气候变化。"正月朔，平日渐风、及暮渐晴、日中有云点缀者，曰三有；其年主大丰，缺一则不验。二月惊蛰前，雷先发，则多雨。三月四月五月……"为了便于记忆，长期的气象预测，就根据神明的生日诞辰和庆典仪式来记载。比方说，根据妈祖生日（阴历三月二十三日）来记忆的海上强风——妈祖飓，就是一种极其强劲的海上飓风。④

若将这些有关气候变化的常识以押韵（或儿歌）的方式编写，就连未受过什么教育的讨海人也能轻易记忆，朗朗上口。《海道经》是本流行的

① 《连江县志》卷二，成文出版社，第 32 页。
② 《海道经》，戴广文编译所《海防辑要》，台北，广文书局 1969 年版，第 202 页。
③ 《连江县志》卷二，第 35 页。
④ 《连江县志》卷二，第 34—35 页。

手册，它包含了一系列押韵短句，用来描述大自然现象，以帮助讨海人预测海上的气象变化。例如用闪电来预测天气变化："电光西南，明日炎炎。电光西北，雨下连宿。辰阕电飞、大飓可期。"[①] 广阔的天空及浩瀚的海洋现象，提供了数不尽的线索可以供人预测。月亮边出现的月晕代表风暴即将来临，夜空中闪过的流星，预示台风、疾病、灾害或死亡等厄运；天边破碎的彩虹就和乌鸦啼叫声一般，象征未来的气候恶劣。"日晕则雨，月晕则风……日没脂红，无雨风骤。"[②] "虹下雨垂，晴朗可期。断虹晚见、不明天变。断虹早挂，有风泊"[③] 卷层云是水手们俗称的"鱼鳞云"，代表气候不稳定，一定有雨。浮在水上的鹅毛代表暴风雨将至。水上看到蝼蛄，代表两三天内必有强风来袭。海豚成群结伴在水面跳跃，代表刮风不止。讨海人视一些海中生物为神圣之物，如鲸鱼、锯鲛、鲽鲛、海龟等。这些海中圣物不应捕杀，若不幸误杀，就应带到庙中供奉神明，以求避免神明惩以恶劣的天气变化。人类学家安德森（E. Anderson）解释"若未经适当地祭祀仪式奉献这些被杀（牺牲）的海中神物，就会为全船的人带来厄运——或翻船、或丧命、或牲畜死亡等。在神明前供奉这些海中神物，则能扭转运势、转危为安"。[④] 台湾渔民为避免因出海捕鱼时误捕海中神物而招致厄运，会定期举行盛大祭典，以求人船海上航行平安及渔获丰富。[⑤] 福建福清县的渔民也有类似的禁忌，如在福清县龙王庙附近的海域，虽然鱼量丰富，但附近居民绝对不敢下网捕鱼，害怕惊扰海面下的龙王，使得他们海上不得平安。[⑥]

① 《海道经》，第 208 页。

② 《连江县志》卷二，第 35 页。

③ 《海道经》，第 207 页。

④ E. Anderson, *Essays on South China's Boat People*, Taibei: Orient Culture Service, 1972, p. 34.

⑤ Norma Diamond, *K'un Shen: A Taiwan Village*, New York: Holt, Rinehart, and Winston, 1969, pp. 14-15, 26.

⑥ 《福清县志》，第 488—489 页。

第二节　讨海人的神明信仰

　　水手、渔夫和海盗供奉许多不同的神明。如果说关帝（关公）是陆地上农村社会里最受欢迎的神祇，那么天后（妈祖）就是海上人家最受欢迎的神祇。妈祖信仰在 10 世纪时源于福建莆田的一个小渔村，历经 800 年后，现在遍布所有与海有关的中国人所在的地区，从中国沿海到东南亚、日本，无论在妈祖生前还是死后，都有许多与妈祖海上救难有关的神迹。她在民间颇受欢迎，自元代起，政府就开始对妈祖加以赐封，赐建庙宇。这使得妈祖信仰成为官方承认的信仰。 1409 年（永乐七年），永乐帝赐号其为"护国庇民妙灵昭应弘仁普济天妃"。几年后，又在南京城外赐地建庙，列入祀典。1684 年（康熙二十三年），清政府因她助水师平定台湾郑氏家族有功，又赐她封号为"护国庇民妙灵昭应仁慈天后"，流传为今日广为人知的"天后"称呼。[①]（图 8—1）

　　妈祖信仰的受欢迎程度，可以从中国南方沿海地区及邻近岛屿上数不尽的妈祖庙中略窥一二。18 世纪及 19 世纪初的中国南方地区贸易繁盛，经济富庶，相应的这个时期也有大量的新建庙宇和整建翻修的旧庙。这些庙宇多数坐落于繁忙的商港或渔港，也有的在港湾附近的岛屿上，或邻近航线的岛屿上。庙宇的兴建反映了当地经济的富庶情况。这些财富都是当地直接或间接地从事贸易活动所得的。富有的乡绅商贾崇奉这些海上神祇，他们是当地庙宇新建、翻修、祀奉等最主要的赞助人。通过捐款，他们得以影响并主持乃至控制庙宇组织、节庆祭祀等事宜。[②]

　　乾隆末年，几乎每一个沿海村镇都可以看到妈祖庙。一些较大的城镇，更有不止一所庙宇，供奉不同的海上神明。19 世纪初的厦门，就有

---

① 　罗春荣：《天妃何时封天后—— 还历史本来面目》，载《妈祖文化研究》，古籍出版社 2006 年版，第 271—284 页。

② 　陈忠烈：《明清以来广东民间"天后"女神崇拜与社会经济的发展》，《广东社会科学》1994 年第 5 期，第 115—117 页。

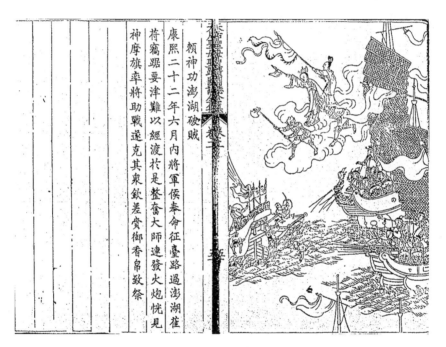

康熙二十二年六月内將軍侯奉命征臺路過澎湖隹
賊窺踞要津難以經渡於是整奮大師連發火炮恍見
神摩旗率將助戰遂克其衆欽差賚御香帛致祭

賴神功澎湖破賊

图8—1 赖神功澎湖破贼
（来源：清康熙版《天后圣母圣迹图志全集》）

26 所天后宫和各式各样的庙宇，供奉不同的海上神明。那时的澳门，光是澳门半岛再加上氹仔和路环两个小岛，就至少有 10 座以上的"阿妈"庙。阿妈庙就是妈祖庙，阿妈是当地人对妈祖的称呼。1850 年的广东，光是顺德一地就有不止 50 座天后宫，许多天后宫是几百年前建造的。也有许多的渔港和邻近小镇，当地人不呼其名却直接以庙名称呼其地，就如鸡州被称为"天后市"而非鸡州。①

许多人知道妈祖是讨海人家所供奉的神祇。事实上，她只是讨海人祭祀的许多神明之一。讨海人所祭祀的神明，除妈祖外，还有北帝、龙王、龙母、靖海神、三婆、风波神等。更有一些只有当地人才供奉的神祇，比如在香港、澳门的洪圣大帝、朱大仙和谭公等，在潮州的三山国王，在海南岛和雷州半岛的飓母神。上述神祇中，北帝、龙母、三山国王等，并不是专门保佑讨海人的神祇，许多地区的人也都供奉它们，祈求它们的庇佑；但至少在中国南方沿海一代，它们也被当作保佑海上平安的神祇。

讨海人会专门建筑他们自己的庙宇，以别于一些由陆地上的人所盖的庙宇。例如在香港大潭笃（Tai Tam Tuk）的水上人家，他们不与当地人一起到天后宫祭祀，而是到附近的两座小庙；较大的庆典活动时，则到香港岛上去祭祀洪圣大帝。每个地区的人也自有自己崇拜的神明，像大屿山的大澳，当地渔民原本崇奉天后，但是在清朝初年，那座天后宫被当地盐商和商人把持后，他们就转而供奉坐落在镇外的杨侯王。②甚至于渔民和村民虽然都在同一所寺庙祭祀同一尊神明，他们的庆典仪式和祭祀日期却往往有所不同。有的时候同一尊神明，不同的渔村有不同的日期举行庆典和祭祀活动。像是小小的坪洲岛，聚居蜑家、福佬和本地人，他们虽都尊奉天后，但是却有两个不同的妈祖诞辰：农历三月是村民（非讨海人）的庆祀日子，农历五月是水上人家的庆祀日子。在澳门，朱大仙的生日是农历正月，在氹仔则是阴历三月。对有民间信仰的人而言，各种有关神明的祭祀

---

① 参见《厦门志》，第 63—68 页；梁廷枬：《粤海关志》，道光十八年，卷五，第 24—25 页，卷六，第 11—12、25—26 页；陈忠烈：《明清以来广东民间"天后"女神崇拜与社会经济的发展》，第 117 页。

② 廖迪生、张兆和：《大澳》，香港三联书店 2006 年版，第 23 页。

活动非常重要，它们有驱逐附近野鬼游魂的功能。[①]

除了官方承认的寺庙外，在中国南方沿海地区，还有许多未被官方承认或登记的庙宇神龛，明和清政府称它们为"淫祠"。它们通常坐落在一些小渔村和港口内，只是用简单的材料搭建的临时性建筑。它们多数都涉及政府所不允许的地下黑市交易。而来庙中祭拜的人也不仅只是一般的渔民，还包括海盗和走私的人。他们的祭祀仪式有被禳四方、神明附体、驱除邪怪等政府认为是异端的祭祀活动。

三婆庙的起源不很清楚，很可能源自一个不被官方承认的地方信仰。最初可能来自越南，流行在海上人家间，通过中越之间的水上交通而传入。广西有一支少数民族——京族，他们尊奉的神明就称为三婆。而京族这支少数民族是明代时一群聚居在江坪附近岛屿的安南人。中国的水上人家对三婆的起源却大异其趣，他们信仰的三婆，是妈祖的第三个姐妹（笔者怀疑，这个关系很可能是后来的人为了澄清官方对这种地方信仰的非难，而加以穿凿附会的）。目前所知最早的三婆庙建筑于乾隆时，今广西涠洲岛上（图8—2和图8—3）。

自雷州半岛西部起到越南边界的北部湾沿海一带的合浦、钦州、防城、江坪、竹山等地，都有三婆庙或三婆信仰的分布。三婆信仰，很可能在18世纪末或19世纪初自这个地区传入珠江三角洲地区；清末《香山县志》，就载有香山县（今天的中山县）和澳门的三婆庙。现今坐落在香山的三婆庙已经不复存在；但澳门氹仔岛上，还保留有庙宇一座。由于江坪和涠洲在清代官方记录中，都是声名狼藉的海盗巢穴，所以三婆信仰很可能是随着海上活动而向东发展到此。袁永纶就记载张保仔崇奉三婆，至于他为什么会供奉三婆，可能和他幼年时住过涠洲岛有关。三婆信仰与原始巫术信仰关系密切，有请神、降神、扶乩等仪式，在中国南方沿岸，这些宗教仪式，传统上是由女性来主持，她们被称为巫婆或神婆。[②]

---

① James Hayes, *The Rural Communities of Hong Kong: Studies and Themes*, Hong Kong: Oxford University Press, 1983, pp. 46, 68.

② 根据2009—2010年于澳门氹仔，2010年于广西合浦、涠洲岛，及2011年于钦州、防城、江平、广兴等地所进行的田野调查。

图8—2 涠洲岛三婆庙（2010年张兰馨摄）

图8—3 涠洲岛三婆庙内神像（2011年张兰馨摄）

海盗一向与渔民生活及其各种活动密切相关，在中国南方沿岸地区，长久以来就有由海盗建立的庙宇。明代以双屿岛为据点的海盗商人，在岛上就建有天妃宫（即天后宫）。[①] 根据一块石碑记载，1753 年海盗首领郑连昌，在香港岛鲤鱼门的恶魔山建了一座天后宫。碑文上记载："天后宫，郑连昌立庙，日后子孙管业。乾隆十八年春立。"[②]（图 8—4）据传说海盗张保 1808 年，在香港的急水门和马湾地区及另一岛屿长洲，各建了一所天后宫。海盗蔡牵在闽江口马祖列岛的南竿岛兴建了妈祖庙三所。[③] 这些庙宇都坐落在海盗巢穴以及海上航运的必经之地。沿海地区也盛传张保极为尊崇妈祖，沿着珠江三角洲流域有不少由他资助修建的天后宫。从资料上我们看不出来，海盗们如何建立他们自己的庙宇；但记录上确实有记载，他们偷取其他庙宇中的神像，放到他们自己庙宇中供奉，或放到船上的神龛供奉。[④]

水上人家所供奉的神明五花八门，有些是陆地上的人也供奉的神祇。但是就算供奉同一尊神明，水上人家或陆地族群，也各有不同的定义。美国哈佛大学人类学家华琛（James Watson）认为天后信仰或中国人的其他神明信仰，"对不同的族群有不同的定义"。[⑤] 对陆地族群而言（政府、商人、地方士绅、农人等），天后代表正统思维（扶善除恶）和维持社会安定的力量。文献记载中将天后描述为一位能大显神威、安定地方的神祇，尤其是能掀起滔天巨浪，以靖绥海盗。其他的一些海上神祇，也有类似的神迹描述。1800 年嘉庆年间，一股海盗在靠近"松门龙王堂"的地方，因遭台风而船毁人亡。有司将这场风暴称为"神风"，以示神明相助，上报朝廷。皇上立即下令在该地建立庙

① 《倭志》，台北正中书局 1985 年版，第 450 页。

② 科大卫、陆鸿基、吴伦霓合编：《香港碑铭汇编》第 1 册，香港博物馆编制、香港市政局 1987 年版，第 36 页。

③ 《马祖地区庙宇调查与研究》，台湾行政院文化建设委员会 / 连江县社会教育馆出版 2000 年版，第 63 页。

④ 《东莞县志》卷 198；及 Edward Brown, *Cochin-China, and my Experience of it. A Seaman's Narrative of his Adventures and Sufferings during a Captivity among Chinese Pirates on the Coast of Cochin-China, and Afterwards during a Journey on Foot across that Country in the Years 1857-8*, London: Charles Westerton, 1861, p. 66。

⑤ James Watson, "Standardizing the Gods: The Promotion of T'ien Hou (Empress of Heaven) Along the South China Coast, 960-1960", in *Popular Culture in Late Imperial China*, ed. by David Johnson, et al, Berkeley: University of California Press, 1985, p. 302.

图8—4 香港鲤鱼门郑连昌碑（1753）（来源：2010年安乐博摄）

宇供奉天后和龙王。[①] 在雷州半岛上的雷祖古庙也有许多类似的故事。根据《雷祖古庙史料汇编》中的资料，约在清代，雷州附近海盗猖獗，在远离水师驻扎的沿海村庄，只好自组民兵自卫。[②] 某日海盗来袭，迫在眉睫，来不及前往郡城搬请救兵，仓促间，村民决定一方面利用地势抵抗来袭海盗，另一方面设案向雷祖请求助战。不久，本来晴空万里的天空忽然乌云密布，巨浪滔天，使海盗溃不成军。这一役，村民不但战胜了海盗，更保全了村庄。另外一个例子，1810 年，东莞地区的地方神祇因有功于绥靖海盗张保，被皇上御封为"靖海神"。[③] 来往海上经商的商人供奉神明是为了保佑他们航海平安、不受海盗袭劫，后来还延伸为财源广进、大发市利。民间供奉神明也有时代潮流的变化，如清中叶以后的中国南方，在商人之间，天后取代关帝成为最多人供奉的神明。

但是在水上人家，情况就绝不相同。根据水上族群的口述传说，他们供奉神明的主要目的是希望航海平安、渔获丰富。哈佛大学人类学家华琛根据香港渔民所述，发现他们供奉天后"不是为了驱逐海盗或社会安定，而主要是为天后的神力，能保佑他们海上行船平安、渔获丰富"。所以，天后不仅能呼风唤雨、击溃海盗（对陆地族群而言），也能平静风浪、保佑航行平安，甚至于也能保佑海盗及其船只的海盗（对海上族群而言），由此可见海上人家及陆地上人家，虽供奉相同的神明，但向神明祈求的内容却因生存环境的不同而大相径庭。简而言之，这两种族群有各自不同的信仰观念，如华琛研究中显示的，虽是同一神祇，不同族群有不同的诠释。[④]

① 焦循：《神风荡寇记》，《续修四库全书》第一六七二卷，古籍出版社 1995 年版，第 113—118 页。
② 雷祖古庙史料汇编编写组：《雷祖古庙史料汇编》，2008 年 7 月，第 101—105 页。
③ 《东莞县志》卷十九，第 8 页；卷三十三，第 25—26 页。
④ 陈衍德：《澳门的渔民业经济与妈祖信仰》，《中国社会经济史研究》1997 年第 1 期，第 71 页；Watson, "Standardizing the Gods," p. 322；及在雷州的田野调查，2009—2011 年。

第三节　祭祀仪式

除了在岸边建有庙宇外，每一艘船上都设有神龛。这些神龛都装饰华丽，在神像前，日夜都点上油灯。水上人家也常随身携带一些祭拜过神明的香灰，这些香灰通常放置在一些小小的红包袋内，悬挂在船上显眼的地方或是在船上的神龛前。张保甚至有一艘船，专门用来供奉神明，也方便他向神明请示。水手们会以红布包裹罗盘，每日早晚上香、焚烧纸钱。大多数船上都有一位叫"香火师"的人专司祭祀。他的职责是供奉神明及其他祭祀仪式。海盗船上也有专司祭祀的人，但是通常是被迫的俘房。①

水上人家花许多时间在祭祀上。这些祭祀活动反映出他们特殊的生存环境及独特的需要。日本人类学者可儿弘明（Hiroki Kani）在研究中指出，香港的渔民一年只有 120 天到 150 天捕鱼，其余的日子，他们用来举行庆典祭祀活动。②海盗们在每次行动前，必定会先向神明请示，上香祭祀。水上人家对神明非常重视，他们的供奉祭祀、请示不仅在每次起航前和结束后，在航行间亦不间断。每当出门远航或渔季开始前，他们会选一个黄道吉日，将置于船上的神像置于神轿中，挑着神像游过大街小巷来到祖庙，以求神灵庇佑。这种仪式中常有酬神演戏的活动。③

1861 年传教士约翰·葛雷（Rev. John Gray）描述一场有关龙母的祭祀活动："起锚前，船长站到船首，开始祭祀龙母仪式。有一个临时搭建起来的祭台，上面有三盏小杯，中间注满米酒。船长杀鸡以为祭祀牺牲，然后向前叩首。奠酒时，一次一杯，取酒高举过头，然后洒酒于站立之处的

---

① 《宫中档》（第 1092 号），嘉庆一年八月三十日；及 Charles Gutzlaff, *Journal of Three Voyages along the Coast of China in 1831, 1832, and 1833, with Notices of Siam, Corea, and the Loo-Choo Islands*, London: Frederick Westley and A.H. Davis, 1834, pp. 58-59。

② Kani Hiroko, *A General Survey of the Boat People in Hong Kong*, Hong Kong: Southeast Asia Studies Section, New Asia Research Institute, Chinese University of Hong Kong, 1967, p. 70.

③ Gutzlaff, *Journal of Three Voyages along the Coast of China*, pp. 58-59.

甲板，再以利刃划鸡脖，将鸡血洒于他所站立之处的甲板。这时，其他的船员恭敬地呈上数张银纸。将鸡血洒在这些纸上，然后将洒上鸡血的银纸绑在船舱的门楣和门柱上。"① 之所以用血来祭奠，是因为据说如此可以用来驱逐恶鬼、赶走厄运，为全船的人带来好运。

上供的祭品通常只是简单的糕点、水果、鸡肉或猪油。祭祀结束后，全船的人会一起共享这些祭品。也就是说全体船员与神明一起共享祝圣过的祭品，如此就可以直接得到神明的庇佑。另外一个通俗的祭祀活动是，起航前焚烧纸船给神明、燃放鞭炮、焚烧纸符等，以驱逐邪灵，祈神佑福，保佑航行平安。（图8—5）有些水手还会服用符咒的灰烬。这些讨海人还会将香灰或符咒灰烬装在红色小袋中随身携带，以保佑航海平安，并用以治疗疾病。海盗和走私者的祭祀活动与一般海上人家的方式一模一样，焚烧香烛，燃放鞭炮，佩带香灰，用鸡猪等来供奉祭祀。②

整个航程中，全体船员不断向掌管海洋和气象的神祇祭祀，若经过一些被海上人家视为神圣的地方，如一些海岬山屿，他们也会祭祀一番。若经过一些著名的庙宇，他们有时在船上祭祀，有时靠岸下船祭祀。广东西部的电白港口附近有一座岛屿，岛上有一座非常著名的庙宇，每一艘出海的船只都会带着公鸡到此祭祀放生。放生而不杀生，是佛教的观念，佛教观念中，放生可以积功德。这种观念深深地影响了传统民间信仰。广东东边潮州港外，也有一个岛屿。上有天后宫，过往船只也以放鸡（为鸡放生）仪式来祭祀。由于这种习惯，这类岛屿常被当地人称为"放鸡山"。一些著名的庙宇，则会无分轩轾地受到所有海上人家的崇奉，像是福建湄洲的妈祖祖庙，无论是海盗还是一般水上人家，都会固定地来到此地祈福祭拜；③ 比如福建的著名

① John Gray, *China: A History of the Laws, Manners, and Customs of the People*, London: Macmillan, 1878, Vol. 2, pp. 271-272.

② Richard Glasspoole, "A Brief Narrative of my Captivity and Treatment amongst the Ladrones", in *History of the Pirates*, trans. by Charles Neumann, London: Oriental Translation Fund, 1831, p. 113；Brown, *Cochin-China, and my Experience of it*, pp. 46-47；也见陈在正《蔡牟海上武装集团与马祖信仰》，《台湾研究季刊》1999年第2期，第75—79页。

③ 《电白县志》卷六，第3—4页；及叶显恩主编《广东航运史（古代部分）》，人民交通出版社1989年版，第160页。

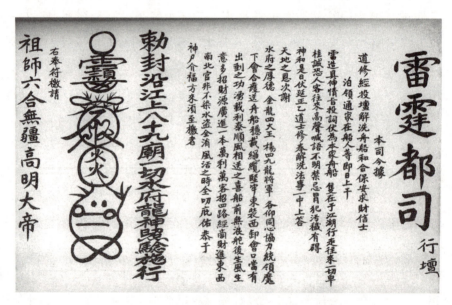

图8—5 水上人家专用之符咒（民国时期）
（来源：Henry Dore, *Researches Into Chinese Superstitions*, 1914—1938）

佛教圣地普陀山，朱濆和蔡牵常常到此地上香，祈求庇佑。① 又像是澳门的妈阁庙（天后宫），澳门渔船返航回澳门时，全体船员一定会到妈阁庙上香还愿、焚烧纸钱、燃放鞭炮以庆祝顺利返航及渔获丰富等。②

有些神灵则让人畏惧，如福建一带所畏服的"撒尿女鬼"（Pissing Woman）。在厦门水手之间流传有关这位女鬼的故事，她在世时嫁给一位生性凶残的水手，常常对她任意打骂、肆意凌虐，让她生不如死；后来她投水自尽成为一个恶鬼。"她愤恨地在海上兴风作浪，想将她的丈夫葬身在冰冷大海中，所以她不放过在海上碰到的任何一艘船只。"她每次出现时，刹那间，乌云一片、风暴大作、海浪汹涌、船只倾覆，"尿水（雨水及海水）自天而降，瞬间就溢满船舱甲板"。为了对抗她的神威，只要天边一有黑云出现，船上水手会立刻将扣装舱板、关严门窗，并开始作法驱逐她。他们会焚烧纸钱，以平息她的愤怒；还会鸣放鞭炮和枪炮，将她惊走；一位水手会全身赤裸，披头散发，爬上船桅顶端，用力向空中挥动刀剑、棍棒或长枪，并用他想得到的各种言辞大声谩骂。在甲板上另外一位水手，身穿黑色长袍，手中挥舞一根前端绑着一块红布的短棍，随着不断的震耳锣声，作法驱邪。船上的水手以这种数管齐下的方法来对抗这个他们心目中的恶鬼邪神，希望可以将她赶走。在厦门的每一艘船上，都有一位精通驱邪的水手，每一次驱邪作法，他还会拿到额外的红包；但在平常的时候，他则只是个普通水手而已。③

海盗们与其他的讨海人家一样，非常相信神灵的指示，虽然一般的讨海人与海盗等所信仰的神明及祭拜方式都非常相似，但是其中也有不同。他们的相同之处在于祈求航海平安及收获丰富；他们的不同之处在于，海盗所祈求的收获丰富，是指他们能虏获许多战利品而不伤一兵一卒；若起风暴，这风暴是将他们的船只吹离对他们不利的地方，如1809年清军水师于大屿山附近海面将张保领导的船队（红旗帮船队）团团包围。袁永纶记

---

① 《上谕档方本》，嘉庆十一年五月十三日；及《宫中档》（第9721号），嘉庆十三年一月十四日。
② 陈衍德：《澳门的渔民业经济与妈祖信仰》，第71页。
③ J.J.M. de Groot, *The Religious System of China*, Leiden: Brill, 1892-1910, Vol. 5, pp. 532-533.

载，张保向神明祈求。根据神明指示，他们会被清政府打败，所以应该突围。第二天突然起了一阵南风，于是张保及其他海盗借此得以突围远离。另一个例子是，张保正准备攻击新会莲湾村时，突然看到天空中有成千上万的天兵天将，于是他决定撤退。理查·格雷斯普（Richard Glasspoole）也记载他所亲眼目睹的事件。一群海盗静静包围了一座只有泥土城墙戒备的城镇，他们整整包围了三天，但是在神明没有预示此次行动会成功后，他们就没有攻击，而是悄悄撤退。①

第四节　海盗的血腥仪式

少数海盗与一般讨海人不同的另外一点是，他们的信仰与祭祀仪式不同。有一些极端的海盗，偶尔会以"人"为牺牲祭献；这种以人为牺牲的方式，已经不是所谓的反传统，而是变态了。事实上，如前章所述，19世纪初期有许多有关海盗食人嗜血的记载。一些声名狼藉的西方海盗如法兰西瓦·楼罗内（Francois l' Olonnais），会吃俘虏的心肝，喝他们的血。（见第六章）在中国，起源甚早，海盗并不是仅有的特例——传说中的华夏文化的共同始祖黄帝，据说他打败蚩尤后，就将他的身体剁碎，用来炖了一锅汤，并与支持他的各路首领共享。虽然这种食人习俗到汉代就已被禁止，并视为是"淫邪"暴行，但是它们仍流传到今天。②

本书第六章中，已讨论过一些中国海盗将俘虏开膛破肚、饮其血、食其肉的恐怖暴行。透纳在他的书中描述，他亲眼目击海盗将俘虏的心脏挖出，和酒一起吃了。也有有关蔡牵食人的类似故事。传说中，他一天要吃

---

① Chinese Repository Vol. 3, 1834, p. 81；Brown, *Cochin-China, and my Experience of It*, pp. 46-47；《东莞县志》卷十九，第8页；及 Dian Murray, *Pirates of the South China Coast, 1790-1810*, Stanford: Stanford University Press, 1987, p. 74。

② 参见 Mark Lewis, *Sanctioned Violence in Early China*, Albany: State University of New York Press, 1990, p. 148。

四个人的心肝。有关海盗食人的说法，并不是只有这几个偶发事件；事实上，无论中外，都有许多类似的传说。有些传说的版本中，目击者信誓旦旦为亲眼所见；有一些，虽非亲眼所见，而来自旁人的转述，但都一再强调故事来源的可靠性。然而，无论传说真实与否，重要的是，许多人都相信这些传说的真实性。事实上，记录中也确有实例。18 世纪末，一名叫陈老三的海盗头目，他所领导的集团活跃在广东沿海一带，被捕后，他向官府承认所犯的罪行，包括他和同伙在打劫一艘潮州商船时，由于被害者有所反抗，他们就将被害者凌迟杀死、大卸八块，还将他的心肝下酒供大家饮用；一个星期后，在他们打劫一艘渔船时，由于舵工反抗，他们也用同样的手法，将舵工杀了。① 由何宋所领导的福建海盗集团，被官府逮捕后，庭讯时他和好几位他的同伙供称，他们在打劫时，也用类似的手法将好几位被害者开膛破肚，喝他们的血、吃他们的心肝。② 19 世纪 50 年代左右，爱德华·布朗（Edward Brown）所乘坐的船被海盗占领后，亲眼目击海盗如何凌虐他们所乘坐的船的船主，海盗们以刀子将他的腹部连划数刀，"以器皿接他的血来喝！"③

这种以人为牺牲及食人的恶习，不仅被正统社会唾弃，也直接挑战统治阶层所认定的宗教范畴与崇拜方式。总而言之，政府有权管辖宗教，任何挑战其合法性的活动，都会被视为对政府公权力的一个严重挑衅。因此在清律中，任何一个人以邪行巫术的方式谋杀或肢解俘虏，都将被处以凌迟极刑，而家人虽是无辜，也会被处以终生流放 2000 里的处罚。有些案例中，就算只是图谋而未执行，为首者依然会被处斩，而其家人仍是终生流放 2000 里。

海盗族群并不是唯一会犯下这类残酷血腥恶行的族群。食人仪式是祭祀仪式暴力表现的极致。远古中国，战争和牺牲是牢不可分的，胜利者会以俘虏为祭品，向神明或祖先祭献，有时还会吃了他们。5 世纪的叛乱者

---

① 《宫中档》（第 2779 号），嘉庆二年闰二月廿一日。

② 《宫中档》（第 8052 号），嘉庆七年五月十二日。

③ Edward Brown, *Cochin-china, and My Experience of It*, p. 29.

孙恩，据海滨反抗魏晋，对不服之人也食其肉、饮其血。其实任何祭祀仪式中，供奉祭品、牺牲祭品，以及食用祭品都是仪式祭典中重要的一部分。这个通则可以适用于任何祭品牺牲，无论被当作牺牲的是动物还是人类，无论是在祭神仪式还是庆祝胜利的祭典中，牺牲祭品和享用祭品都是典礼仪式活动中的高潮。祭祀结束后分享祭品，代表供与参与祭祀的人牢牢地团结在一起，并神圣化他们对领导者的忠诚。祭品是神圣的，所以当他们食用祭品时，就代表祭品（牺牲）的精气神就转移到他们的身上了。供奉祭品、牺牲祭品、分享祭品是人与神沟通的重要桥梁。神明，借助人的祭祀得以存在。而神明的护佑之力，来自祭祀牺牲的祭品。而神明对祭祀之人，则以实质庇佑为回报。①

海盗杀害俘虏以为祭献，又食用祭品，以象征力量的加强。这类事件自古以来，时有所闻。他们如此行为，并不仅是对对手的仇恨报复，而是视之为增强自身精神力量及体魄的某种药用功能。食人虽是种骇人听闻的行为，也象征着通过食用的方式，使被害者的精气神成为食用者的一部分。同样，当海盗饮下象征被害者的生命力的血时，被害者的精气神就转移到食用者的身上了。心肝代表勇气和长寿，因此食人心肝代表可以使人身强体壮和起死回生。海盗们以人为牺牲时，辄邀神为鉴，以神圣化他们的行为，并借神明的力量来加强他们之间的凝聚力和向心力。以人为牺牲，代表他们对目标的势在必得；以人为牺牲，赋予这些非法之徒来自神明的至高无上的祝福。这种行为使得政府有司备受威胁，因此它的行为和后果也变得极为严重。

---

① 参见 Terry Kleeman, "Licentious Cults and Bloody Victuals: Sacrifice, Reciprocity, and Violence in Traditional China", *Asia Major* Vol. 7.1, 1994, pp. 189-190。

第九章 ‖**结论：亚洲海盗史之重要性**‖

　　虽然海盗给许多地方带来了混乱，并扰乱了经济，但是它也为现代亚洲经济、文化和社会的发展作出了某种贡献。当然，今日南中国海域的海盗问题，特别是马六甲海峡和印度尼西亚一带，海盗活动的复苏已严重地影响国际安全，并牵涉经济利益。

当我 30 年前刚开始研究海盗时，这个领域只有少数学者。因为在那时学界大多数的人并不认为 海盗是一个严肃的学术研究课题。事实上，许多同学和朋友劝我放弃，他们认为海盗题材是迪士尼之类的不切实际的题材。然而，我不为所动，依然坚持。漫长的几十年过去了，现在学术界有越来越多的学者加入到研究海盗问题的行列，并且正视海盗研究的重要性，虽然这项认知的改变是个漫长的过程，但是等待和坚持是值得的。从社会层面而言，迪士尼公司出厂的票房巨片《加勒比海盗》（Pirates of the Caribbean），在引发观众对海盗的兴趣上，功不可没。这部片子为影片公司赚进了数千万美金，它将大众对海盗的认识，从美洲加勒比海推到了亚洲南中国海一带。现实社会中，南中国海海域及其西边，特别是在马六甲海峡、印度尼西亚一带以及索马里一带劫船事件频传，使得世人对海盗问题重燃兴趣。

为何要研究海盗？海盗问题重要吗？从海盗问题中我们可以看到什么社会、文化和历史的问题？首先要说的是，海盗是研究亚洲海上历史课题中不可或缺的一部分，任何朝代、任何海域都有海盗的存在。虽然海盗给许多地方带来了混乱，并扰乱了经济，但是它也为现代亚洲经济、文化和社会的发展作出了某种贡献。当然，今日南中国海域的海盗问题，特别是马六甲海峡和印度尼西亚一带，海盗活动的复苏已严重地影响国际安全，并牵涉到经济利益。因此将今日的海盗问题放进历史的框架中，探讨海盗问题的缘由和特性，防患未然，以古观今，鉴往知来，不失为很有意义的事情。

第一节　从海上活动看海洋史研究

研究海上活动的重要性，在于它能使我们了解海上人家的生活。绝大多数中国海盗和东南亚海盗都来自下层社会的劳动阶级，他们只是一般的渔民和水手。他们多是因环境艰难、生活所迫才铤而走险；少数的人加入海盗组织，是为了冒险、自由或出头的机会（赚钱或出名），如许栋、郑芝龙、张保、德雷克（Francis Drake）等。在东南亚，投身海上抢劫掳掠本身被认为是一项高尚荣誉的职业，如伊斯麦国王（Raja Ismail）。然而，无论海盗们是出于什么理由投身这个领域，从资料分析来看，大多数的海盗多是单身男性，没有固定的正当工作，靠举债度日。海上活动属于年轻人的职业，从事海上活动的渔民和水手年龄大多为二十多岁，只有少数超过40岁；他们的工作机动性很高，常流动于不同的港口码头之间，任何工作都做，当生计困难没有工作时，他们就会到海盗船上工作。对他们而言，在海盗船上的工作与他们在其他船上的工作是大同小异的。所以海上非法活动对他们而言，只是一份在收入不够和没有工作机会时能养家糊口的副业。因此对海盗集团而言，多数成员只是业余兼职性质，不是职业性的。如此一来，海上非法活动的另一个重要功能，就是为无数生活在社会下层就业市场无法完全容纳的劳工阶层提供一份兼职的工作机会。

第二节　女性在海盗世界中的角色

中国海盗中也有许多女性。因为许多靠海为生的人家以船为家，于是妇女也与男性一般，生活和工作都在船上。因此在海盗集团中发现女性踪影，就一点也不稀奇。但是沿海一带的女性，也与在海上工作的男性一样，海上非法活动只是她们的兼职，只有少数女性以海盗为职业。这些少数的女性海盗中，也有一些可以与男性并驾齐驱、领导一方，如19世纪初的郑一嫂、蔡牵妈，20世纪初的来财山（Lai Choi San）等。这些著名的女性海盗都不让须眉，各自统领着势力强大的海盗船队。这些女性之所以能与男性平起平坐，是因为她们在一个以男性为主的社会中，在海上无论是搏斗、生活，还是工作，她们所展现的能力与智慧，都不逊于男性。这些女性海盗的地位，并不仅是因为男性海盗的容忍退让，而是她们以自身对海洋、对船只、对这种特殊的生存环境所具备的卓越能力而得来的。

女性海盗的角色与传统社会所赋予的女性角色、身份地位截然不同，她们所表现的不是柔顺、被动、依附男性而生的传统的女性角色。中国女性海盗与西方女性海盗不同，她们不用假扮为男性。在船上或任何其他地方，她们始终以女性身份出现。从中国传统的儒家观点来看，女性在生活上和工作上与男性比肩，会颠覆社会秩序、男女人伦、儒家正统。女性海盗的存在，不仅挑战男性的夫权地位，更突破了社会对女性的传统束缚。对追求海上生活的女性而言，海盗生涯不但提供一个可以逃避贫穷困苦的机会，也给她们带来了挣脱传统儒家和父（夫）权社会加诸女性枷锁的机会，为大多数生存在陆地上的女性带来了从未有过的自由和冒险的机会。

虽然在东南亚的海盗活动中没有女性积极参与活动的记录，但是女性在海盗活动组织中依然扮演着重要而积极的辅助角色，一如她们在渔夫和水手生活中所扮演的支持角色一样，她们是男性成员的伴侣、母亲或姐妹，她们为男性修补船帆、煮饭、打扫、洗衣，也帮忙贩售赃物、打探和传递消息等。从消极被动的角度来看，女性俘虏对海盗活动极为重要。无论是在中国或东南亚，都有许多成年女性和年轻女孩被海盗俘虏。海盗俘虏她们的目的在于金钱。她们中的一部分人，会被留下来等候赎金；其他的则被卖给海盗当他们的女人，或当奴隶卖给商人农夫等。女性在地下交易市场中，是极具经济价值的商品。菲律宾南部的裘洛（Jolo）在 18 世纪和 19 世纪初，是当时一个重要的奴隶交易市场，在此地，成年妇女及年轻女孩的售价比成年男性和年轻男孩的售价要来得高。

第三节　地下秘密经济体系

当海盗猖獗时，地下秘密交易也随之发达起来。地下秘密交易网络为沿海居民提供了成千上万的工作机会。这些人多半是船上水手或城镇港湾的小贩，为了生活，他们与海盗一样，依赖各式各样的赚钱机会，不管是合法的或非法的。许多情况下，从地下贸易体系交易所赚的钱，是全年收入的主要部分。于是无论是中国东南沿海一带还是东南亚地区的居民，有许多人直接或间接地依赖海盗活动或买卖海盗活动所得的赃物来谋生。海盗活动在中国东南沿海近代初期的社会中，自成一个自给自足的经济体系。海上非法活动的重要性在于它让原本生活在社会边缘的人群如渔民、船工、水手、小贩等，得以被纳入一个更广大的经济系统，共享和分配财富。在东南亚，海盗活动不但为贫困的渔夫和水手带来了收入，对基层管理者和商人而言，也是他们的重要经济来源。

虽然海上非法活动和黑市交易会减损合法交易的利润，但也有其积极正面的经济效果。合法贸易的增加会促进新兴港口和城市的发展，海上非法活动和黑市交易也带来了同样的效果，于是中国沿海地区、台湾、东南亚等地，数不尽的新兴港湾和黑市交易市场随着海上活动的蓬勃也随之发展起来。这些地区交易海上非法活动集团所带回来的财货，并为之提供饮水、补给船只、修缮等服务。坐落于中国和越南边境的江坪就是一个典型的例子，它是在 18 世纪末和 19 世纪初因为海盗走私和黑市交易而兴起的新兴城市。它的黑市交易市场与合法贸易体系并存，共同追求金钱和财富。非法贸易体系使得海上非法活动得以继续存在。因为海盗贩售物品的价格极为低廉，买家常愿意不远千里而来这些黑市交易市场，购买这些远比市价便宜但来历不明的物品。于是大宗货物和大笔钱财就不断地进出黑市交易市场，这些财货都在合法贸易体系和政府管辖之外。黑市交易市场的成立，特别是专门用来交易赃物的黑市市场，清楚地显示合法正规市场经济体系的缺失和不足之处。所以在客观上海上非法活动和黑市交易行为在实质上对地方经济发展及财富资源的重新分配，有重要的贡献。

在这段海上非法势力发展的高峰时期，通过有系统有组织地运用恐吓、威胁、贿赂和敲诈勒索等各种手段，大型海上活动联盟组织得以牢牢掌控沿海的村庄及港口，并得以将势力伸入船运及捕鱼事业。在这段时间所有航行在中国沿海地区的船只，若不向这些海盗联盟缴纳"通行许可"（safe-conduct pass）的费用，就有可能被海盗攻击。为避免被海盗攻击，许多货船和渔船都会向海盗付保护费，而海盗集团则会发给通行证，并保证海上航行安全。19 世纪初，海盗实际控制了政府独占的盐业贸易，甚至于连西方商人都要向中国海盗集团缴付保护费（tribute），以免被海盗攻击。海盗"出售""通行许可"凭证，只是他们敲诈勒索行为中的一种方式。海盗敲诈勒索制度发展得相当健全，甚至还有注册记录凭单、交易记录账册、会计管簿、收讨账款部门等。敲诈勒索所得不仅是海盗集团的主要收入来源，也是他们控制地方的基础。海盗也通过建立非法的保护系统而得以渗透入地方社会，这是一种直接有效的方式，使得海上非法活动集团得以控制那个地区的人、事、物。海盗对地方的控制不同于官方的控制，他们的势力甚至比当地政府及乡绅耆老还要大。在整个华南沿海一带，海盗势力对当地的影响不容忽视。

更有甚者，海盗不但在荒凉的岛上建立起他们的巢穴，更在广州、澳门、潮州、厦门、香港、新加坡、马六甲、巴达维亚等经贸政治中心的城市及四周建起他们的联络中心。几百年来，中国海盗一直在离广州不远的珠江三角洲一带建有活动联络地点。这些地区包括了一些被外国人称为"海盗窝"的氹仔（澳门）、路环（澳门）、大屿山（香港）等地。在这些联络中心，海盗组织大胆地设立的局号（tax bureau）来收受保护费和赎金等。通过这些城市中的联络中心，他们也与当地官员和士兵交好来往。从海盗联络中心的地理位置来看，它们与政治经贸中心的地缘如此接近，这清楚地说明海盗势力已深深渗入南中国海海域的所有沿海城镇和社会。在新加坡附近的巴淡（Bantam，属印度尼西亚），就是一个海盗、走私和捕鱼并存的岛屿。今日这个岛屿依然以走私和海盗著称。

第四节　海盗的恐怖暴力形象

非法海上劫掠是一种暴力行为的表现，通常会给人带来恐怖威胁。海盗有目的、有计划地使用暴力。他们有意制造他们残暴凶狠的形象，以减少行动中所可能遭遇的抵抗，进而扩大可能的利润。事实上海盗的凶残名声，使他们得以减少不必要的流血打斗。往往海盗凶狠地鞭打俘虏，是为得到一些信息，比方说财物藏放地点等。海盗的血腥残忍通常有特定的对象，有时为了报复官兵的追捕或警告那些企图追捕他们的人，他们才会偶尔采取激烈的手段将逮捕到的官兵肢解或开膛破肚，以儆效尤。鸦片战争后，他们也会用凌虐的手段来对待或杀害外国人。然而无论海盗的残暴行为多么血腥或残忍，他们的行为其实都与当时的时局和政府的态度有关。从中国海盗的角度来看，清政府行事手段的血腥残酷并不亚于他们，只从每一年华南东南沿海一带，数以百计，甚至数以千计被残忍凌虐、血腥处死的海盗尸首即可见一斑。在东南亚地区，西方殖民政府镇压东南亚本地海盗的行为也极端血腥，他们甚至会摧毁整个沿海村庄，只是因为他们怀疑村民有窝藏协助海盗之嫌。从 15 世纪到 20 世纪初的海洋史，是一段充满野蛮暴力的历史；政府及海盗都有意地使用恐怖行为和野蛮暴力，并明显地用在无权无势的普通人身上。

第五节　海盗、沿海文化、神明信仰

水上人家，无论是海盗还是渔夫水手，其生存环境都极为艰苦，宿命论和现世实用的思想，反映在他们的生活形态和对神明的信仰祭祀中。同时，贫困的生活和被歧视的社会地位，使得他们建立了一套以暴力犯罪（相对于陆地社会而言）等为主的生存哲学。他们行为随便、举止粗俗、嗜酒贪杯、打架闹事、赌博设局、男女关系混乱等。海洋的诡谲多变，突显了人类生命的短暂脆弱，使得他们极为相信不可捉摸的好运和预兆。为求得好运，他们演化出一套祭拜奉献、牺牲仪式来讨神明欢心，祈求海上航行平安、顺利返航、生活富足等。海盗和水上人家以船为家、逐水而居的机动性，使得他们可以将他们的信仰观念和价值理念随着船行而散布于不同的港口码头。水上人家以船为家的特性，是维系他们共同的生活方式、社会形态、文化背景、价值观念的重要原因。他们借助相同的生活环境和社会背景，自创了属于他们自己的独特的下层文化：一个崇尚拳头暴力、视社会公序良俗为无的文化。

　　总而言之，海盗问题的研究不但曲折复杂，而且对国计民生极为重要。海盗的传说故事，可以帮助我们了解社会大众对暴力、对犯罪的想法和态度。15—20世纪的海盗活动因为其人数众多、活动范围大及历时长久，因而在研究中国和东南亚历史上成为重要的不可或缺的一环。再加上它所牵涉的人员，除了数以万计的海盗、渔民和水手外，还有许许多多生活在陆地上与海盗有所关联的人。影响这样庞大的人口数量，使我们更是无法小看海盗问题的研究。海盗会直接或间接地影响经济发展：新兴口岸的开发、偏远地区的市场交易、提高地方经济发展等。

　　今日中国南海水域附近的海盗事件，已经减少，然而东南亚水域，特别是在印尼及马六甲海峡的附近水域，依然是海盗出没频仍的地区。虽然各有关国家政府都在大力打压海上非法活动，但有关海盗的故事，在电影小说中大卖。小说家、新闻记者、旅游业界甚至一些学者，为吸引大众注意，故意忽视真实，以哗众取宠的方式来报道有关的海盗事件。无论在亚洲还是在西方，海盗或被描述为万恶不赦的土匪，或被描述为仗剑行侠的英雄，或被描述为劫富济贫的侠盗"罗宾汉"，或被描述为打抱不平的复仇者，等等。具有讽刺意味的是，在西方数世纪以来努力消除海上非法活动的社会中，昔日为人唾骂的匪类，今日竟成了受人景仰的英雄。

参考文献

一 档案资料

1. 中文

许文堂、谢奇懿合编：《大南实录清越关系史料汇编》，台北，"中央研究院" 2000 年版。

《宫中档》（清朝），台北，故宫博物院。

"中央研究院" 近代史研究所编：《澳门专档》，台北，"中央研究院" 近代史研究所 1992—1995 年版。

刘芳辑、章文钦合校：《清代澳门中文档案汇编》，澳门基金会 1999 年版。

《录副奏折》（清代），北京，第一历史档案馆。

《明清时期澳门问题档案文献汇编》，北京，1999 年版。

《上谕档方本》（清代），台北，故宫博物院。

《外纪档》（清代），台北，故宫博物院。

《刑科题本（盗案类）》（清代），北京，第一历史档案馆。

《月折档》（清代），台北，故宫博物院。

《朱批奏折·法律类》（清代），北京，第一历史档案馆。

《朱批奏折·农民运动类》（清代），北京，第一历史档案馆。

2. 外文

ADM 125. British Admiralty Records, *China Correspondence*, 1828-1904.

Arquivo Historico de Macau, *Administracao Civil*, 1734-1982.

CO 129. British Colonial Office, *Hong Kong Records*, 1842-1951.

HKAP. Hong Kong Government, *Annual Police Reports*, 1886-1939.

HKGG. Hong Kong Government Gazette, 1842-1941.

HKSP. Hong Kong Government Sessional Reports, 1884-1940.

二 方志资料

《电白县志》，道光五年版。

《东莞县志》，民国十年版。

福建省福清县志编纂委员会整理：《福清县志》（乾隆年间），方志出版社 1998 年版。

《高州府志》，光绪十五年版。

《广州府志》，光绪五年版。

《广东通志》，道光二年版。

《海康县志》，民国二十七年版。

《惠州府志》，光绪七年版。

《金门志》（光绪八年），南投，台湾省文献委员会印行 1993 年版。

《连江县志》（民国十六年），连江县人民政府 1933 年印。

《马巷厅志》（光绪十九年），台北，福建省同安县同乡会 1986 年版。

《番禺县志》，光绪十年版。

《琼州府志》，光绪十六年版。

《琼山县志》，咸丰七年版。

《厦门志》，道光十二年版。

《霞浦县志》，民国十八年版。

《新会县志》，道光二十一年版。

《新宁县志》，光绪十九年版。

三 报纸期刊资料

1. 中文

汤开建、吴志良合编：《澳门宪报中文数据辑录，1850—1911》，澳门，澳门基金会 2002 年版。

《申报》，上海，1872—1949 年。

2. 外文

A Verdade , Macao, 1908-1929.

Canton Press, Canton and Macao, 1835-1843.

China Mail, Hong Kong, 1845-1974.

Chinese Repository, Canton and Macao, 1832-1851.

Friends of China, Hong Kong, 1842-1861.

Hong Kong Register, Hong Kong, 1844-1858.

Journal of Indian Archipelago and Eastern Asia, Singapore.

New York Times, United States.

New York Times Magazine, United States.

Singapore Free *Press*.

Vida Nova, Macao, 1909-1910.

四 出版史料

1. 中文

《海道经》，于广文编译所《海防辑要》，广文书局 1969 年版。

卢坤、陈鸿墀编：《广东海防汇览》清代版。

焦循：《神风荡寇记》，《续修四库全书》第 1672 卷，古籍出版社 1995 年版。

科大卫、陆鸿基、吴伦霓合编：《香港碑铭汇编》3 册，博物馆编制、香港市政局出版 1987 年版。

雷祖古庙史料汇编编写组：《雷祖古庙史料汇编》，2008 年版。

李言恭、郝杰：《日本考》（明代版），于《续修四库全书》，古籍出版社 1995 年版。

梁廷楠：《粤海关志》（道光十八年），广东人民出版社 2002 年版。

《清实录广东史料》，广东省地图出版社 1995 年版。

《明清史料戊编》，台北，"中央研究院"。

《那文毅公奏议》（道光十四年），文海出版社 1968 年版。

《钦定大清会典事例》（光绪二十五年），1899 年版。

《汕头大事记》，汕头市地方志编纂委员会 1988 年版。

邵廷采：《东南纪事》，台湾银行经济研究室编 1968 年版。

《十朝圣训》，台北，文海出版社 1965 年版。

沈辛田：《名法指掌》，光绪三十三年版。

松浦章、卞凤奎：《明代东亚海域海盗史料汇编》，乐学书局 2009 年版。

温承志：《平海纪略》（1842），广文书局 1968 年版。

《倭志》（明代版），台北，正中书局 1985 年版。

袁永纶：《靖海氛记》（道光十年），《田野与文献》2007 年第 46 期。

郑若曾：《筹海图编》，中华书局 1999 年版。

2. 外文

Alabaster, Ernest, *Notes and Commentaries on Chinese Criminal Law and Cognate Topics*, London: Luzac & Co., 1899.

Arlington, L.C., *Through the Dragon's Eyes: Fifty Years' Experiences of a Foreigner in the Chinese Government Service,* London: Constable, 1931.

Barrow, *John, The Life of George Lord Anson,* London: John Murray, 1839.

Becke, Louis, Bully Hayes: Buccaneer, Sydney: N.S.W. Bookstall, 1913.

Bickley, Gillian, ed., *A Magistrate's Court: Nineteenth Century Hong Kong,* Hong Kong: Proverse Press, 2005.

Blair, Emma Helen, and James A. Robertson, *The Philippine Islands, 1493-1898,* 55 vols., Cleveland: A.H. Clark, 1903-1909.

Bok, *Vampires of the China Coast*, London: Herbert Jenkins, 1932.

Brown, Edward, *Cochin-China, and my Experience of it: A Seaman's Narrative of his Adventures and Sufferings during a Captivity among Chinese Pirates on the Coast of Cochin-China, and Afterwards during a Journey on Foot across that Country in the Years 1857-1858*, London: Charles Westerton, 1861.

Cooke, George W., *China, being" The Times" Special Correspondence from*

China in the Years 1857-1858, London: G. Routledge & Co., 1858.

Crawfurd, John, *Journal of an Embassy from the Governor-General of India to the Courts of Siam and Cochin China; Exhibiting a View of the Actual State of Those Kingdoms*, 2nd edition, 2 vols., London: Henry Colburn and Richard Bentley, 1830.

____, *A Descriptive Dictionary of the Indian Islands and Adjacent Countries*, Kuala Lumpur: Oxford University Press, 1856 [1971 reprint].

de Bry, Theodor, *Collection des Grandes and Petits Voyages*, London, 1921.

Defoe, Daniel [Capt. Charles Johnson], *A General History of the Pyrates,* ed. by Manuel Schonhorn, Mineola, NY: Dover, 1999.

Doolittle, Justus, *Social Life of the Chinese*, 2 vols., New York: Harper and Brothers, 1865.

Events in Hong Kong and the Far East, 1875-1884, Hong Kong: Daily Press, 1885.

Exquemelin, Alexander, *The Buccaneers of America*, trans. by Alexis Brown, Mineola, NY: Dover, 2000.

The Famine in China: Illustrations by a Native Artist with a Translation of the Chinese Text, London: C. Kegan Paul & Co., 1878.

Glasspoole, Richard, "A Brief Narrative of my Captivity and Treatment amongst the Ladrones," *in History of the Pirates,* trans. by Charles Neumann, London: Oriental Translation Fund, 1831, pp. 97-128.

Gray, John, *China: A History of the Laws, Manners, and Customs of the People*, 2 vols., London: Macmillan, 1878.

Gutzlaff, Charles, *Journal of Three Voyages along the Coast of China in 1831, 1832, and 1833, with Notices of Siam, Corea, and the Loo-Choo Islands*, London: Frederick Westley and A.H. Davis, 1834.

Hay, John C. Dalrymple, *The Suppression of Piracy in the China Sea, 1849*, London: Edward Stanford, 1889.

Hikayat Siak, ed. by Muhammad Yusoff Hashim, Kuala Lumpur: Dewan Bahasa dan Pustaka, 1992.

Huc, Évariste, *The Chinese Empire: A Sequel to Recollections of a Journey through Tartary and Thibet*, revised edition, London: Longman, Brown, Green & Roberts, 1859.

Jones, M. Sheridan, *The 'Shanghai Lily' : A Story of Chinese Pirates in the Notorious Regions of Bias Bay,* London: Wright and? Brown, 1935.

Lilius, Aleko E, *I Sailed with Chinese Pirates*, London: Mellifont, 1930.

Log of the Centurion, Based on the Original Papers of Captain Philip Saumarez on Board HMS Centurion, Lard Anson's Flagship during his Circumnavigation, 1740-1744, London: Macmillan, 1973.

Loviot, Fanny, *A Lady's Captivity among Chinese Pirates in the Chinese Seas*, trans. by Amelia Edwards, London: Geo. Routledge and Co., 1856.

Marryat, Frank, *Borneo and the Indian Archipelago: With Drawings of Costumes and Scenery,* London : Longman, 1848.

Moor, J. H., ed., *Notices of the Indian Archipelago and Adjacent Countries, Being a Collection of Papers Relating to Borneo, Celebes, Bali, Java, Sumatra, Nias, the Philippines Islands, Sulus, Saim, Cochin China, Malayan Peninsula*, London: Cass, 1837 [1967 reprint].

Morga, Antonio de, *Sucesos de las Islas Filipinas*, trans. and ed. by J.S. Cummins, Cambridge: Cambridge University Press, 1609 [1971 reprint].

Mundy, Walter W. 1875, *Canton and the Bogue, the Narrative of an Eventful Six Months in China*, London: Samuel Tinsley, 1875.

Nieuhof, J., *Gedenkweerdige Brasiliaense zee-en lantreise und zee-en lant-reize door verscheide gewesten van oostindien,* Amsterdam: de Weduwe van Jacob van Meurs, 1682.

Ng, Peter Y.L, *New Peace County: A Chinese Gazetteer of the Hong Kong Region*, with additional material by Hugh D.R. Baker, Hong Kong: Hong Kong

University Press, 1983.

Norton-Kyshe, James William, and Ivo Rigby, *The History of the Laws and Courts of Hong Kong from the Earliest Period to 1898*, Hong Kong: Vetch and Lee, 1898 [1971 reprint].

Pieters, Cornelius, "Adventures of C. Z. Pieters among the Pirates of Maguindanao", *Journal of the Indian Archipelago and Eastern Asia*, 1858, pp. 301-312.

Power, William, *Recollections of a Three Years' Residence in China*, London: Bentley, 1853.

Reade, Charles, *Very Hard Cash*, New York: Harper & Brothers, 1864.

Rogers, Woodes, *A Cruising Voyage Round the World: First to the South Seas, Thence to the East Indies, and Homewards by the Cape of Good Hope, Begun in 1708, and Finish'd in 1711*, London: A. Bell, 1712.

Rutter, Owen, *The Pirate Wind: Tales of the Sea-Robbers of Malaya*, Singapore: Oxford University Press, 1930 [1991 reprint].

Scott, Beresford, *An Account of the Destruction of the Fleets of the Celebrated Pirate Chieftains Chui-Apoo and Shap-ng Tsai, on the Coast of China, in September and October, 1849*, London: Savill and Edwards, 1851.

Staunton, George, trans., *Ta Tsing Leu Lee; Being the Fundamental Laws, and a Selection from the Supplementary Statutes, of the Penal Code of China*, London: T. Cadell and W. Davies, 1810.

Tronson, John M., *Personal Narrative of a Voyage to Japan, Kamtschatka, Siberia, Tartary, and Various Parts of Coast of China in H.M.S. Barracuda*, London: Smith, Elder & Co., 1859.

Turner, John, *Captivity and Sufferings of John Turner, First Officer of the Ship John Jay of Bombay, among the Ladrones or Pirates, in the Coast of China, Showing the Manners and Customs of the Natives –Their Mode of Warfare, Treatment of Prisoners, and Discipline, with the Difference between the Pirate and the Chinese, in the Year 1807*, New York: Published by G. & R. Waite, Booksellers, 1814.

The World Encompassed and Analogous Contemporary Documents Concerning Sir Francis Drake's Circumnavigation of the World, ed. by M.N. Penzer, London: Argonaut Press, 1926.

五 专著与学位论文

1. 中文

安东尼·罗伯特 [Robert Antony]：《国家、社区与广东省镇压海盗的行动，1809—1810》《清史译丛》第十辑，齐鲁书社 2011 年版。

安乐博 [Robert Antony]：《南洋风云：活跃在海上的海盗、英雄、商人》，载李庆新主编：《海洋史研究》2010 年第 1 辑。

曹树基：《中国人口史》第五卷，复旦大学出版社 2000 年版。

陈春声：《16 世纪闽粤交界地域海上活动人群的特质——以吴平的研究为中心》，载李庆新主编：《海洋史研究》2010 年第 1 辑。

陈衍德：《澳门的渔民业经济与妈祖信仰》，《中国社会经济史研究》1997 年第 1 期。

陈忠烈：《明清以来广东民间"天后"女神崇拜与社会经济的发展》，《广东社会科学》1994 年第 5 期。

陈在正：《蔡牵海上武奖集团与马祖信仰》，《台湾研究季刊》1999 年第 2 期。

关文发：《清代中叶蔡牵海上武装集团性质辨析》，《中国史研究》1994 年第 1 期。

黄典权：《蔡牵朱渍海盗之研究》，《台湾文化》1958 年 8 月第 6.1 期。

林智龙、陈钰祥：《盗民相赖、巩固帮总——清代广东海盗的组织与行为（1810—1885）》，《国立高雄海洋科技大学学报》2008 年第 22 期。

廖迪生、张兆和：《大澳》，三联书店 2006 年版。

罗春荣：《妈祖文化研究》，天津古籍出版社 2006 年版。

《马祖地区庙宇调查与研究》，台湾行政院文化建设委员会／连江县社会教育馆出版 2000 年版。

乔盛西、唐文雅主编：《广州地区旧志气后史料汇编与研究》，广东人民出版社 1993 年版。

王永宽：《中国古代酷刑》，云龙出版社 1991 年版。

叶志如：《干嘉年间广东海上武装活动概述——兼评麦有金等七帮的"公立约单"》，《历史档案》1989 年第 2 期。

叶显恩主编：《广东航运史（古代部分）》，人民交通出版社 1989 年版。

郑广南：《中国海盗史》，华南理工大学出版社 1999 年版。

2. 外文

Anderson, Eugene, *Essays on South China's Boat People*, Taibei: Orient Culture Service, 1972.

Andrade, Tonio, "The Company's Chinese Pirates: How the Dutch East India Company Tried to Lead a Coalition of Pirates against China, 1621-1662", *Journal of World History* Vol. 15.4, 2005, pp.415-444.

Antony, Robert, "Piracy and the Shadow Economy in the South China Sea, 1780-1810", in *Elusive Pirates, Pervasive Smugglers: Violence and Clandestine Trade in the Greater China Seas*, ed. by Robert Antony, Hong Kong: Hong Kong University Press, 2010, pp. 99-114.

_____, *Pirates in the Age of Sail*, New York: W. W. Norton, 2007.

_____, *Like Froth Floating on the Sea: The World of Pirates and Seafarers in Late Imperial South China*, Berkeley: University of California, Institute of East Asian Studies, China Research Monograph No. 56, 2003.

Audemand, L., *Les jonques chinoises,* Rotterdam: Marietiem Museum "Prins Hendrik", 1957-1971.

Barnard, Timothy, "Texts, Raja Ismail and Violence: Siak and the Transformation of Malay Identity in the Eighteenth Century", *Journal of Southeast Asian Studies* Vol. 32.3, 2001, pp. 331-342.

Bentley, Jerry, "Sea and Ocean Basins as Frameworks of Historical Analysis", *The Geographical Review* Vol. 89.2, 1999, pp. 215-224.

Bernard, Henri, and S. J. Tientsin, "Les debuts des relations diplomatiques entre le Japon et les Espagnols des Iles Philippines (1571-1594)", *Monumenta Nipponica* Vol. 1.1, 1938, pp. 99-137.

Billington, Ray Allen, *America's Frontier Heritage,* Albuquerque: University of New Mexico Press, 1974.

Blue, A. D, "Piracy on the China Coast", *Journal of the Hong Kong Branch of the Royal Asiatic Society* Vol. 5, 1965.

Blussé, Leonard, "Chinese Century: The Eighteenth Century in the China Sea Region", *Archipel* Vol. 58, 1999, pp.107-129.

Boretz, Avron, "Martial Gods and Magic Swords: Identity, Myth, and Violence in Chinese Popular Religion", *Journal of Popular Culture* Vol. 29.1,1995, pp. 93-109.

Bourdieu, Pierre, *The Logic of Practice*, trans. by Richard Nice, Stanford: Stanford University Press, 1990.

Brook, Timothy, Jerome Bourgon, and Gregory Blue, *Death by a Thousand Cuts*, Cambridge: Harvard University Press, 2008.

Braudel, Ferdinand, *The Mediterranean and the Mediterranean World in the Age of Philip II,* 2 vols., trans. by Sian Reynolds, New York: Harper and Row, 1972.

Borschberg, Peter, "*The Santa Catarina* Incident of 1603: Dutch Freebooting, the Portuguese Estado da India and Intra-Asian Trade at the Dawn of the 17th Century", *Review of Culture* Vol. 11, 2004, pp.13-25.

Calanca, Paola, *Piraterie et contrebande au Fujian. L'administration chinoise face aux problèmes d'illégalité maritime (17e - début 19e siècle),* Paris: éditions des Indes savantes, 2008.

Chang, Thomas C. S., "Ts' ai Ch' ien, the Pirate King who Dominates the Seas: A Study of Coastal Piracy in China, 1795-1810", Ph.D. dissertation, University of Arizona, 1983.

Chin, James, "Merchants, Smugglers, and Pirates: Multinational Clandestine Trade on the South China Coast, 1520-50", *in Elusive Pirates, Pervasive Smugglers: Violence and Clandestine Trade in the Greater China Seas*, ed. by Robert J. Antony, Hong Kong: Hong Kong University Press, 2010, pp. 43-58.

Cooke, Nola, and Li Tana, eds., *Water Frontier: Commerce and the Chinese in the Lower Mekong Region, 1750-1880,* Lanham, MD: Rowman and Littlefield, 2004.

Diamond, Norma, *K'un Shen: A Taiwan Village*, New York: Holt, Rinehart, and Winston, 1969.

Dore, Henry, *Researches into Chinese Superstitions,* Shanghai: T'usewei Printing Press, 1914-1938.

Dutton, George, *The Tay Son Uprising: Society and Rebellion in Eighteenth-Century Vietnam,* Honolulu: University of Hawaii Press, 2006.

Eastman, Lloyd, *Throne and Mandarins: China's Search for a Policy during the Sino-French Controversy, 1880-1885*, Cambridge: Harvard University Press, 1967.

Fairbank, John King, *Trade and Diplomacy on the China Coast: The Opening of the Treaty Ports, 1842-1854,* 2 vols., Cambridge: Harvard University Press, 1953.

Fernando, Radin, *Murder Most Foul: A Panorama of Social Life in Melaka from the 1780s to the 1820s,* Selangor: Malaysian Branch of the Royal Asiatic Society, 2006.

Fox, Grace, *British Admirals and Chinese Pirates, 1832-1869,* Westport: Hyperion Press, 1973.

Frecon, Eric, "Piracy in the Malacca Straits: Notes from the Field", *IIAS Newsletter* Vol. 36, 2005.

Gould, Eliga H, "Lines of Plunder or Crucible of Modernity? The Legal Geography of the English Speaking Atlantic, 1660-1825", in *Seascapes: Maritime Histories, Littoral Cultures, and Transoceanic Exchanges,* ed. by Jerry Bentley, Kären Wigen, and Renate Bridenthal, Honolulu: University of Hawaii Press, 2007, pp. 105-120.

de Groot, J. J. M., *The Religious System of China*, 6 vols., Leiden: Brill, 1892-1910.

Hayes, James, *The Rural Communities of Hong Kong: Studies and Themes,* Hong Kong: Oxford University Press, 1983.

Hitt, Jack, "Bandits in the Global Shipping Lanes", *New York Times Magazine*, Vol. 20, August, 2000.

Ho, Virgil Kit-yiu, "Butchering Fishes and Executing Criminals: Public Executions and the Meanings of Violence in Late Imperial and Modern China", *in Meanings of Violence: A Cross Cultural Perspective*, ed. by Göran Aijmer and Jon Abbink, Oxford: Berg, 2000, pp. 141-160.

Hobsbawm, Eric, *Primitive Rebels*, New York: W.W. Norton, 1965.

Igawa Kenji, "At the Crossroads: Limahon and Wakō in Sixteenth-Century Philippines", in *Elusive Pirates, Pervasive Smugglers: Violence and Clandestine Trade in the Greater China Seas*, ed. by Robert J. Antony, Hong Kong: Hong Kong University Press, 2010, pp. 73-84.

Kani, Hiroko, *A General Survey of the Boat People in Hong Kong*, Hong Kong: Southeast Asia Studies Section, New Asia Research Institute, Chinese University of Hong Kong, 1967.

胜田弘子,《清代海の寇乱》,《史论》Vol. 19, 1967。

Kleeman, Terry, "Licentious Cults and Bloody Victuals: Sacrifice, Reciprocity, and Violence in Traditional China", *Asia Major* Vol. 7.1, 1994, pp.185-211.

Kleinen, John, "De Kaping van de *Namoa", Amsterdams Sociologisch*

Tijdschrift Vol. 25, 1998.

Kuhn, Philip, *Soulstealers: The Chinese Sorcery Scare of 1768,* Cambridge: Harvard University Press, 1990.

Lamar, Howard, and Leonard Thompson, *The Frontier in History: North America and Southern Africa Compared*, New Haven: Yale University Press, 1981.

Leeson, Peter, *The Invisible Hook: The Hidden Economics of Pirates,* Princeton: Princeton University Press, 2009.

Leirissa, Richard Z., "Changing Maritime Trade in the Seram Sea", *in State and Trade in the Indonesian Archipelago,* ed. by G. J. Schutte, Leiden: KITLV Press, 1994.

Lessa, William, *Drake's Island of Thieves: Ethnological Sleuthing*, Honolulu: University Press of Hawaii, 1975.

van Leur, Jacob, *Indonesian Trade and Society*, The Hague: Van Hoeve, 1967.

Li Tana, "The Water Frontier: An Introduction", in *Water Frontier: Commerce and the Chinese in the Lower Mekong Region, 1750-1880*, ed. by Nola Cooke and Li Tana, Lanham, MD: Rowman and Littlefield, 2004.

López Nadal, Gonçal, "Corsairing as a Commercial System: The Edges of Legitimate Trade", in *Bandits at Sea: A Pirates Reader,* ed. by C. R. Pennell, New York: New York University Press, 2001, pp. 125-136.

Lubbock, Basil, *The Opium Clippers,* Glasgow: Brown, Son and Ferguson, 1933.

Matheson, Virginia, "Concepts of Malay Ethos in Indigenous Malay Writings", *Journal of Southeast Asian Studies* Vol. 10.2, 1979, pp. 351-371.

Matsuda, Matt K., "The Pacific", *American Historical Review* Vol. 3, June 2006, pp. 758-780.

Matsuura Akira, "Shindai ni okeru engan boeki ni tsuite—hansen to shohin ryutsu", in Ono Kazuko, ed., *Minshin jidai no seiji to shakai,* Kyoto: Kyoto daigaku jinbun kagaku kenkyujo, 1983, pp. 595-650.

Mills, L.A., *British Malaya, 1824-1867,* Kuala Lumpur: Oxford University Press, 1966.

Millward, James, "New Perspectives on the Qing Frontier", in *Remapping China: Fissures in Historical Terrain,* ed. by Gail Hershatter, et al., Stanford: Stanford University Press, 1996.

Murray, Dian, *Pirates of the South China Coast, 1790-1810,* Stanford: Stanford University Press, 1987.

Ng Chin-keong, *Trade and Society: The Amoy Network on the China Coast, 1683-1735,* Singapore: Singapore University Press, 1983.

Ng Wai-ming, "Overseas Chinese in the Japan-Southeast Asia Maritime Trade during the Tokugawa Period (1603-1868)", in *Maritime China in Transition, 1750-1850,* ed. by Wang Gungwu and Ng Chin-keong, Wiesbaden: Harrassowitz Verlag, 2004, pp. 213-226.

Ota Atsushi, "The Business of Violence: Piracy around Riau, Lingga, and Singapore, 1820-1840", in *Elusive Pirates, Pervasive Smugglers: Violence and Clandestine Trade in the Greater China Seas,* ed. by Robert J. Antony, Hong Kong: Hong Kong University Press, 2010, pp. 127-142.

Ownby, David, *Brotherhoods and Secret Societies in Early and Mid-Qing China: The Formation of a Tradition,* Stanford: Stanford University Press, 1996.

Perry, Elizabeth, *Rebels and Revolutionaries in North China, 1845-1945,* Stanford: Stanford University Press, 1980.

Petrucci, Maria G, "Pirates, Gunpowder, and Christianity in Late Sixteenth-Century Japan", in *Elusive Pirates, Pervasive Smugglers: Violence and Clandestine Trade in the Greater China Seas,* ed. by Robert J. Antony, Hong Kong: Hong Kong University Press, 2010, pp. 59-72.

Potter, Lois, "Pirates and 'Turning Turk' in Renaissance Drama", in *Travel and Drama in Shakespeare's Time*, ed. by Jean-Pierre Maquerlot and Michele Willems, Cambridge: Cambridge University Press, 1996.

Rediker, Marcus, *Between the Devil and the Deep Blue Sea: Merchant Seamen, Pirates, and the Anglo-American Maritime World, 1700-1750*, Cambridge: Cambridge University Press, 1987.

_____, "The Pirate and the Gallows: An Atlantic Theater of Terror and Resistance", in *Seascapes: Maritime Histories, Littoral Cultures, and Transoceanic Exchanges*, ed. by Jerry Bentley, et al., Honolulu: University of Hawaii Press, 2007, pp. 239-250.

Reid, Anthony, "Violence at Sea: Unpacking 'Piracy' in the Claims of States over Asian Seas", in *Elusive Pirates, Pervasive Smugglers: Violence and Clandestine Trade in the Greater China Seas*, ed. by Robert J. Antony, Hong Kong: Hong Kong University Press, 2010, pp. 15-26.

_____, "A New Phase of Commercial Expansion in Southeast Asia, 1760-1850", in *The Last Stand of Asian Autonomies: Responses to Modernity in the Diverse States of Southeast Asia and Korea, 1750-1900*, ed. by Anthony Reid, London: Macmillan, 1997

_____, "Flows and Seepages in the Long-term Chinese Interaction with Southeast Asia", in *Sojourners and Settlers: Histories of Southeast Asia and the Chinese*, ed. by Anthony Reid, Honolulu: University of Hawaii Press, 1996, pp. 15-49.

Reid, Ralph, "Piracy in the China Sea: Some Aspects of Its Influence upon the History of the Far East", M.A. thesis, University of Hawaii, 1938.

Ritchie, Robert, *Captain Kidd and the War against Pirates*, Cambridge: Harvard University Press, 1986.

Rogoziński, Jan, *Honor Among Thieves: Captain Kidd, Henry Every, and the Pirate Democracy in the Indian Ocean*, Mechanicsburg, PA: Stackpole Books, 2000.

Ron, James, *Frontiers and Ghettos: State Violence in Serbia and Israel*, Berkeley: University of California Press, 2003.

Rosenberg, David, "The Political Economy of Piracy in the South China Sea", in *Piracy and Maritime Crime: Historical and Modern Case Studies*, ed. by Bruce Elleman, Andrew Forbes, and David Rosenberg, Newport: Naval War College Press, 2010.

Sandin, Benedict, *The Sea Dayaks of Borneo before White Rajah Rule*, East Lansing: Michigan State University Press, 1968.

Scammell, G.V., "European Exiles, Renegades and Outlaws and the Maritime Economy of Asia, c. 1500-1750", *Modern Asian Studies* Vol. 26.4, 1992, pp. 641-661.

Shibutani Tamotsu, *Improvised News: A Sociological Study of Rumor*, Indianapolis: Bobbs-Merrill, 1966.

Skinner, G. William, "Creolized Chinese Societies in Southeast Asia", in *Sojourners and Settlers: Histories of Southeast Asia and the Chinese*, ed. by Anthony Reid, St. Leonards, Australia: Allen and Unwin, 1996.

Spence, Jonathan, *God's Chinese Son: The Taiping Heavenly Kingdom of Hong Xiuchuan*, New York: Norton, 1996.

Sutherland, Heather, "Southeast Asian History and the Mediterranean Analogy", *Journal of Southeast Asian Studies* Vol. 34.1, 2003, pp. 1-20.

Sutton, Donald, "Consuming Counterrevolution: The Ritual and Culture of Cannibalism in Wuxuan, Guangxi, China, May to June 1968", *Comparative Studies in Society and History* Vol. 37, 1995, pp.136-172.

铃木中正：《黎朝后期の清と の关系（1682—1804 年）》，载山本达郎编《ベトナム中国关系史：曲氏の抬头から清仏戦争まで》，东京，山川出版社 1975 年版，第 405—490 页。

Tagliacozzo, Eric, *Secret Trades, Porous Borders: Smuggling and States along a Southeast Asian Frontier, 1865-1915,* New Haven: Yale University Press,

2005.

Tarling, Nicholas, *Piracy and Politics in the Malay World: A Study of British Imperialism in Nineteenth-Century South-East Asia*, Melbourne: F.W. Cheshire, 1963.

Teixeira Manuel, *Os piratas em Coloane em 1910,* Macau: Centro de Informação e Turismo, 1977.

_____, *Taipa e Coloane*, Macau: Direcção dos Serviços de Educação e Cultura, 1981.

ter Haar, Barend, *Telling Stories: Witchcraft and Scapegoating in Chinese History*, Leiden: Brill, 2006.

_____, *Ritual and Mythology of the Chinese Triads: Creating an Identity*, Leiden: Brill, 1998.

豊冈康史，《清代中期の海賊问题と対安南政策》，《史学雑志》，第 115 编，2006 年第 4 号，第 44—68 页。

Turnbull, Stephen, *Pirate of the Far East, 811-1639,* Oxford: Osprey, 2007.

Wang Gungwu, "Sojourning: The Chinese Experience in Southeast Asia", in *Sojourners and Settlers: Histories of Southeast Asia and the Chinese*, ed. by Anthony Reid, St. Leonards, Australia: Allen and Unwin, 1996.

Ward, Iain, *Sui Geng: The Hong Kong Maritime Police, 1841-1950,* Hong Kong: Hong Kong University Press, 1991.

Warren, James, "A Tale of Two Centuries: The Globalisation of Maritime Raiding and Piracy in Southeast Asia at the End of the Eighteenth and Twentieth Centuries", Asia Research Institute Working Paper Series, NUS, Singapore, June 2003.

____, *Iranun and Balangingi: Globalization, Maritime Raiding and the Birth of Ethnicity*, Singapore: Singapore University Press, 2002.

____, *The Sulu Zone, 1768-1898: The Dynamics of External Trade, Slavery, and Ethnicity in the Transformation of a Southeast Asian Maritime State,*

Singapore: Singapore University Press, 1981.

Watson, James, "Standardizing the Gods: The Promotion of T'ien Hou ('Empress of Heaven') Along the South China Coast, 960-1960", in *Popular Culture in Late Imperial China,* ed. by David Johnson, et al., Berkeley: University of California Press, 1985, pp. 292-324.

Wigen, Kären, "Introduction", in Jerry Bentley, Kären Wigen, and Renate Bridenthal, eds., *Seascapes: Maritime Histories, Littoral Cultures, and Transoceanic Exchanges*, Honolulu: University of Hawaii Press, 2007, pp. 1-18.

Wills, John, "Maritime China from Wang Chih to Shih Lang: Themes in Peripheral History", in *From Ming to Ch'ing: Conquest, Region, and Continuity in Seventeenth-Century China*, ed. by Jonathan Spence and John Wills, New Haven: Yale University Press, 1979, pp. 211-219.

Young, Adam, "Roots of Contemporary Maritime Piracy in Southeast Asia", in *Piracy in Southeast Asia: Status, Issues, and Responses*, ed. by Derek Johnson and Mark Valencia, Singapore: Institute of Southeast Asian Studies, 2005.

附录 中英文地名对照表

本书所述时间因牵涉数世纪之久（约自 1500 年至 1940 年），故书中所涉及地名亦随年代而有不同中文名称，特别是东南亚一带。为阅读方便，特列"中英文地名列表"，以供查考书中内文、图、表等相关名称。此表以现代名称为主，若干特别标记处，则以相对应年代之旧称（他名）代替；中文他名仅录与中文地名不同、又于本书中出现之名称。

英文地名	中文地名	中文他名（明清时期）
Aceh	亚齐	
Balambangan	巴兰巴干	
Bangkok	曼谷	
Borneo	婆罗洲	渤泥、婆尼
Burma	缅甸	
Cambodia	柬埔寨	
Celebes	西里伯斯	
Doan Mien	短棉	
Galang	葛朗	
Giang Binh (Jiangping)	江平	江坪
Ha Tien	河仙	
Hanoi	河内	
Hoi An	会安	
Hui	顺化	
Indonesia	印度尼西亚	
Jakarta (Batavia)	雅加达	巴达维亚
Japan	日本	

续表

英文地名	中文地名	中文他名（明清时期）
Java	爪哇	
Johor	柔佛	
Jolo	裘洛	
Kedah	吉打州	
Lingga	林加	龙牙门
Luzon	吕宋岛	
Malacca (Malaka)	马六甲	满剌加
Manila	马尼拉	
Mindanao	民达那峨	
Moluccas	摩鹿加	美洛居
My Tho	美萩	
Nagasaki	长崎	
Pahang	彭亨	
Penang	槟榔屿	
Philippines	菲律宾	
Riau	廖内	
Saigon	西贡	
Sarawak	沙劳越	
Siak	锡亚	
Singapore	新加坡	
Sulu	苏禄	
Sumatra	苏门答腊	苏门答剌
Taiwan	台湾	鲲岛、台员、大员等
Ternate	特内劳	
Thailand (Siam)	泰国	暹罗
Thi Nai	施耐	
Timor	帝汶	
Vietnam (Annam)	越南	安南

后　记

　　20 世纪 80 年代，当我还是博士生时，海盗及相关研究非常冷僻，只有寥寥可数的几位历史学家注意到这个研究领域。今日情况则大不相同，我于 2007 年从美国到澳门，至今已有五年。这五年来，我已参加过好几个专门讨论海盗及其相关问题的国际研讨会议（于中国、美国、瑞典、比利时、德国、越南等地），我自己也主持过两个国际研讨会议（于中国海南及澳门）。根据这些会议论文，我已出版了三本书，发表了二十多篇文章。本书是我这三十多年来，对中国东南沿海一带海盗及相关问题研究的心得。

　　本书的完成，归功于许多历史专家前辈及后进学者们。他们的专业学术研究使得本书内容更为丰富；他们对本书各章节的专业学术建议，使得本书得以更臻完善。在此我特别要感谢我在研究所的老师们 Harry Lamley（美国）、韦庆远（中国）、秦宝琦（中国）等教授的指导。尤其是秦教授，他对本书的完成有莫大的贡献，他不厌其烦逐字逐句通篇详阅并给予建议，并提纲挈领为本书作序。本书的编译张兰馨（美国—台湾）在百忙之中，为本书完成翻译初稿、校对史料及编译完稿，共历约 11 版，没有她持续不断的努力，本书无法呈现在读者眼前。

　　另外还要感谢广东社会科学院海洋史研究中心李庆新、中山大学范岱克（Paul Van Dyke；美国—澳门）、香港大学 Charles Wheeler（美国）、Tonio Andrade（美国）、郑广南（中国福建）、湛江博物馆馆长陈志坚（中国广东）、澳洲国立大学李塔娜（Tana Li；澳大利亚—中国）、钦州学院吴小玲（中国广西）及澳门大学何伟杰（Vincent Ho；中国香港）等，他们或与作者进行专业讨论及给予建议，或与我一起在雷州半岛、海南、广西北部湾、越南沿岸等地进行田野调查时，给予实质协助。另外还要感谢中国社会科学出版社武云博士，她丰富的史学素养，逐字逐句的专业协助，使本书得以顺利出版。本书内容若有任何舛误或不清之处，概由作者负责并敬请指正。

安乐博

2012 年 8 月于澳门